충북대학교 인문사회 연구총서

ANAR
CHISM

아나키즘

표트르 크로포트킨 지음
백용식 옮김

충북대학교 출판부

일/러/두/기

* 저서, 잡지, 일간지는 『 』로, 논문, 단편은 「 」로, 단체는 〈 〉로 표기했다.
* 각주 중에서 저자의 것은 그대로 두었고, 옮긴이의 것은 역주라 표기하였다.
* 인명해설을 책 뒤에 첨부하여 찾아 볼 수 있게 하였다.

머리말

이 책은 크로포트킨의 주요 논문 중 5편을 번역한 것이다. 아나키즘의 철학, 국가관, 정의와 도덕 그리고 공산주의와 아나키즘의 관계를 다룬 이들 논문에서 크로포트킨은 아나키즘의 기본 개념과 이론 그리고 입장을 소개하고 있다.

이 논문들이 발표된 19세기 말과 20세기 초는 격렬한 사회변혁이 진행되고 이념적 갈등과 사상적 모색이 치열한 혁명의 시대였다. 사회적 상황의 긴장감은 크로포트킨의 논문에도 고스란히 반영되었다. 이 책에 소개된 다섯 편의 글은 연설문으로 기획되었거나 발표되었다. 혁명의 시대에 청중을 대상으로 하는 연설은 정치선전과 사상투쟁을 위한 효과적인 도구였다. 이렇듯 이들 논문들은 치열한 혁명의 현장 속에서 기획되었고, 동시대를 지배하던 주류사상들과의 직접적인 갈등과 충돌을 통해 성숙되었다. 대결의 시대를 반영하듯, 그의 논문에는 과학적 논증과 논리적 전개뿐만 아니라, 격한 감정의 토로와 분노 그리고 자기 방어와 도전의 정서가 넘친다. 때로 이러한 것들은 논문의 순수 이론적 성격을 약화시킬 수도 있지만, 반면에 하나의 이론과 사상이 동시대와의 치열한 대화, 소통 그리고 대결 속에서 배태되고 탄생되고 성숙하는 궤적을 보여준다.

이 책에 수록된 논문들은 19세기 말과 20세기 초에 작성된 것들이다. 번역하면서 백 년 전의 논문들에 대한 현대적 보완이 필요하다는 생각을 떨칠 수가 없었다. 크로포트킨의 사상이 '과거의 사실'을 넘어 오늘에도 의미를 갖기 위해서는, 그의 '삶의 자리'를 조망하고 현재적 의미를 찾기 위해서는 21세기의 관점이 필요하며, 그것은 학문적인 방법으로 해결되어야 한다고 생각했다. 그러나 '19세기 크로포트킨의 아나키즘과 21세기를 연결하는 학문적 작업'은 러시아 문학 전공자인 역자의 능력을 벗어나는 일이었다. 고민하던 중 역자는 용기를 내어 옆 연구실의 안상헌 교수께 원고를 부탁드렸고, 그것은 이 책에 수록된 「아나키즘 르네상스」로 나타났다. 20세기 아나키즘의 다양한 흐름을 고찰하고, 21세기의 아나키즘 르네상스를 조명한 논문에서 안상헌 교수는 현대 아나키즘(운동)의 갈래와 성격 그리고 문제와 전망을 정확하면서도 간결하게 서술해 내었다. 역자는 크로포트킨에 대한 '현대적 보완'으로 부탁했지만, 안상헌 교수의 논문은 보완을 넘어, 문제를 제기하고 전망을 제시하는 길잡이가 되었다.

이 책이 나오기까지 안상헌 교수에게 신세진 것은 「아나키즘 르네상스」뿐만이 아니다. 충북대학교 인문대학에서 안상헌 교수와 이웃한 연구실에 있게 된 것은 행운이었다. 1년 365일 가장 일찍 출근하여 가장 늦게 퇴근하는 그의 학문적 열정에 감동을 받았고, 자잘하고 초보적인 질문에 대해서도 진지하고 풍부하게 답하는 그의 박학다식과 학문적 자상함에 고마움을 느꼈다. 크로포트킨 번역에 대한 영감을 준 것도 그였다. 4년 전 어느 날, 저녁 식사 후 역자는 안상헌 교수의 연구실에서 담소를 나누었고, 대화의 주제는 곧 사회철학의 문제로 옮겨갔다. 강의가 되어 버린 이날 담소에서 역자는 아나키즘이 한국의 근대사와 사상사에서 중요하지만 여전히 큰 공백으로 남아있으며, 크로포트킨 번역이 이 공백을 메우는 일에 기여할 수 있을 것이란 생각을 갖게 되었다. 그날 저녁의 영감은 그 후 번역으로 구체화되었다. 이 자리를 빌어서 안상헌 교수에게 감사의 뜻을 전한다.

또한 번역 과정에서 충북대학교 인문대학의 교수들로부터도 많은 도움을 받았다. 철학과의 김귀룡 교수는 철학의 기본 개념과 논쟁에 대해 친절하게 설명해 주었다. 사학과의 윤진 교수는 고대에서 현대에 이르는 사건과 인물에 대해 말해 주었을 뿐만 아니라, 난삽한 번역원고를 꼼꼼하게 읽고 교정하는 수고를 마다하지 않았다. 불문과의 고봉만 교수는 프랑스어 번역과 올바른 표기의 문제를 해결해 주었고, 번역과 출판과정에서 발생하는 문제들에 대해 자문을 아끼지 않았다. 이 책은 2006학년도 충북대학교 학술연구지원사업계획의 지원을 받았다. 충북대학교에도 감사드린다.

역자가 받은 도움이 어찌 이것뿐이겠는가! 공부는 홀로 하지만 학문은 많은 사람들의 도움으로 이루어진다고 생각하며 살았다. 그동안 도와주신 가족, 선후배, 친구들 그리고 학문적 동지로 함께해주신 충북대학교 인문대학의 동료 교수들께도 감사의 말을 전하고 싶다.

2009년 1월 23일

백 용 식

차례

아나키의 철학과 이상

아나키의 철학과 이상[1)]

강연의 주제로 아나키즘의 철학과 이상을 선택하는데 망설임이 없지는 않았습니다. 지금도 많은 사람들은 아나키즘을 미래에 대한 망상 혹은 모든 존재하는 문명을 파괴하려는 근거 없는 열망이라고 생각하고 있습니다. 이 편견은 교육을 통해 주입되었고, 편견을 제거하기 위해서는 하나의 강연에서 할 수 있는 것 이상의 세심한 검토가 필수적입니다. 실제로 몇 년 전만 해도 파리의 신문들은 아나키즘의 유일한 철학은 파괴며, 유일한 논거는 폭력이라고 진지하게 주장한 적이 있습니다.

그럼에도 불구하고 최근 아나키스트들에 대한 언급이 상당히 늘어나고 있으며, 그 결과 드디어 일부 독자들은 우리의 이론을 알게 되었습니다. 그에 대해 깊이 생각하였으며, 때로 고민을 하기도 하였습니다. 현재 우리는 적어도 한 가지 점에서는 승리를 쟁취했다고 생각할 수도 있습니다. 이미 사람들은 아나키스트들이 이상을 갖고 있다는 것을 인정하고 있습니다. 그들은 선민들만으로 구성되지 않은 사회에서 그 이상은 지나치게 고상하고 아름답다고 생각하기도 합니다.

그러나 우리를 비판하는 사람들의 의견처럼, 먼 미래의 흐릿한 환상 외에는 아무 것도 없는 영역의 철학에 대해 언급하는 것은 지나치게 무모한 것이 아닐까요? 사람들이 아나키즘을 사회주의로 전혀 인정하

1) 역주-1896년 프랑스어로 작성되었고, 1900년 러시아어로 번역되었다. 우리말 번역을 위한 텍스트로는 「Кропоткин П.А., Анархия, ее философия, ее идеал, Лейпниц, СПб, 1906」을 사용하였다.

지 않는 지금, 아나키즘은 철학에 대한 권리를 주장할 수 있을까요?

나는 이 문제에 대해 가능하면 명백하고 정확하게 답변하도록 노력하겠습니다. 우선 말씀드릴 몇 가지 사례들은 내가 런던에서 행한 강연 중에서 차용한 것입니다. 여러분께 양해를 구합니다. 이 예들은 아나키즘의 철학이 무엇을 의미하는가를 더 잘 설명할 수 있을 것 같습니다.

우선 내가 자연과학 분야에서 몇 가지 간단한 예를 든다고 불평하지는 마십시오. 그 예들을 우리의 사회적 입장에 대한 근거로 삼으려는 것은 절대로 아닙니다. 절대 아니지요. 단순히 나는 몇몇 관계들을 설명하기 위해, 인간 사회의 복잡한 삶에서 선택한 예들보다는 자연과학적 예들이 더 큰 도움을 줄 것이라고 생각하고 있습니다. 이 관계들은 정확한 과학의 영역에 속한 현상들 속에서 더 쉽게 이해될 수 있습니다.

최근 몇 년 동안 자연에 대한 이해와 연구의 방법에서 심오한 변화가 일어났으며, 과학 분야에서의 변화는 우리에게 큰 놀라움을 주고 있습니다.

여러분이 알고 있듯이, 인간이 자신을 우주의 중심이라고 생각했던 시대가 있었습니다. 인간은 태양, 달, 행성들, 별들이 지구의 주변을 돌고 있다고 생각했습니다. 인간이 살고 있는 행성이 창조세계의 중심이었습니다. 자신의 눈으로 볼 때, 인간은 지구의 최고 존재였으며, 조물주의 선민이었습니다. 태양도, 달도 그리고 별들도 인간을 위해서만 존재하였습니다. 신은 인간의 가장 작은 행동까지 관찰하고, 인간을 위해 태양의 운행을 멈추고, 구름 위를 비행하며, 들과 도시에 비를 내리고, 혹은 선행에 대한 상으로 혹은 범죄행위에 대한 벌로 뇌우를 보냅니다. 이렇게 신의 관심은 온통 인간에게로만 향했습니다. 수천 년 동안 인간은 우주를 이런 식으로 상상하였습니다.

그러나 지구는 우주의 중심이 아니고 태양계의 모래알일 뿐이며, 다른 많은 행성들보다 훨씬 작은 크기의 구(球)일뿐입니다.

태양 자체는 하늘에서 빛나는, 거대한 은하수를 구성하는 무수히 많은 별들 중 하나일 뿐이란 사실이 16세기에 증명되었습니다. 여러분이 아는 것처럼, 인간의 세계관에 거대한 변화가 일어났습니다. 그때 무한과 비교할 때 인간은 얼마나 보잘 것 없고, 인간의 불평은 얼마나 우스꽝스럽게 보였겠습니까! 우주관의 변화는 모든 철학, 당시의 모든 사회 그리고 종교관에 반영되었습니다. 바로 그때부터 우리가 지금 그토록 자랑하는 자연과학의 발전이 시작되었습니다.

그러나 오늘날 과학의 모든 분야에서 훨씬 더 심오하고 본질적인 변화가 일어나고 있습니다. 아나키즘은 바로 이 무수한 진화 현상들 중의 하나, 이 태동 중인 새로운 철학의 여러 줄기 중 하나일 뿐입니다.

지난 세기 말 혹은 금세기 초에 나온 천문학 서적 중 어떤 것이든지 한번 보기 바랍니다. 우리의 작은 행성이 우주의 중심을 차지한다는 주장은 당연히 나타나 있지 않습니다. 대신 도처에서 여러분은 인력으로 지구를 통제하는 거대한 천체인 태양에 대한 서술을 발견할 것입니다. 행성들의 운동 방향을 결정하고 모든 시스템의 조화를 유지하는 힘은 이 중심 천체로부터 나옵니다. 행성들은 어떤 중심 질량으로부터 생성되며, 말하자면, 그것은 분열과 번식의 산물 이상의 것이 아닙니다. 우리의 빛나는 태양이 이제 중심 질량의 위치를 갖게 되고, 행성들에 나타나는 현상들, 즉 운동의 리듬, 절묘하게 나누어진 궤도, 행성의 표면에 생기와 아름다움을 주는 생명은 중심질량 덕분입니다.

어떤 이유 때문에 그들의 운행이 파괴되고 궤도로부터 이탈하려 한다 해도, 중심 천체는 시스템의 질서를 회복시킬 것입니다. 이렇게 하여 중심천제는 질서를 유지하고, 시스템이 영원히 존속할 수 있게 합니다.

그리고 낡은 세계관이 그랬던 것처럼, 이 세계관도 때가 되면 사라질 것입니다. 예전에 태양과 거대한 행성들에 관심을 집중하던 천문학자들은 이제 우주에 존재하는 무한히 작은 물질들의 연구로 눈길을 돌리고 있습니다. 학자들은 행성들 그리고 별들 사이의 모든 공간이 작은 물질덩어리로 가득 차 있음을 알고 있습니다. 그것은 개별적으로는 보이지도 않고 보잘 것 없지만, 숫자는 엄청납니다. 이 덩어리들 중에는 굉장히 큰 것들도 있습니다. 예를 들어 최근 스페인에 공포를 불러일으킨 운석이 그런 것입니다. 반대로 몇 그램 정도 밖에 되지 않는 것들도 있습니다. 그리고 그 주변을 더 작은, 거의 마이크로 단위의 - 모든 공간을 채우고 있는 - 입자와 가스가 둘러싸고 있습니다.

바로 공간을 빠른 속도로 모든 방향으로 움직이고, 부딪치고, 섞이고, 끊임없이 모든 곳으로 떨어지는 이 입자들과 무한히 작은 물질에서, 현대 천문학자들은 우리 시스템인 태양, 행성, 위성의 기원뿐만 아니라, 이 다양한 물체의 고유한 운동, 전 태양계의 조화에 대한 설명을 찾고 있습니다. 한걸음 더 나아가서, 가능한 모든 방향으로 흩어지는 원자들은 무한히 작은 진동운동을 하고 있습니다. 만유인력은 이 무질서하고 비인과적인 진동운동의 합에 지나지 않는 것 같습니다.

이렇게 지구에서 태양으로 옮겨갔던 힘의 중심이 이제 모든 곳으로 갈라지고 나누어지는 것처럼 보입니다. 즉 힘의 중심은 모든 곳에 있고 이와 더불어 어느 곳에도 있지 않습니다. 천문학자와 함께 우리는, 태양계는 무한히 작은 입자들의 결합의 산물일 뿐이며, 항성계(恒星系)는 서로를 채우고 균형을 유지하며 조직되는 무수한 운동들의 일정한 합력, 일정한 적응이라는 것을 알게 되었습니다.

새로운 세계관의 관점에서 보면, 우주는 다른 종류들을 받아들입니다. 세계를 관장하는 힘, 예정된 법칙, 예정된 조화라는 것은 바로 이런 것입니다. 푸리에(F.Fourier)가 어느 정도 예견하였던 예정조화는 상호간의 균형을 유지하며 서로 독립적으로 움직이는 무수한 물질의 총합, 즉 운동의 합력일 뿐입니다.

그러한 변화가 천문학에서만 일어나지는 않습니다. 우리는 자연을 다루는 학문에서뿐만 아니라 예외 없이 모든 과학에서, 혹은 인간의 문제를 다루는 학문에서도 같은 변화를 발견합니다.

물리학에서는 열, 자력, 전기에 대한 추상적 개념들이 사라지고 있습니다. 오늘날 물리학자가 가열되고 충전된 물체에 대해 언급하는 경우에, 이미 그는 이 물체를 초자연적인 힘이 내재한 무생물 덩어리로 생각하지 않습니다. 그는 이 물체에서 그리고 그것을 둘러싸고 있는 공간 속에서 무수히 작은 원자들의 운동과 진동을 찾으려 합니다. 이 원자들은 모든 방향으로 운동하고, 진동하고, 살아 있으며, 자신의 진동과 충돌과 생명으로 열과 빛과 자력 혹은 전기 현상을 만듭니다.

생물체를 연구하는 과학에서 종과 종의 변화에 대한 개념이 서서히 사라지고 있습니다. 개체에 대한 개념이 그 자리를 대신하고 있습니다. 생물학자와 동물학자는 개체를, 개체의 삶과 환경에 대한 적응을 연구하고 있습니다. 공기의 습도, 더위와 추위, 먹이의 과부족, 환경의 영향에 대한 민감성의 크기에 따라, 개체 속에 발생한 변화들은 종의 발생으로 이어집니다. 생물학자에게 종의 변화는 각각의 개체에 독립적으로 발생하는 변화들의 총합, 합력일 뿐입니다. 개체들은 주변 환경으로부터 무수한 영향을 받으며, 자신의 방식에 따라 이 영향에 반응합니다. 그리고 종의 특성은 종을 구성하는 개체들의 특성에 의해 결정됩니다.

생리학자가 어떤 식물 혹은 동물의 생명에 대해 언급하는 경우에도, 그는 유일하고 분리할 수 없는 개체보다는, 오히려 수백만의 개별적 개체들로 구성된 전체를 염두에 두고 있습니다. 그는 소화기관, 감각기관, 신경 시스템 등의 연합에 대해 언급합니다. 이 기관들은 서로 밀접하게 연결되어 있으며, 개별 기관들의 좋은 혹은 나쁜 상태를 반영하고, 그럼에도 불구하고 각각 고유의 삶을 살고 있습니다. 반대로 각각의 기관, 기관의 각 부분은 불리한 존재 조건과의 투쟁을 위해 서로 연합된 독립적인 세포들로 구성됩니다. 각각의 개체는 완전한 연합체이며, 그 안에 완전한 우주를 포함합니다.

이 세계에서 생리학자들은 혈액, 조직, 신경의 독립적인 세포들을 찾습니다. 세균에 감염된 신체 조직에 투입되어 싸우는 수십억 개의 백혈구를 찾습니다. 나아가 이제 생리학자는 각각의 세포에서 독립된 요소들의 완전한 세계를 봅니다. 이 요소들 덕분에 개체는 고유의 삶을 살고, 다른 요소들과 집단을 이루고 연합함으로써 자신의 행복을 추구합니다. 한마디로 각각의 개체는 기관계로 구성됩니다. 이러한 각각의 기관은 완전한 세포의 세계이고, 각각의 세포는 무한히 미세한 것들의 세계입니다. 이 복잡한 세계에서 전체의 행복은 유기체의 가장 작은 미세분자들이 향유하는 행복의 크기에 전적으로 의존합니다. 이렇게 생명의 철학에서 완전한 변혁이 일어나고 있습니다.

그러나 이 변혁의 결과는 심리학 분야에서 특히 중요합니다.

얼마 전까지만 해도 심리학자는 유일하고 분리될 수 없는 전체로서의 인간에 대해 말했습니다. 종교적 전통에 따라 그는 인간을 선한 자와 악한 자, 지혜로운 자와 어리석은 자, 이기주의자와 박애주의자로 구분하였습니다. 전체로서의 정신에 대한 표상은 18세기의 유물론자들에게도 존재했습니다.

가령 심리학자가 지금 그와 유사한 것에 대해 말한다면, 오늘날 학자들은 뭐라고 할까요? 심리학자에게 인간은 많은 개별적 능력들, 많은 독립적 욕망입니다. 이 능력과 욕망은 서로 동등하며, 서로로부터 독립적으로 기능합니다. 또한 서로를 지속적으로 균형 있게 하고, 서로간의 모순 속에 지속적으로 존재합니다. 현대 심리학자에게 전체로서의 인간은 이 모든 다양한 능력들의 총합, 뇌세포와 신경조직의 독립적인 욕망들의 영원히 변화하는 총합입니다. 그 모든 것들은 서로 연결되어 있고 서로에게 영향을 줍니다. 그러나 그들 중 각각은 독립적인 삶을 살고 어떤 중심기관에도, 어떤 정신에도 종속되지 않습니다.

내가 더 세부적인 사항에 대해 언급할 필요는 없을 것입니다. 자연과학의 영역에서 오늘날 얼마나 심오한 변화가 일어나고 있는지를 증명하기 위해서는 앞에서 말씀드린 것만으로도 충분합니다. 이 변화의 원인은 전에 무시하던 세부사항들을 지금 그들이 연구한다는데 있지 않습니다. 절대 아닙니다. 즉 사실(facts)은 예전 그대로입니다. 그러나 그에 대한 이해의 방법 자체가 변하고 있습니다. 새로운 경향의 특징을 간단하게 설명한다면, 과거에 과학은 거대한 결과들과 총합의(수학에서 말하는 적분이 바로 총합입니다.) 연구에 몰두했습니다. 반면에 오늘날 과학은 주로 무한히 작은 것들을, 즉 총합을 구성하는 개체들을 연구한다고 말할 수 있습니다. 학자들은 이 개체들 속에서 독자적이며 개체화된 그러나 동시에 서로 밀접하게 연결된 요소들을 발견합니다.

인간의 지혜가 자연에서 찾는 조화에 대해 말하자면, 현대의 학자는 과거 어느 때보다 오늘날 그것을 더 많이 알아내고 있습니다. 이 조화는 본질적으로 일정한 현상들의 지속적 발현일 뿐입니다. 그러나 그는 조화를 어떤 이성적 의지에 의해 예정된, 정해진 계획에 따라 창조된 '법칙들'의 활동으로 설명하지는 않습니다.

앞에서 '자연법칙'이라고 한 것은 일정한 현상들 사이에서 우리가 포착한 관계일 뿐입니다. 각각의 그러한 '법칙'은 이제 인과성이란 조건적 형식을 획득하게 되었습니다. 즉 '그러한 조건들에서 그러한 현상이 발생한다면, 이 현상의 뒤를 이어 또 다른 그러한 현상이 발생한다.'는 것입니다. 법칙은 현상의 밖에 존재하지 않습니다. 각각의 현상은 법칙의 지배를 받는 것이 아니라 그에 선행한 현상의 지배를 받는 것입니다.

우리가 자연의 조화라고 부르는 것에는 어떤 선입견도 들어있지 않습니다. 조화를 실현하기 위해서는 우연적 충돌과 결합으로 충분합니다. 예를 들어, 한 현상은 수세기 동안 존재할 것입니다. 왜냐하면 조건에 완전히 적응하기 위해, 현상이 표현하는 균형에 이르기 위해 수세기가 요구되었기 때문입니다. 어떤 현상은 한 순간만 존재합니다. 왜냐하면 이 일시적인 균형 상태는 한 순간에 발생하기 때문입니다. 태양계의 행성들이 날마다 부딪치거나 서로 충돌하지 않고 수백만 세기를 존재한다면 수백만 우연한 힘들의 총합처럼, 그것은 수백만 년 걸려 만들어진 균형 상태를 이루고 있기 때문입니다. 대륙이 화산폭발의 결과로 날마다 붕괴되지 않는다면, 그 원인은 부분과 부분이 차례로 솟아올라 오늘날과 같은 모습을 갖게 되기까지 수천세기가 필요했다는 데에 있습니다. 이와 반대로 번개는 단 한 순간만 존재합니다. 왜냐하면 번개는 균형의 일시적 파괴와 불균형한 힘의 갑작스런 분할을 보여주기 때문입니다.

이렇게 자연에서의 조화는 서로 다른 힘들 사이에 만들어진 일시적 균형의 형태로 나타납니다. 어느 정도 잠정적인 적응은 지속적인 형태변화에서만 존재할 수 있으며, 매순간 모든 대립하는 힘의 총합으로 표현됩니다. 이 힘의 총합 중 어느 하나가 일시적으로 활동의 제약을 받는다면, 조화는 사라질 것입니다. 그때 다시 활동능력이 이 힘속에 서서히 축적되기 시작하여 **언젠가 반드시 발현되고, 드러나게 될 것입니다.** 다른 힘들이 이 힘과 대립한다 해도, 이 힘은 사라지지 않고, 균형을 파괴하며 조화를 파괴할 것입니다. 그것은 새로운 균형과 적응형식을 찾기 위해서입니다. 화산 폭발도 그렇습니다. 내부에 갇힌 힘은 결국은 가스, 용해된 마그마 그리고 뜨거운 재의 분출을 방해하던 암석을 뚫고 나옵니다. 혁명도 그렇습니다.

사유방식에서의 유사한 변화는 인간을 다루는 과학에서도 실현되고 있습니다.

예를 들어, 우리가 알고 있는 것처럼 한때 역사는 황제의 역사였습니다. 하지만 이제 역사는 민중과 유명한 개인들의 역사가 되려는 경향이 강하게 나타나고 있습니다. 역사가는, 여러 민족의 구성원들이 특정한 시대에 어떻게 살았는지, 그들의 신앙과 존재수단은 어떠했는지, 그들은 어떤 사회적 이상을 그렸는지, 이상을 성취하기 위해 그들은 어떤 수단들을 갖고 있었는지 알려고 노력합니다. 전에 주목을 받지 못하던 이 모든 힘의 활동은 위대한 역사적 현상을 규명하기 위한 열쇠를 제공합니다.

바로 이것과 똑같이 풍속을 연구하는 학자도 이러저러한 법전을 연구하는 것으로 만족하지 않습니다. 인종학자처럼, 그는 일관된 유형의 제도 발생을 규명하려고 노력합니다. 그는 수세기 동안 진행된 제도의 발전을 추적하려 애씁니다. 그래서 그는 문자로 기록된 법보다는 오히려 모든 시대의 이름 없는 민중들의 독창적 창조성이 표현되어 있는 지방관습, 즉 '관습법'을 연구합니다. 이러한 경향 속에서 오늘날 완전히 새로운 과학분과가 만들어지고 있습니다. 이 새로운 분과는 멀지 않아 학교에서 우리에게 주입된 모든 개념들을 폐지하고, 자연과학이 자연을 설명하는 방식으로 역사를 설명할 것입니다.

마지막으로 정치경제학, 즉 초기에 민족들의 부에 대한 연구였던 경제학은 이제 **개인들의** 부에 대한 연구가 되어가고 있습니다. 경제학은 한 나라가 얼마나 큰 규모로 무역을 하는가에 관심을 갖기보다는 오히려 농민과 노동자의 오두막에 빵이 충분한가에 관심을 갖습니다. 경제학은 궁궐과 산골마을 집의 문을 모두 두드리며, 부자에게도 가난한 자에게도 '생활필수품 그리고 사치품에 대한 여러분의 수요는 어느 정도 충족되고 있습니까?'라고 묻고 있습니다. 인류의 10분의 9는 가장 긴급한 것도 공급받지 못한다는 것을 확인한 경제학은 바로 그 질문을, 즉 동물 혹은 식물을 연구하는 생물학자가 스스로에게 제기했던 질문을 자신에게 던지고 있습니다. 그 질문은 '어떤 방법으로 모든 사람의 수요를 최소의 비용으로 충족시킬 수 있을까? 어떤 방식으로 사회는 개인에게, 궁극적으로 모두에게 최고의 복지와 행복을 보장할 수 있을까?'입니다. 경제학의 변화는 이러한 경향속에서 일어나고 있습니다. 오랫동안 경제학은 몇몇 부자들의 이익을 위해 연구된 현상들을 단순히 나열하였습니다. 그러나 이제 그것은 진실한 의미에서의 과학,

즉 인간 사회의 생리학이 되기를 열망하고 있습니다.(더 사실대로 말하면, 이를 위해 필요한 요소들을 만들어내고 있습니다.)

우리는 과학에서 새롭게 만들어지는 일반적 시각, 새로운 철학이 지금까지 어떠했는지를 보았습니다. 사회의 과거와 현재 삶에 대한 새로운 이해 수단이, 미래에 대한 새로운 관점이 아나키즘의 이름으로 만들어지고 있습니다. 게다가 이 모든 것은 조금 전 자연에 대한 연구를 근거로 언급했던 정신의 세례를 받았습니다. 이렇게 아나키즘은 새로운 세계관을 구성하는 요소 중의 하나입니다. 바로 여기에 아나키스트들이 위대한 사상가들과 우리시대의 흐름과 많은 접촉점을 공유하는 이유가 있습니다.

실제로, 인간의 지혜가 소수에 의해 주입된 개념들로부터 해방되는 정도에 따라, 인간의 지혜가 노예적 과거가 채운 족쇄를 걷어버리는 정도에 따라, 사회에 대한 새로운 개념이 만들어집니다. 이 소수는 지배를 강화하기 위해 애쓰고, 사제, 군대, 사법권 그리고 이 지배를 영구불변하게 하기 위한 노력의 대가로 돈을 받는 학자들로 구성됩니다. 그러나 새로운 개념의 사회에는 위와 같은 소수의 사람들이 들어설 자리가 없습니다. 지배하는 소수를 만들지 않으면서도 지난 세대의 노동으로 축적된 모든 사회적 자본을 소유합니다. 이 자본을 모든 사람들을 위해 사용하도록 조직된 사회가 이미 우리 앞에 그려지고 있습니다. 이 사회는 개인적 능력, 자질 그리고 힘의 무한한 다양성을 포함하고, 어느 누구도 배제하지 않습니다. 또한 이 사회는 이런 다양한 힘들의 투쟁을 원하기도 합니다. 왜냐하면 다양한 견해들이 자유롭게 논의되고 자유롭게 투쟁할 때, 기존의 어떤 권력도 한쪽으로 치우치지 않을 때, 바로 그때가 인간의 지혜가 가장 위대한 발전을 이룩한 시대임을 인식하고 있기 때문입니다.

이 사회는 과거에 축적된 재산에 대한, 모든 구성원의 동일하고 실질적인 권리를 인정합니다. 이 사회는 착취자와 피착취자, 통치자와 피통치자, 지배자와 피지배자의 구분을 알지 못합니다. 이 사회는 자신의 환경 속에 조화로운 합의를 실현하기 위해 자유로운 발전, 자유로운 발기(發起), 자유로운 활동, 자유로운 연합을 사람들에게 호소하는 방법으로 노력합니다. 동시에 사회 전체의 대표자라고 하는 권력에 모든 구성원을 종속시키는 방법과 획일화를 실현하려는 시도를 거부합니다.

모든 형식과 가능한 수준에서 모든 가능한 목표를 갖는 그런 사회는 자발적인 연합의 최대의 발전을, 이와 더불어 개인의 가장 완전한 발전을 추구해야 합니다. 이 연합은 지속적으로 변화하고, 그 내부에 지속성의 요소들을 갖고 있으며, 무엇보다 모든 사람의 다양한 열망에 적합한 형식들을 매순간 수용합니다. 이 사회는 법 때문에 경직된 기존의 모든 형식들을 거부합니다. 이 사회는 여러 다양한 힘과 영향 사이의 지속적이면서도 변화하기 쉬운 균형 속에서 조화를 찾습니다. 이들 힘과 영향은 각각 고유의 길을 갑니다. 그러나 이들 전체는 자유롭게 발현되고, 상호간의 균형을 유지하는 능력 덕분에 진보의 증표로서 기능하게 됩니다. 그리고 이러한 경향 속에서 자신의 에너지를 표현할 수 있는 가능성을 인간에게 제공할 것입니다.

그러한 사회적 표상과 사회적 이상이 새로운 것이 아니란 사실은 의심의 여지가 없습니다. 씨족제도, 마을 공동체, 초기 수공업 조합 혹은 길드, 심지어 초기에 나타난 중세 도시 민주정치와 같은 민중들의 제도를 연구할 때, 우리는 이러한 성격의 사회를 창조하려는 민중들의 열망을 모든 곳에서 발견합니다. 물론 지배하는 소수는 언제나 이 열망을 방해했습니다. 모든 민중운동은 많건 적건 이러한 흔적들을 갖고 있습니다. 비록 그 시대에 특징적인 종교적 표현수단을 사용했음에도 불구하고, 우리는 재세례파에게도 그들의 선배들에게도 바로 이러한 사상들이 분명하게 표현되어 있음을 발견합니다. 불행하게도 지난 세기 말까지 이런 이상에는 언제나 교회적 요소들이 섞여있었습니다. 그러나 지금에야 비로소 그 이상은 종교적 껍데기를 벗어버리고, 사회현상의 연구에 기초한 아나키즘적 사회 개념으로 변화하였습니다.

이제야 비로소 그러한 사회적 이상은 즉 각자의 의지만이 (이 의지는 개인 각각이 체험한 사회적 영향력의 결과입니다.) 개인을 지배하는 사회적 이상은 경제적, 정치적, 윤리적 형태로 동시에 나타나고 있습니다. 그리고 이 이상은 공산주의의 필연성에 기초하고 있습니다. 생산의 사회적 성격 덕분에 공산주의는 현대사회에서 불가피해졌기 때문입니다.

사실, 경제적 노예상태가 존재하는 한 자유에 대해서 논할 것이 없다는 것을 우리는 지금 아주 잘 알고 있습니다.

내게 자유를 말하지 말라,
가난한 사람들이 여전히 노예로 남아 있는 한!

이와 같은 시인의 말은 이미 노동대중의 생각과 우리 시대의 모든 문학에 침투해 있습니다. 이 말은 가난을 모르고 사는 사람들까지도 굴복시키고 있으며, 타인에 대한 착취를 권리라고 주장하던 과거의 확신을 무력화시키고 있습니다.

사회적 자본을 수탈하는 현대적 방식은 더 이상 존재해서는 안 될 것입니다. 구세계와 신세계의 수백만 사회주의자들도 이점에 대해 동의하고 있습니다. 자본주의자들조차도 그러한 수탈방식은 죽어가고 있다는 것을 느끼고, 과거처럼 무모하게 그것을 옹호하려 들지 않습니다. 결국 그들의 모든 주장은 우리가 아직 더 좋은 것을 생각해내지 못하고 있다는 사실로 귀결됩니다. 그러나 그들은 현 소유방식의 치명적 결과를 부정할 것인지도, 그것에 대한 자신들의 권리를 방어할 것인지도 결정하지 못하고 있습니다. 허용되는 한 그들은 이 권리를 이용하지만, 그 권리에 대한 근거를 어떤 원칙에 따라 주장하려 하지도 않습니다.

이것은 전적으로 납득할 만합니다.

예를 들어 보겠습니다. 파리는 수세기 동안의 창조적 작업을 보여주는 도시이고, 전 국가적 천재성의 산물이며, 20 혹은 30 세대에 걸친 노동의 결과입니다. 파리를 장식하고, 건강하게 하며, 먹여 살리고, 사상과 예술의 중심으로 만들기 위해 꾸준히 일하고 있는 이 도시의 주민들을 설득할 수 있겠습니까? 파리의 거리를 장식하는 궁전들이 현재 법적인 소유자들에게 속한 것이라고 이 모든 것을 창조한 사람들을 설득할 수 있겠습니까? 이 모든 가치는 우리 모두에 의해 창조되었고, 우리가 없다면 아무것도 없었을 것입니다.

민중을 가르친다는 교활한 훈육자들의 노력 덕분에 이런 기만은 여전히 한동안은 유지될 수 있을 것입니다. 노동자 대중 스스로도 이에 대해 생각하지 않을 수 있습니다. 그러나 사유하는 소수의 사람들이 모든 사람 앞에 이 문제를 제기하고 제시하는 순간, 그에 대한 답변은 의심이 있을 수 없습니다. 민중의 지혜는 이렇게 대답할 것입니다. '물론, 개인이 이 모든 부를 소유한다면, 그것은 모든 사람들을 착취하는 것일 뿐이다.'라고 말입니다.

마찬가지로, 한 농부가 주변 20km 안에 있는 모든 땅의 역사를 이야기할 수 있다고 할 때, 그 농부를 설득하여 지주가 소유한 땅들이 합법적으로 지주의 소유가 되었다고 믿게 만들 수 있을까요?! 마지막으로, 기뻐하며 땅을 경작할 농민들이 주변에 많이 있음에도 불구하고, 그 토지들이 특정 지주의 영지와 정원이 되는 것이 더 좋다고 그 농민을 설득할 수 있을까요?

노동자도 광부도 이 모든 거대한 철도와 석탄광의 착취와 강탈의 의미를 이해하고, 부유한 주인들이 합법적 강탈의 방식으로 땅과 공장을 긁어모았다는 것을 조금씩 깨닫기 시작했습니다. 그럼에도 불구하고, 공장과 광산이 진정한 정의에 따라 현재의 소유자들에게 속하게 되었다는 것을 믿으라고 공장노동자 혹은 광부들에게 강요할 수 있을까요?

경제학자들은 노동자들을 설득하기보다는 오히려 부자들이 강탈의 합법성을 확신하도록 만들기 위해 노력했습니다. 이런 경제학자들의 계략을 대중이 믿은 적이 있었겠습니까? 가난에 찌들고 사회 특권층의 지지를 전혀 받지 못한 농부들과 노동자들은 단순히 본성의 흐름에 따라 행동하였습니다. 그들은 때때로 폭동을 통해서만 자신들의 권리를 주장하였습니다. 가령 도시노동자들은, 자본의 사적 소유가 많은 부를 축적하여 그것을 모든 사람에게 분배함으로써 보편적 이익을 위해 봉사할 수 있는 때가 올 것이라고 생각했을 수도 있습니다. 그렇다고 해도 이제 많은 다른 것들과 마찬가지로, 이러한 망상은 사라지고 있습니다. 노동자들은 예나 지금이나 여전히 착취당하고 있음을 확신하기 시작하였습니다. 또한 자신들의 노력으로 축적된 부 중에서 작은 부분만이라도 주인들에게서 빼앗기 위해서는, 폭동이나 파업을 감행해야 한다는 것을 확신하기 시작하였습니다. 즉 굶주리거나 감옥에 가는 것을 감수하던지 아니면 제국, 황제 혹은 공화국 군대의 총탄을 맞는다는 것입니다.

이와 더불어 또 다른, 더욱 심각한 현 체제의 결함이 점점 분명하게 드러나고 있습니다. 사유재산제도에서 삶과 생산을 위해 필요한 모든 수단들(토지, 주택, 식량, 생산도구)은 소수의 손에 있으며, 이 소수가 밀을 재배하고 집을 짓고 옷감을 생산하는 것을 방해합니다. 이 소수는 모든 사람에게 충분히 공급하기 위해 필요한 만큼 생산하는 것을 지속적으로 방해합니다. 바로 여기에 현 체제의 결함이 있습니다. 우리의 기술과 기계는 모든 사람에게 모든 것을 충분히 공급할 수 있을 정도로 뛰어납니다. 하지만 자본가들과 국가가 모든 곳에서 이것을 방해하고 있다는 것을 노동자는 어렴풋이 알고 있습니다. 그들은 농민과 노동자들이 풍족하게 갖는 것을 원하지 않습니다. 즉 그들은 이것을 두려워하고 있습니다. 배부른 사람들과 싸우는 것은 굶주린 사람들과 싸우는 것보다 더 어렵기 때문입니다.

우리는 모두에게 충분한 것 이상의 밀, 식량, 옷을 생산하지 않을 뿐만 아니라, 꼭 필요한 것들도 생산하지 않고 있습니다.

경작되지 않으면서도 무장 경찰과 재판관들의 보호를 받는 지주의 토지와 영지 그리고 숲을 보면서 현대국가의 농민들은 바로 그러한 것을 생각하게 됩니다. 이 들판을 경작하여 시골에 부족한 밀을 재배할 수 있다면 얼마나 좋을까라고 농민이 생각하는 것은 괜한 일이 아닙니다.

영국에서 늘 일어나는 일을 예로 들어봅시다. 일이 없어 일주일에 3일을 쉬는 광부는 석탄가격이 떨어지기 시작할 때 자신이 석탄을 많이 캘 수 있으며, 각 가정에서 난로를 때면 참 좋을 것이라는 생각을 합니다.

이렇게 공장에 일이 없을 때 노동자는 하는 일 없이 어슬렁거립니다. 그는 또한 일 없이 어슬렁대는 석공을 만나고, 일이 없다고 불평하는 제화공 등을 만납니다. 노동자는 사회에 무엇인가 제대로 돌아가지 않고 있다는 것을 아주 잘 알게 됩니다. 아주 많은 사람들이 똑같이 절망적인 빈민굴에서 살고 있다는 것을, 아이들이 맨발로 다닌다는 것을, 노동자에게는 모든 것이 부족하다는 것을 알고 있습니다. 그렇지요, 다만 누군가가 이 모든 것을 건설하고 만드는 것을 방해하고 있습니다. 이 모든 것은 빈민들에게 비싼 값으로 빌려주고, 굶주린 노동자들을 가장 싼 임금으로 공장에 내몰기 위해서입니다.

학자들은 밀 재배와 옷감 생산이 너무 많다는 것에 대하여 두꺼운 책을 쓰고, 이런 것을 예로 들어 공장이 어려운 이유를 설명합니다. 그러나 그런 일이 왜 영국, 프랑스, 독일 혹은 러시아에서 그토록 많이 발생하고, 문제 해결을 위해 왜 아무 것도 할 수 없는가에 대한 답을 우리가 요구한다면, 학자들은 답변하느라 진땀을 뺄 것입니다. 많은 밀이 매년 러시아에서 해외로 빠져 나가고 있습니다. 지금까지 알려진 것처럼 러시아에서 재배되는 밀이 모두 러시아에 모두 남는다면, 연간 1인당 165kg의 밀을 공급할 수 있습니다. 아무도 굶주리지 않을 만큼의 양입니다. 숲이 많습니까? 러시아인의 절반은 아주 좁은 통나무집에서 살며, 한 방에서 열 명씩 잠을 잡니다. 도시에 집이 너무 많은가요? 그렇지요, 궁전은 많습니다. 그렇지만 노동자를 위해 제대로 된 방은 그렇지 않습니다. 역시 한 방에서 다섯 내지 열 명이 살고 있습니다. 책이 너무 많을까요? 수백만의 사람들은 한 해에 단 한 권의 책도 보지 못하기도 합니다. 정말 한 가지 너무 많이 생산되는 것이 있습니다. 필요한 것보다 천 배는 더 많습니다. 그것은 관리입니다. 관리를 너무 많이 제조해내고 있습니다. 이 물건에 대해서만은 학자들의 책에 쓰여 있지 않습니다. 물건이 부족하다! 그러면 원하는 만큼 사십시오!

학자들이 '과잉생산'이라고 하는 것도, 사실은 고용주들과 국가에 의해 파산당한 노동자들이 구매할 수 있는 것보다 더 많은 상품을 생산하는 것입니다. 현 시스템에서 과잉생산은 필연적입니다. 왜냐하면 이미 프루동(P.-J.Proudhon)이 지적한 것처럼 노동자들은 임금으로 자신들이 생산한 것을 구매하고 동시에 목에 매달린 한 떼의 식솔들에게 충분한 식량을 공급할 수는 없기 때문입니다.

현대 경제체제의 본질상, 노동자는 노동의 결과인 복지를 절대로 향유할 수 없습니다. 노동자의 희생으로 사는 사람들의 숫자는 점점 증가할 것입니다. 나라의 산업이 발전할수록 이 수는 더 증가합니다. 왜냐하면 유럽인이 더 많은 아시아인들, 아프리카인 등을 착취하기 때문입니다. 이와 함께 산업은 모든 사람의 욕구충족을 위해 부족한 것을 해결하는 방향이 아니라, 지금 이 순간 기업주들에게 막대한 이윤을 줄 수 있는 방향으로 가고 있고, **필연적으로 가게 될 것입니다.** 부자들의 부는 필연적으로 노동자들의 가난 위에 건설되고, 이를 위한 대다수 노동자들의 비참한 현실은 필수적입니다. 왜냐하면 자신들이 벌 수 있는 것의 일부만을 받으며 자신을 팔고 일할 준비가 된 노동자들을 언제나 준비해 두어야 하기 때문입니다. 그러지 않으면 자본가는 부자가 될 수 없을 것입니다. 그에게 필요한 것은 바로 이것입니다.

우리 경제체제의 특징들이 이것의 본질을 이루고 있습니다. 이것이 없다면 이 체제는 존재할 수 없을 것입니다. 기아의 공포가 강요하지 않는다면, 누가 노동으로 벌 수 있는 것보다 적은 임금을 받으면서 자신의 노동력을 팔려고 하겠습니까? 그러나 우리 체제의 이 본질적이며 필연적인 특징들은 그 내부에 결정적 결함을 내포하고 있습니다.

영국과 프랑스가 기술발전이 낙후된 나라들 사이에서 제 1의 산업국가로 있는 동안, 높은 가격으로 면직물, 모직물, 비단, 철, 기계, 일련의 사치품을 판매하는 동안, 이들 나라는 이익의 상당 부분이 노동자들에게 돌아갈 것이라는 거짓 희망을 노동자들이 품게 할 수 있었습니다. 이 높은 가격은 이들 나라가 구매자들의 돈으로 부유하게 될 가능성을 제공합니다. 그러나 이제 이러한 조건은 사라지고 있습니다. 30년 전에는 뒤떨어졌던 나라들이 이제는 면직물과 모직물, 비단, 기계, 사치품을 대량으로 생산하고 있습니다. 몇몇 산업분야에서 그들은 영국인들과 프랑스인들을 추월하기도 하였습니다. 먼 나라와의 무역에 대해서는 말할 필요도 없거니와(그들은 이미 선배 국가들과 경쟁에 돌입하였습니다.), 이제 그들은 선배 국가들과 그들의 국내시장에서도 경쟁을 시작하였습니다. 최근 몇 년 동안 독일, 스위스, 이탈리아, 미합중국, 오스트리아, 러시아 그리고 일본은 거대 산업국가가 되었습니다. 멕시코, 인도, 세르비아가 그 뒤를 잇고 있습니다. 일본인을 모방하여 중국인이 사라사 천, 비단, 철, 기계로 세계시장을 범람시키기 시작하면, 무슨 일이 일어나겠습니까?

이런 이유로 산업위기, 즉 정체의 시기가 점점 더 자주 오고, 더 오래 지속되고 있습니다. 어떤 생산 분야에서 정체는 거의 항구적인 것이 되고 말았습니다. 이 때문에 유럽인들은 동양과 아프리카 시장에서 점점 더 많은 전쟁을 수행할 수밖에 없습니다. 이런 이유로 유럽의 전쟁, 즉 시장 때문에 발생한 유럽인들 사이의 다툼은 그치질 않고, 모든 유럽 민중의 머리위에 위협을 드리우고 있으며, 그들을 군

비경쟁으로 파산시키고 있습니다. 이 전쟁은 아직 발발하지 않았는데, 그것은 국가가 더 깊이 부채에 빠지는 것이 돈 장사하는 금융업자들에게 유리하다는 이유 때문입니다. 하지만 이 고리대금업자들은 전쟁에서 이익을 본다면, 군중을 부추겨 서로를 죽이게 만들 것입니다. 그 사이에 금융계의 황제들만이 부자가 될 것입니다.

현대 경제체제에서 모든 것은 긴밀하게 연결되어 있고, 모든 것은 서로 얽혀있으며, 모든 것은 우리를 둘러싼 산업체제와 상업체제의 필연적 붕괴로 귀결될 것입니다. 이 체제의 종말은 시간문제일 뿐입니다. 그 시간을 세기의 단위가 아니라 연 단위로 셀 수 있습니다. 그러나 이것이 시간의 문제라면, 그와 함께 그것은 우리 고유의 역량의 문제이기도 합니다. 게으름뱅이는 역사를 창조하지 못합니다. 그들은 수동적으로 감내할 뿐입니다.

바로 이것이 앞선 세대의 노동으로 이룩된 모든 부를 사회로 환원할 것을 요구하는 단체들이 모든 문명국에서 결성되는 이유입니다. 토지, 탄광, 공장, 주택, 교통수단 등의 사회화는 이 단체들이 공통으로 제기하는 전투적 요구사항이 되었습니다. 유산계급과 지배계급이 탄압의 수단을 애호하지만, 탄압만으로는 봉기하는 이성의 승리를 막을 수 없습니다. 수백만 노동자들은 아직 움직이지 않고, 착취자들에게서 토지와 공장을 무력으로 빼앗지도 않습니다. 그 이유는 그들이 국제적 운동의 지원을 받아 현 체제의 붕괴를 위해 돌진하기에 적절한 시간, 즉 1848년에 나타났던 것과 비슷한 시간을 기다리고 있기 때문입니다.

그러한 순간은 조만간에 나타날 것입니다. 1872년 이후, 특히 국제 노동자 조합이 정부들에 의해 괴멸된 그때부터, 노동자들 사이의 국제적 연대의 정신은 큰 노력과 성공을 거두었습니다.국제 노동자 조합의 지지자들도 이점을 명료하게 이해하지 못하고 있습니다. 연대는 일, 사상, 감정, 지속적인 국제교류에 정착되었습니다. 반면에 영국, 프랑스, 독일, 러시아의 금권정치는 서로 적대하고 있으며, 매순간 유럽을 무력충돌에 이르게 할 수 있습니다. 한 가지 의심의 여지가 없는 사실이 있습니다. 프랑스에서 다시 코뮌이 선포되고 사회혁명이 시작되는 그날에, 프랑스는 다시 독일, 이탈리아, 영국을 포함하여 전 세계 민족의 공감을, 즉 프랑스가 1848년과 1793년에 누렸던 공감을 얻을 것입니다. 그리고 사람들이 생각하는 것보다 공화혁명에 더 가까운 독일이, 유감스럽지만 자코뱅식 혁명의 깃발을 올리고, 고양된 발전을 경험한 젊은 나라답게 격렬하게 운동에 돌입한다면, 프랑스로부터는 공감을 얻고, 용감한 혁명가들을 사랑하고 오만한 금권정치를 혐오하는 모든 나라들로부터는 지지를 얻을 것입니다. 이 두 적대적인 나라가 혁명의 순간에 형제로서 함께 간다면, 이탈리아, 스페인, 오스트리아 혹은 러시아에서의 혁명 운동은 두말할 필요도 없이 전 세계 노동자들의 심장에 반향을 일으킬 것입니다.

유럽에서 이 불가피한 혁명적 폭발을 지금까지 방해하고 있는 이유는 많습니다. 어느 정도까지 전쟁의 위험은 프랑스로 하여금 즉각 그리고 단호하게 혁명의 길에 나서지 못하게 하고, 관심을 거짓 애국주의의 길로 돌리고 있습니다. 그러나 제가 보기에는 다른 더 깊은 이유가 있습니다. 여러분은 이 이유에 관심을 갖기 바랍니다. 많은 징후들은 사회주의자들의 관점에도 깊은 변화가 일어나고 있음을 보여줍니다. 그것은 내가 과학 일반에 대해 말하면서 언급했던 것과 유사한 변화입니다. 추구하는 사회조직에 대한 사회주의자들의 애매모호한 관점은 그들의 에너지를 상당히 약화시키고 있습니다. 발생 초기인 40년대에 사회주의는 종속적 공산주의의 형태로, 즉 단일하고 통일된 공화국, 독재, 경제적 토대로 옮겨간 정부주도적 자코뱅주의의 형태로 나타났습니다. 그 시대의 이상은 그러했습니다. 기독교인이든 자유사상가든 그 시절의 사회주의자는, 정부가 노동자들에게 유리하게 경제적 관계의 개혁에 착수한다면, 모든 강력한 정부에 심지어 제국에 종속될 준비가 되어 있었습니다.

그러나 최근 오십년 동안, 특히 라틴국가와 영국에서, 사회적 인식의 깊은 변화가 일어났습니다. 노동자들은 정부주도적 공산주의와 기독교적 공산주의를 적대적으로 보기 시작했습니다. 그 결과로 국제노동자 조합에 새로운 방향인 집산주의가 나타났습니다. 집산주의는 처음에 노동수단의 집단적 소유, 즉 사회적 소유를 의미했습니다. 그러나 생활에 필수적인 대상들을 고려하지는 않았습니다. 또한 집산주의는 각 집단이 구성원을 위한 분배 방법을 집단적인 방법 혹은 개인적인 방법중에서 원하는 대로 채택할 수 있는 권리를 의미하였습니다. 말하자면, 우리들이 공장, 토지, 철도 등을 공동으로 소유하고, 조합을 이루어 공동으로 일합니다. 그러나 각각의 조합은 자신들이 생산한 것을 나름대로 자유롭게 처리합니다. 조합이 선택하는 대로, 공동으로 가계를 꾸리며 공동으로 살거나 혹은 임금을 분배합니다. 바로 이것이 당시 70년대 초기에 집산주의라고 불리었던 것입니다. 지금까지도 스페인의 아나키스트들 사이에서는 그렇게 불리고 있습니다. 기욤(J.Guillaume)은 자신의 저서 『사회구성론(Idées sur l'organisation sociale)』에서 이 시스템을 아주 훌륭하게 서술하였습니다. 그는 이 시스템이 당시에 어떻게 이해되었고, 마르크스주의자들이 옹호하는 국가공산주의와 대립하는 이 시스템을 아나키스트들이 어떻게 선전하였는지 설명하였습니다. 그런데 프랑스 사회민주주의자들은 집산주의를 공산주의와 국가자본주의(국가는 중요한 자본주의자입니다.) 사이의 협정과 같은 것으로 서서히 개조해버렸습니다. 그 결과 현재 집산주의자들은 생산에 필요한 모든 것에 대한 공동소유를 추구하지만, 동시에 각각의 구성원은 자신의 노동에 대한 대가로 일한 시간에 따라서, '5, 10, 20 시간 노동이라고 기록된' 전표 혹은 영수증 형식의 보수를 받기 원하고 있습니다. 이 전표로 공동상점에서 각각의 상품을 생산하는데 소요된 시간의 양에 따라 가격이 매겨진 모든 상품을 살 수 있습니다. 예를 들어 21,000리터의 호밀을 재배하는데 (평균) 400시간이 필요하다고 합시다. 그러면 210리터의 호밀 가격은 4시간이 될 것입니다. 이런 식으로 석탄 16kg의 가격은 30분이 되고, 비누 500g의 가격은 5분이 된다고 말할 수 있을 것입니다.

잘 생각해보면 여러분은 집산주의는 본질상 다음과 같은 결론에 이른다는 것을 알게 될 것입니다.

— 생산수단과 교육에 대해서는 부분적(불완전한) 공산주의, 동시에 개인들과 집단들 사이에는 의식주를 위한 경쟁이 존재함.
— 인간 이성의 작품과 예술작품에 대해서는 개인주의.
— 이 제도의 약점을 보완하는 장치: 아동, 노약자에 대한 사회적 지원.

한마디로 우리들은 여기에서 생존을 위한, 자선을 통해 약간 부드러워진 투쟁을 보게 됩니다. 즉 이것은 '우선 사람들을 상처투성이로 만들고, 그 다음에 그들을 치료한다.'는 교회·전쟁의 법칙을 적용한 것일 뿐입니다. 이 경우에, 개인이 스스로 생존을 위한 투쟁에 가담하게 할 것인지 아니면 그에게 국가의 도움을 제공할 것이지를 알아내기 위한 경찰 조사만 확대될 것입니다.

여러분이 아시다시피 전표와 관련된 발상은 새로운 것이 아닙니다. 로버트 오언(R.Owen)이, 다음에는 프루동이 이미 적용한 바 있습니다. 이제 이러한 발상은 '과학적 사회주의'라는 새로운 이름을 얻게 되었습니다. 하지만, 그것의 실현불가능성은 말할 것도 없고, 불편함을 예감하는 민중대중은 이 이론을 제대로 받아들이지 않을 것입니다.

첫째로, 노동에 소요된 시간은 여전히 이 노동의 사회적 유용성에 대한 기준을 제공하지 못합니다. 아담 스미스(A.Smith)부터 마르크스(K.Marx)에 이르는 모든 가치이론들은 가치에 대한 문제를 지금까지 해결하지 못하였습니다. 이 이론들은 소요된 노동만을 기초로 계산된 생산가치에 근거한 것입니다. 교환이 발생하면 상품의 가치는 복잡한 양상을 보입니다. 상품의 가치는 전에 몇몇 정치경제학자가 생각한 것처럼, 주로 그것이 개인의 필요가 아니라 사회 전체의 필요를 어느 정도 충족시키는가에 달려있습니다.

가치는 **사회적** 현상입니다. 교환의 결과로서 가치는 **이중적** 성격을 갖습니다. 한편으로 가치는 일정한 상실을, 다른 한편으로 일정한 만족을 표현합니다. 그리고 양 측면 모두 개인적 현상이 아니라 사회적 현상으로 고찰되어야 합니다.

다음으로 현대 경제체제의 결함을 관찰할 때, 우리는 결함의 본질이 노동자가 자신의 노동력을 **팔 수 밖에 없는 상황에 처해있다**는 데에 있음을 보게 됩니다. 노동자 역시 이것을 정확하게 이해하고 있습니다. 일 없이는 2주일을 버틸 수가 없습니다. 노동자들이 지주에게, 공장주에게 혹은 국가에 노동력을 팔지 않으면, 국가는 노동자들이 자신의 힘을 사용하고 이익이 되는 노동에 힘을 투입할 가능성을 빼앗아 버립니다. 그러면 노동자는 강제에 의해, 배고픔에 의해 자신의 노동으로 얻을 수 있는 이익들을 거부하도록 강요받게 됩니다. 노동자는 자기가 재배하거나 생산한 것들 중에서 터무니없이 많은 부분을 주인에게 양도하게 됩니다. 게다가 그는 자신의 자유를 희생하고, 심지어 자신이 생산한 이윤에 대해 그리고 생산수단에 대해 입장을 밝힐 권리도 희생합니다.

이렇게 자본의 축적은 잉여가치를 집어 삼키는 능력에 달려 있지 않습니다. 잉여가치라는 개념 자체가 불충분한 지불, 즉 착취의 의미를 포함합니다. 오히려 자본의 축적은 노동자가 노동력을 팔 수 밖에 없다는 사실에 달려 있습니다. 노동자는 노동력이 생산한 것에 대한 보수도 받지 못하고, 이익이 존중되지도 않고, 노동력을 구매하는 자본가와의 관계에서 훨씬 불리한 위치에 처할 것이란 것을 아주 잘 알면서도 그렇게 할 수 밖에 없습니다. 가령 이것이 없다면, 가령 수백만 토지를 빼앗긴 농민들과 착취당하는 노동자들이 불리한 조건에서 노예가 되도록 강요받지 않았다면, 자본가는 절대로 노동력을 구매하거나 빌릴 수 없을 것입니다. 농노제 지지자들과 공장주들의 카트코프(M.H. Катков) 당파는 농민들의 땅을 빼앗고 있습니다. 그들은 공장에서 필요한 것보다 10배는 더 많은 수백만 주민들을 배고프고 착취당한, 몇 푼에 노예로 만들 수 있는 날품팔이로 전락시키기 위해 분주할 뿐입니다.[2] 바로 이로부터, 현 체제의 혁신을 위해 바로 원인 자체 즉, 노동력의 구매와 판매 자체를, 그것의 결과인 자본주의를 폐기해야 한다는 결론이 나옵니다.

노동자들은 어렴풋이 이것을 알고 있습니다. 사회주의 혁명이 모든

---

2) 지난 150년간 영국의 귀족들과 금권 정치가들의 전술은 이런 방향에 서 있다. 즉 이 전술을 위해 의회는 공유지 점유법을 만들었다.(*이* 19세기 동안 수백만 에이커가 점유되었다.) 최근 *보어인들*과의 전쟁은 흑인들의 *공동토지소유*를 폐지하고, 그들의 땅을 빼앗고, '노동자 집단숙소'로 쫓아내고, 공장과 광산에서 - 기아와 형벌 때문에 - 헐값으로 일하게 만들려는 요하네스부르그의 금광산업가들의 요청에 따라 일어났다. 결국 흑인들은 킴벌리의 다이아몬드 광산에서 일하고 있다.

삶의 수단들을 장악하는 것으로부터, 즉 경제학자들이 말하듯이, '분배'로부터 시작되지 않고, 삶에 필요한 의식주를 각자에게 보장하지 않는다면, 그것은 아무 것도 하지 않는 것과 같다고 이제 노동자들은 점점 자주 주장하게 되었습니다. 그리고 우리의 강력한 생산수단에 기초해서, 그러한 것을 완전히 보장할 수 있다는 사실을 우리는 또한 알고 있습니다. 노동자가 피고용 노동자로 있는 한, 그는 자신의 노동력을 구매하는 자의 노예로 남게 될 것입니다.

민중적 지혜, 사람들의 머리에 떠오르는 무수한 생각의 총체는, 그것이 개인이든 국가든 국가가 노동력을 구매하는 고용인의 역할을 담당하는 경우에 그 결과는 다시 가장 혐오스런 농노제가 될 것임을 미리 보고 있습니다. 민중 속에 있는 사람은 추상적으로 판단하지 않고, 일상생활의 사실을 통해 판단합니다. 때문에 그는 책에서 떠들어대고 있는 국가는 과거의 직장 동료들 중에서 선발된 무수히 많은 관리의 형태로 존재한다는 것을 느끼고 있습니다. 이들이 어떤 사람들인지 노동자는 경험을 통해 너무나 잘 알고 있습니다. 그는 뛰어난 동료들이 한번 우두머리가 되면 어떻게 변할 것인가를 알고 있습니다. 노동자는 현재의 악이 다른 악으로 대체되지 않고, 완전히 폐지되는 그런 사회체제를 추구합니다.

바로 이것이 집산주의가 결코 민중대중의 관심을 끌 수 없는 이유입니다. 민중대중은 공산주의로, 40년대의 교회와 자코뱅적 색채에서 점점 더 자유로워지는 공산주의로, 즉 자유롭고 아나키즘적인 공산주의로 향하고 있습니다.

그뿐만이 아닙니다. 지난 15년간 유럽 사회주의 운동에서 경험한 모든 것을 되돌아볼 때, 현대 사회주의는 자유로운 공산주의로 즉각 진일보할 것을 요구받고 있습니다. 내가 방금 언급한 것처럼 이것이 이루어지지 않으면 대중들 생각 속의 모호함 때문에 사회주의 선전의 지속적인 성공은 저지당할 것이라고 확신합니다.

모든 정황으로 볼 때, 모든 사회구성원의 생존을 위한 물질적 보장이 사회주의 혁명의 제1행동이 되어야 합니다. 이것을 사회주의자는 우선 인정해야 할 것 같습니다. 그러나 이와 함께 한걸음 더 나아가 그러한 보장은 국가의 도움을 받지 않고, 완전히 국가 밖에서, 국가의 개입 없이 성취되어야 한다는 것을 사회주의자는 인정해야 할 것입니다.

축적된 모든 부를 사회가 장악하면, 생산 분야에서 하루 4-5시간 노동한다는 조건 아래 모든 구성원의 수요를 충분히 충족시킬 것입니다. 이 문제를 한번이라도 생각했던 사람이라면 누구나 이에 동의할 것입니다. 먹는 빵, 사는 집과 배우는 책 등이 어디로부터 왔는지 어린 시절부터 잘 알고 있다면, 어떤 생산 분야에서든지 각자가 정신노동과 육체노동을 능숙하게 결합시킬 수 있다면, 가까운 미래에 실현될 생산수단의 단순화를 고려하지 않고도 사회는 이것을 쉽게 성취할 수 있을 것입니다.

실제로, 각각의 회사가 얼마나 많이 벌어들일 수 있는지, 이를 위해 얼마나 적은 양의 노동이 개인에게 요구되는지, 그런 회사는 얼마나 거창한 일들을 - 지금 언급할 수 없는 사안들입니다. - 실행할 수 있는지를 상상하느라, 지금 이 순간 엄청나게 많은 힘이 낭비되고 있음을 생각하는 것만으로 충분합니다. 유감스럽지만, 형이상학적 정치경제학은 모든 본질을 구성하는 문제, 즉 **노동력의 경제학**을3) 연구

3) 자본주의적이든 사회주의적이든 정치경제학은 지난 세기말 신학이 있던 바로 그런 상태에, 즉 여전히 순수한 형이상학에 머물러 있다. 예를 들어 경제학자들은, 자신들이 주장하는 법칙들을 혹은 양적인 법칙들을 *양적으로* 조사해야 할 필요성을 이해하지도 못하고 노력도 하지 않으면서, *양적인* 관계들을 주장하는 것이 얼마나 비과학적인지 이해하지 못하고 있다. 예를 들어, 5층에서 떨어지는 돌이 1층에서 떨어지는 돌보다 더 빠르다는 것을 보고, '돌이 지나온 공간은 그것이 떨어진 시간에 비례한다.'고 말하면서도, 자신의 주장을 숫자로 검증해야 한다고 생각하지 않는 물리학자가 있다. 우리는

하지 않습니다.

사회과학의 영역에는 정치경제의 **과학**을 위한 자리도 있습니다. 그것을 연구하기 시작하면 그 과학은 현재의 과학과는 전혀 다른 것이 될 것입니다. 그것은 사회생리학의 자리를 차지할 것입니다. 식물생리학은, 식물이 최소의 에너지를 소비하여 개체와 종의 보존이란 최대의 효과를 얻기 위하여 어떤 장치를 사용하는 가를 연구합니다. 사회생리학은 사회를 위해 같은 것을 행합니다. 즉 이 장치들을 연구하고, 그 결과들을 비교하여 개체와 종의 최상의 생존을 위해 어떤 장치가 에너지를 가장 효율적으로 사용하는가, 그리고 어떤 장치가 에너지를 무분별하게 낭비하는가를 말해줍니다. 경제적이지 않지만 유익한 장치도 있습니다. 모든 자연법칙의 조건성에 대해 고찰하지도 않고, 사회발전에 대한 3부작을 집필하고 법칙을 찾는 것은, 지질학과 생리학이 아직 과학이 아니었던 시절에 했던 것과 같은 것을 하는 것입니다. 그것은 필요하다고 할 수 있지만, 정치경제의 과학은 여전히 존재하지 않습니다.

현대의 발전된 기술 조건아래 공산주의 사회가 부유하게 될 가능성은 의심의 여지가 없습니다. 개인이 국가의 통제에 완전히 종속되

그런 물리학자에 대해 무슨 말을 할 것인가? 그런데 교환가치의 문제에 대하여 사람들은 우리에게, 교환가치는 필요한 노동의 양에 의해 측정된다고 (즉, 교환가치는 노동에 비례한다는 것이다.) 말하면서도, 이런 주장을 위해, 두 양 사이에 직접적인 비례관계가 성립하며('한쪽의 기능이 다른 쪽의 기능과 직접 연결되어 있다'고 수학자들이 말하는 것처럼), 그러한 관계가 실제로 존재한다는 것을 *의무적으로* 증명해야 한다는 것에 대해서는 아무런 언급도 하지 않는다. '아프리카에서 다이아몬드를 많이 채굴한 이후, 다이아몬드의 가치가 줄어들지 않았단 말인가?'라고 언급하고, 경제학자는 이 어설픈 언급으로 만족한다. 각각의 자연법칙은 조건적 형식 속에 표현된다, 즉 '하나가 존재한다면 다른 것도 발생할 것이다.'라는 것에 대해서 마치 들어보지도 않은 것처럼, 그는 '가치의 기준은 곧 노동이다.'라고 말한다. 하지만 사실은 그것이 존재한다면, 그것이 존재하는 조건도 존재한다. 그리고 모든 관심은 이 조건들을 연구하는 것에 있다. 즉 이 조건들이 언제나 존재하는가 아니면 가끔 존재하는가라는 질문이다. 물론 나는 우리 동시대의 연구가들에 대해서 말하고 있다. 가치의 노동이론과 관련해서, 창시자인 아담 스미스도 그런 종류의 주장에 대해 약간 잘못이 있다. 모든 물체는 서로 끌어당긴다는 주장에서 뉴턴이 그런 것처럼.

지 않고도 그와 유사한 사회가 존재할 수 있는가, 그리고 물질적 행복을 위해 유럽사회가 금세기 동안 많은 희생을 대가로 성취한 독립적 자유를 희생시킬 수 있는가와 같은 질문에만 의문을 제기할 뿐입니다.

그러나 사회주의자들 중 어떤 분파는 자유를 국가의 제단 앞에 희생 제물로 바치지 않고는 그런 결과를 성취할 수 없다고 주장합니다. 그러나 반대로 다른 분파는 - 우리도 이 분파에 속해있습니다. - 공산주의를 성취할 수 있다고 생각합니다. 국가의 폐지, 개인의 완전한 자유의 성취, 자발적 협약, 완전히 자유로운 조합과 조합연방 결성의 방법을 통해 우리 사회의 유산을 함께 지배하며 모든 부를 함께 생산할 수 있다고 생각합니다.

이 질문은 가장 중요한 현안이 되고 있습니다. 모든 노력이 허사로 돌아가는 것을 원하지 않는다면, 사회주의는 이 질문에 대해 즉각 답해야 할 것입니다.

우리는 사회주의를 예의 주시할 것입니다. 이것은 사회주의가 자초한 것입니다.

토지와 자본에 대한 사적 소유의 폐지가 역사적으로 필연적이라는 것을 처음 듣거나 생각했을 때, 얼마나 많은 편견이 자신 속에 있었는가를 모든 사회주의자들은 쉽게 회상할 수 있습니다.

마찬가지로 모든 법, 행정시스템, 연맹관계를 포함하여 국가의 폐지는 역사적으로 필연적입니다. 또한 자본주의의 폐지는 국가의 폐지 없이 불가능하다는 견해를 처음 접하는 사람들도 오늘날 같은 경험을 합니다.

이러한 생각은 교회와 국가가 자신들의 이익을 위해 주관하는 교육이 우리 안에 주입한 모든 개념과 대립하고 있습니다. 이것은 논쟁의 여지가 없습니다.

우리는 권력의 필요성에 대해 많이 배우고 읽었습니다. 우리는 매우 겁에 질려, 기독교적인 관점에서 자기 자신을, 역사적인 관점에서 '비이성적인 군중'을 더욱 두려워합니다. 우리는 반란, 무질서, '혼돈', '아나키'의 위협에 대해 많은 것을 들었습니다. 그 결과 무권력(無權力)의 이념은 처음부터 우리를 놀라게 합니다.

그러나 그렇다는 이유로 무권력의 이념이 덜 정의로운 것이라 할 수 있을까요? 자유를 위해 우리는 이미 주인, 소유권, 종교와 관련된 편견들을 버렸는데, 우리가 국가란 편견 앞에서 멈춰야 할까요?

국가의 비판에 많은 시간을 할애하지 않도록 하겠습니다. 그것은 이미 여러 번 했습니다. 마찬가지로 국가의 역사적 역할도 고찰하지 않고, 나의 다른 논문인 「국가 – 역사에서 국가의 역할」을 인용하도록 하겠습니다. 몇 가지 공통적인 사항만을 언급하겠습니다.

무엇보다 인간 사회는 지구에 인류가 나타난 처음부터 존재하였다는 것입니다. 이에 반하여 국가는 우리 유럽사회에서 가장 최근에 만들어진 사회생활의 형식일 뿐입니다. 인간은 최초의 국가가 수립되기 전 수천 년 동안 이미 존재하고 있었습니다. 그리스와 로마는 마케도니아 왕국과 로마제국이 나타나기 수세기 전에 이미 번성하였고, 사실 우리 현대 유럽인에게 국가는 16세기 이후에야 나타난 현상입니다. 바로 그 당시에 자유공동체의 파괴가 완료되었고, 군대권력과 사법권력, 토지소유자와 자본주의자 사이의 상호보험 사회가 창조되었습니다. 이 사회를 국가라고 부르게 되었던 것입니다.

자유로운 조합과 조직들, 모든 단계에서 자유로운 독립적 집단들의 연합은 도시와 농촌의 독립성을 대표하였고, 지금 국가가 장악하고 있는 의무를 수행하였습니다. 16세기에 들어서야 비로소 그때까지 우세하던 독립성의 표상은 결정적인 상처를 입게 됩니다. 농민운동, 후스파 운동, 재세례파 운동[4] 그리고 자유도시들을 정복한 이후에, 교회와 태동하던 왕권 사이의 동맹은 비로소 연방적 자유조직들에 종지부를 찍었습니다. 하지만 이 체제는 9세기 이후 15세기까지 존속하였고, 전혀 새롭고 강력한 문명을 창조했던 중세 자유도시의 탁월한 시대를 가능하게 만들었습니다. 티에리(J.Thierry)와 시스몽디(J.Sismondi)가 이 문명의 성격을 잘 포착하였지만, 유감스럽게도 우리 시대의 역사가들은 이들의 저서를 거의 읽지 않습니다.

귀족, 성직자, 상인, 재판관, 군인 그리고 왕 사이의 협약이 어떤 식으로 자신들의 지배를 강화하였는지는 알려져 있습니다. 중세 도시와 농촌 공동체에 존재했던 모든 길드, 수공업자조합, 장인조합, 도제조합, 형제단, 이웃공동체 등 자유 조합들은 도처에서 파괴되었습니다. 영국, 프랑스, 스페인, 이탈리아, 독일에서는 황제들이, 러시아에서는 모스크바의 짜르가 공동체에 속한 토지를 약탈하였습니다. 길드가 소유했던 부는 몰수당했습니다. 그리고, 사람들 사이의 모든 자유로운 협약은 무조건 엄격하게 금지되었습니다. 지배를 확고히 하고, 다음에는 서로의 관계를 모두 상실한 사람들을 통제하기 위하여 교회와 국가는 어떤 만행도 서슴지 않았습니다. 은밀한 개인 살해 혹은 집단 살육, 거열형(車裂刑),[5] 교수형, 참수와 화형, 고문, 모든 도시민의 강제

4) 역주-재세례파 또는 재침례파(Anabaptist)라고 한다. 재세례파는 16세기 종교개혁 당시 급진적 개혁을 따른 개신교 종파를 가리킨다. 이들은 유아세례뿐만 아니라 로마 가톨릭 교회에서 받은 세례도 무효이기 때문에 그런 사람들은 다시 세례를 받아야 한다고 주장했다.

5) 역주-사형수의 사지와 척추를 철봉으로 부러뜨린 다음, 두 다리와 머리가 닿도록 바퀴에 묶은 후, 목숨이 끊어질 때까지 놔두는 중세의 형벌.

추방 등 모든 것이 동원되었습니다. 네덜란드에서 살해당한 수많은 농민들, 라인과 스위스에서 살해당한 많은 사람들, 노브고로드에서 자행된 이반 뇌제(Иван Грозный)의 만행을 기억해 보십시오.

최근 20년 전부터 지금에야 비로소, 우리는 투쟁과 혁명의 방법을 통해 자유조합과 중세의 수공업자, 농민 심지어 농노들까지도 향유하였던 가능한 모든 연합에 대한 권리의 부스러기들을 되찾기 시작하였습니다.[6)]

우리들은 이 권리들을 다시 찾기 위한 싸움을 시작하였습니다. 여러분들이 현대의 문명국들의 삶을 들여다보면(책은 이에 대해 말하지 않지만, 그들의 삶을 살펴보십시오.), 우리시대의 지배적인 열망은 현대인의 다양한 욕구를 충족시키기 위해 수천 개의 가능한 모든 종류의 조합과 단체를 만들려는 열망입니다.

전 유럽은 연구, 산업훈련, 상업, 과학, 예술, 문학을 목적으로 하는 조합, 착취를 목적으로 하는 조합, 착취로부터의 보호를 목적으로 하는 조합, 오락과 진지한 노동, 즐거움과 자기희생을 목적으로 하는 조합 등, 한마디로 말해서 행동하고 사유하는 존재의 삶을 구성하는 모든 것을 위한 자발적인 조합들로 넘치고 있습니다. 우리는 미국과 유럽의 정치, 경제, 예술, 학문적 삶의 모든 영역에서 끊임없이 만들어지는 단체들을 발견할 수 있습니다. 그것들 중 일부는 빨리 사라지지만, 일부는 이미 10년을 살아남은 것도 있습니다. 각각의 집단, 서클, 동아리 혹은 분야는 서로 독립성을 유지하며 동시에 서로 결합함으로써, 종횡으로 교차하는 그물로 문명화된 모든 인간을 감싸 안기

---

6) 독자들은 이시기에 대한 자세한 사항을 「국가-역사에서 국가의 역할」이란 논문에서 볼 수 있다. 또한 저서 『상호부조(Взамимная помощь)』의 3장 「야만인의 시대(Варварский период)」와 4장 「중세의 도시(Средневековой город)」에서도 볼 수 있다. / 한국어번역 - 『만물은 서로 돕는다 : 크로포트킨의 상호부조론』, 김영범 역, 2005.

위해 노력합니다. 이런 단체는 이미 수만 개에 이르며, 수백만의 사람들을 회원으로 갖고 있습니다. 그런데 이 단체들 중 일부가, 그것도 일부만이 교회와 국가로부터 독립한 것은 50년도 채 지나지 않았습니다.

모든 곳에서 이 단체들은 전에 국가의 의무라고 생각되던 것들을 장악하고 있으며, 자발적인 활동으로 국가의 단일하고 관료적인 권력 활동을 대체하기 위해 애쓰고 있습니다. 영국에서 우리는 절도보험사,[7] 수해보험사, 국가방위 자원단체, 해변수호를 위한 단체 등 끝없이 많은 단체들을 찾아볼 수 있습니다. 국가는 물론 이 모든 단체들을 자신의 보호아래 두고, 그것을 권력 강화 수단으로 삼고 싶어합니다. 때로 국가는 성공하기도 합니다. 적십자가 그러합니다. 그러나 이 모든 단체들의 제 1 목적은 국가 없이 해결해 나가는 것입니다. 교회와 국가가 아니라 자유로운 단체들이 교육과 훈육의 영역을 담당하기를 원합니다. 물론 국가가 제한된 사람들에게만 제공하는 거짓 교육보다 더 좋은 교육을 제공할 수 있을 것입니다. 자유로운 단체들은 이미 이 영역에 개입하기 시작하였고, 이미 모든 장애에도 불구하고, 그곳에서 자신들의 영향력을 과시하고 있습니다.

국가는 지난 3 세기 동안 탈취한 지배권을 유지하려고 노력하였습니다. 그러나 국가와 상관없이 그리고 국가에 대항하여 많은 것이 실현되고 있습니다. 자발적 조합들이 조금씩 모든 것을 장악하고 있지만 국가의 힘에 굴복하여 발전이 정지되기도 합니다. 이런 것을 볼때면 우리는 여기에 강력한 열망이 나타나고 있으며, 현대 사회의 새로

---

7) 1년에 몇 루블의 보험료로 여러분은 1000루블까지 보상받을 수 있다. 도난당한 것이 무엇이든지, 보험사는 아무 말 없이 도난물에 해당하는 보험금을 여러분에게 지불한다. “물론 도둑을 잡기위해 경찰에 신고하시겠지요?” 우리가 직원에게 물었더니, 그는 이렇게 대답했다. “절대 아니죠. 전혀 도움이 되질 않습니다. 보험사가 모든 비용을 지불하니까요.”

운 힘이 관통하고 있음을 인정하지 않을 수 없습니다. 그럴 때 다음과 같은 질문을 제기하는 것은 전적으로 우리의 권리입니다. 오년, 십년, 이십년 후가 되든 상관없습니다. 하지만, 궐기하는 노동자가 성공적으로 지주, 은행가, 성직자, 재판관, 군인 사이의 소위 상호보험 관계를 분쇄한다면, 민중이 몇 개월 동안 스스로 운명의 주인이 되고, 자신이 창조하고 법적으로 자신에게 속한 부를 장악한다면, 노동자가 약탈적인 국가의 부활에 관심을 갖게 될까요? 반대로, 단순한 것에서 복잡한 것으로 나아가는, 이에 상응하게 다양하고, 개별적 지방조직의 요구에 따라 지속적으로 변화하는 상호간의 협약에 근거한 조직을 창조하려 노력하지 않을까요? 성취한 부를 사용하며 살고, 삶에 필요한 모든 것을 생산하는 가능성을 스스로 보장하기 위한 목적으로 말입니다. 다르게 말하면, 사회변혁을 완성하기 위해 현대국가 조직을 파괴할까요, 아니면 새로운 형태의 국가를 즉, 오래된 민중 탄압 무기를 다시 만들까요? 혹은 국가 없이 해결할 수 있는 방법을 찾을까요?

민중은 한 세기를 지배한 열망을 따를까요? 반대로 그 열망을 거슬러, 자신을 파괴하는 권력을 만들기 위해 노력할까요?

푸리에가 미심쩍은 투로 '문명화된 인간'이라 일컫는 문화적 인간은 사회에서 재판관, 헌병, 교도관 등이 언젠가는 없어질 수도 있다는 생각에 떨고 있습니다.

학자들은 다른 사람들이 과거에 쓴 책의 내용을 아주 잘 알지만, 민중과 그들의 일상생활에 대해서는 거의 모릅니다. 그런데 자신들이 쓴 책에서 말하는 것처럼, 이런 학자들이 정말 우리에게 필요할까요?

우리는 경찰이 우글거리는 파리의 거리뿐만 아니라, 보행인을 자주 만나기 힘든 시골길에서도 안전하게 거닐 수 있습니다. 그렇다면 우리는 어떤 것을 선택해야 할까요? 경찰일까요 아니면 통행인을 살해하거나 강탈하려는 사람이 없는 상태일까요? 물론 나는 많지 않은 백만장자들에 대해 말하는 것이 아닙니다. 나는 힘들게 번 몇 푼이 든 돈지갑이 아니라, 자신의 목숨을 걱정하는 보통 시민을 염두에 두고 있습니다. 그의 두려움은 근거가 있는 것일까요?

최근의 경험에서 알 수 있듯이, 살인마 잭(Jack the Ripper)은 런던에서 문자 그대로 경찰들 가운데 가장 부지런하다는 즉, 런던경찰의 코앞에서 만행을 저질렀고, 화이트채플(Whitechapel)의 시민들이 추적하기 시작했을 때야 비로소 만행을 중단했습니다.

다른 시민들과 우리의 일상적 관계는 어떻습니까? 재판관, 형무소 그리고 헌병들이 반사회적인 행위를 실제로 예방할 수 있다고 생각하시나요? 재판관은 법률적 광기에 사로잡혀있고 그 결과 언제나 잔혹하다는 것을 여러분은 모르시나요? 밀고자, 스파이, 교도관, 사형집행인, 경찰같은 사람들이 없으면 재판관은 어떻게 살까요? 그리고 이런 온갖 의심스런 인물들이 재판소 주변에 자리를 잡고서 실제로 그들 하나하나가, 사회에 만연된 부패의 온상이 되고 있다는 것을 여러분은 모르시나요? 이 재판소 생활을 좀 보시기 바랍니다. 재판보고서를 읽어 보십시오. 광고를 훑어보기 바랍니다. 경험 많은 형사의 도움으로 남편과 부인들의 행동을 저렴한 비용으로 몰래 조사해 주겠다는 사설 흥신소 광고가 신문에 가득합니다. 단편적으로나마 스코틀랜드 야드,[8] 거리의 여인들의 도움을 받는 파리 비밀경찰 그리고 러시아의 제3부[9]의 모습을 그려보십시오. 재판소의 속을 들여다보십

---

8) 역주-Scotland Yard. 영국 런던경찰국의 별칭.

9) 역주-정치적인 사안과 관련된 수사, 검열 등을 주로 다루는 황제 직속의 비밀경찰로 1826년 만들어졌다.

시오. 장엄한 돌벽 뒤에서 무슨 일이 일어나고 있는지 보십시오. 여러분은 깊은 혐오감을 느끼실 것입니다. 감옥은 인간의 모든 자유의지와 개성의 힘을 말살하고, 지구상의 어떤 곳보다 더 많은 악덕을 벽속에 가두고 있습니다. 그런 감옥이 늘 범죄의 최고학부 역할을 하지 않는단 말입니까? 그리고 법정은 가장 추악한 잔인함을 가르치는 학교가 아니란 말입니까?

우리가 국가와 모든 국가조직의 폐지를 요구할 때, 현실에 존재하는 것보다 더 훌륭한 사람들로 이루어진 사회를 꿈꾸고 있다고 사람들은 우리를 반박할 것입니다. 아닙니다. 그것은 천부당 만부당합니다! 우리는 이 추악한 국가기관들이 사람들을 지금보다 더 나쁘게 만들지 않는다는 그 한가지만을 요구합니다.

독일의 저명한 법률가인 예링(R. von Jhering)은 자신의 학문연구를 저서로 정리해야겠다는 생각을 하였습니다. 그는 저서에서 사회생활을 유지시키는 수단들을 규명하려고 하였습니다. 이 책의 제목은 『법의 목적(Der Zweck im Recht)』이고, 합당한 명성을 누리고 있습니다.

그는 연구계획을 세우고 풍부한 지식을 동원하여 본질적인 두 가지 강제수단을 연구하였습니다. 그것은 임금과 법에 명시된 강제의 형식들입니다. 마지막에 그는 두 장을 첨가하였습니다. 법률가에게는 당연한 것이었겠지만, 특별한 의미를 부여하지 않았던 두 가지 비강제적 수단에 대해 환기시키기 위해서였습니다. 그것은 의무감과 동정심입니다.

왜 그랬을까요? 그는 강제수단들에 대해 연구하는 동안 그것으로 사회체제를 유지하는 것이 전적으로 불충분하며, 불가능하다는 확신을 갖게 되었습니다. 그는 강제수단들에 대한 연구에 책 한권을 바쳤습니다. 그렇지만, 연구 결과를 볼 때 그것의 중요성은 매우 약화되고 말았습니다.

마지막 두 장을 앞두고 사회생활의 비강제적 수단에 대한 고찰에 착수하였을 때, 그는 이 수단들이 매우 크고 압도적인 중요성을 갖고 있음을 알게 되었습니다. 첫 번째 것보다 더 두꺼운 두 번째 책을 - 이 두 수단, 즉 자발적 자제(自制)와 상호부조에 대해 - 써야 했습니다. 그러나 그는 연구대상의 미미한 부분만을 탐구하였습니다. 왜냐하면 사회활동의 실현을 위한 자유로운 협약의 문제를 약간 다룬 후에, 그는 개인적 동정심에서 유래한 것에 대해서만 언급했기 때문입니다.

여러분이 학교에서 배운 공식만을 되풀이하는 대신, 이 문제에 대해 조금이라도 진지하게 생각한다면, 예링이 경험한 것을 여러분 각자가 경험할 수 있을 것입니다. 여러분 스스로 이 문제에 대해 진지하게 고민하여 보시기 바랍니다. 예링이 한 것처럼, 강제가 자발적 협약과 비교하여 사회에서 얼마나 보잘 것 없는 의미를 갖고 있는지 여러분도 알게 될 것입니다.

다른 관점에서, 벤담(J.Bentham)의 오래된 충고에 따른, 모든 법적 강제의 치명적이고 직접적인 결과와 특히 간접적인 결과들에 대해 생각해 보면, 톨스토이(Л.Толстой)와 우리들처럼 여러분은 폭력의 사용에 대해 분노하게 되고, 반사회적 행위의 예방에 훨씬 더 효율적인 수천 가지 다른 수단들이 있다는 결론에 이르게 될 것입니다. 그러나 지금 사회는 이 수단을 사용하지 않고 있습니다. 그 이유는 교회와 국가의 지도로 이루어진 사회의 양육이나, 사회의 소심함과 나태한 생각이 이 문제에 대한 명료한 이해를 방해하고 있기 때문입니다. 어린아이가 잘못을 저지르면 간단히 벌을 주면 됩니다. 그때는 적어도 어떤 설명이 필요하지는 않습니다. 그러나 고용된 사형집행인이 있고, 영국에서는 사형수 당 1푼트, 즉 10루블이면 되는데, 사람을 사형에 처하는 것이 정말 어려운 일일까요? 더 좋은 것이 있지요! 1년에 몇 백 루블만 주면 범죄의 원인에 대해 귀족들의 골머리를 썩이지 않아도 됩니다! 시베리아로 보내거나 크레스티[10]에 가두는 것은 훨씬 더 간단합니다! 그러나 이 얼마나 혐오스런 일입니까! 우리들에게 흔히들 말합니다. 우리 아나키스트들은 꿈의 세계에 살며 현대의 현실을 보지 않는다고 말입니다. 사실, 우리는 현실을 너무 잘 보고, 잘 알고 있는지 모릅니다. 그렇기 때문에 우리들은 '신으로부터 혹은 이 세상으로부터 유래된' 모든 권력의 문제에 대한 오래된 편견의 숲 속에 있는 나무들을 도끼로 찍어내어 길을 내려고 합니다.

우리들은 환영의 세계에 살지 않고, 인간을 실제보다 더 좋은 것으로 생각하지도 않습니다. 반대로 우리들은 인간을 있는 그대로 봅니다. 때문에 우리는 권력이 가장 좋은 인간들을 망가뜨린다고 생각합니다. 권력의 상층부는 자신들이 재배하고 있다고 믿게 만들기 위해서 이 모든 '권력의 균형'과 '정부에 대한 통제' 이론들을 만들었습니다. 이 이론들은 권력 편에 선 사람들이 고안한 흔한 공식일 뿐이라고 우리는 주장합니다. 사실, 절대로 민중이 국가를 지배하지 않습니다. 도처에서 부자들과 식자들이 가난한 사람들을 조종할 뿐입니다.[11] 지배자들은 자신들이 없으면 사람들이 서로를 물어뜯을 것이

10) 역주-러시아어 〈크레스티(кресты)〉는 '십자가'의 복수형이다. 이것은 옛 페테르부르그 감옥의 속칭으로, 십자가 모양의 건물에서 유래하였다.

11) 영국, 미합중국, 그리고 여전히 스위스에서 민중이 국가적 사안에 영향력을 갖고 있다. 그 이유는 이들 나라의 모든 작은 마을에, 작업장에, 나아가 큰 도시들에 '이와 발톱을 세워' *자신의 인간적이며 개인적인 권리*를 지키고 자신과 자신의 권리가 진흙탕에서 짓밟히지 않게 하려는 사람들이 있기 때문이다. 굶주린 노동자들이 하이드 파크로 시위행진 하는 것을 허용해선 안 된다고 최근(1886년) 런던에서 떠들기 시작했을 때, 모든 언론이 목청을 높였다. "진정 1878년을(몇 년인지

라고 생각합니다. 우리는, 인간에 대한 지식에 근거해, 그들에게 이렇게 말할 것입니다. "당신들은 생각해 보라, 외국으로 쫓겨난 프랑스 왕이 '내가 없다면 나의 불행한 종복들은 어떻게 될 것인가?'라고 외친 것을!"

물론 인간이 권력 유토피아주의자들의 묘사처럼 고상한 존재라면, 그들처럼 우리도 지배의 소명을 받았다는 자들이 도덕적으로 고상하다는 환상에 빠져 살 수 있다면, 그렇다면 우리들도 그들처럼 생각하고, 그들처럼 지배자들의 덕성을 믿을 것입니다. 실제로, 노예제도 유토피아주의자들이 묘사하는 것처럼, 노예소유자들이 정말로 경건한 대천사와 같다고 한다면 노예제도에 무슨 나쁜 것이 있겠습니까? 30년 전만해도 미국 노예소유자들과 농노제 지지자(지주)들이 얼마나 장밋빛으로 묘사되었는지 여러분은 아마 기억하실 것입니다. 그들은 자신의 노예와 농노들을 아버지처럼 돌본다! 주인이 없으면 이 게으르고, 만사태평하고, 분별없는 자식들은 배고파 쓰러질 것이다! 그렇기 때문에 농노제 지지자들은 우리에게 말합니다. 주인은 노예들에게 강제노동의 짐을 지우고 혹은 그들을 회초리로 다스릴 것이다! 노예들을 잘 먹이고, 그들을 잘 대해주고, 자기 자식들처럼 돌봐주는 것이 그의 직접적인 이익이다! 우리가 어렸을 때 러시아의 지주들, 미국의 신문기자, 영국의 사제들이 얼마나 달콤하게 그것을 찬미하였습니까! 이 외에도, 심지어 조금이라도 의무를 수행하지 않으면 노예소유자를 벌하는 '법'도 있었습니다! 그러나 브라질 여행에서 돌아온 다

정확하지는 않다.) 잊었는가? 군중이 공원으로 가는 것을 경찰들이 막았던 때를. 군중들은 철제 울타리를 뽑아 그 끝으로 경찰들을 찔렀다. 우리 민중을 희롱해선 안 된다. 우리의 '서민'은 런던 전체를 부술 수 있다." 아마 부술 수 있었을 것이다. 1886년 정부는 이것을 아주 잘 알았다고 덧붙일 수 있다. 그것이 어떤 것이든 자유는 싸워 성취해야 한다. '가장 높은 곳에서 하사한' 헌법이 자유를 주기를 기다려서는 안 된다.

윈(C.Darwin)은 브라질에서 들었던 불구자 노예들의 비명 때문에, 사슬에 묶인 손의 통증으로 신음하는 여인들의 흐느낌 때문에 평생 동안 괴로워했습니다. 과거 지주들의 후손인 우리들은 선조들이 저지른 일에 대해 생각만 해도 얼굴이 붉어집니다.

국가 찬미자들이 우리에게 묘사하는 것처럼 권력 편에 있는 자들이 정말로 현명하고 사회적 사업에 헌신적인 사람들이라면, 맨 윗자리에 정부와 주인들이 있는 멋진 유토피아를 창조할 수도 있겠지요! 주인은 폭군이 아니라 노동자들의 아버지가 되겠지요! 공장은 가장 매력적인 장소가 될 것이고, 모든 노동자들이 신체적으로 불구자가 되는 운명에 빠지는 일은 절대로 없을 것입니다. 국가가 백린을 적린으로 아주 쉽게 바꿀 수 있음에도 불구하고, 백린으로 성냥을 만들게 하여 노동자들을 독극물로 중독시키는 일은 없을 것입니다. 노동자들에게 유죄를 선고하고, 그 결과 그들의 아내와 자식들을 굶주림과 빈곤에 살게 하거나 병으로 죽게 만드는 재판관들, 그런 짐승들은 존재하지 않을 것입니다. 검사들은 자신들의 변론술을 자랑하기 위한 목적으로 피고들에게 사형을 선고할 것을 요구하지 않고, 실행하기를 원하지 않는 선고를 집행하기 위해 재판관 스스로가 교도관 혹은 사형집행인을 찾는 일은 없을 것입니다! 더 말할 것이 없습니다! 플루타르코스라 해도 그 축복된 시대의, 검은 돈을 싫어하는 대의원들의 온갖 덕행을 나열하기에는 어휘가 모자랐을 것입니다! 훈련된 부대는 모든 선행의 발상지가 되고, 상비군은 시민을 위한 오락거리가 되었을 것입니다. 왜냐하면 무기는 군인을 선망하는 유모나 아이들 앞을 행진하는 군인들에게만 필요할 테니까요.

권력 편에 있는 사람들은 평범한 인간들에게 있는 약점이 없거나 거의 없는 최상급의 사람들이라고 전제하는 순간, 우리의 상상 속에서는 훌륭한 유토피아와 멋진 크리스마스 동화가 창조됩니다! 관리들이 관등에 따라 서로를 통제하게 만들고, 가령 어딘가에서 국가소유의 나무가 바람에 쓰러진 경우에 관청이 교환할 수 있는 보고서와 왕복문서를 다만 25개로 제한하는 것으로 충분합니다. 바람에 쓰러진 국가소유 나무를 판매하기 위해, 현재 통일 프랑스의 주무관청은 53개의 서류를 교환하고 있습니다. 이외에도 필요한 경우에 평범한 관리들에 대한 감독을 실시할 수 있습니다. 관리들은 서로간의 관계에서 엄청난 도덕적 타락을 보이지만, 지배자를 뽑아야 할 때는 지혜의 권화(權化)가 됩니다.

지배자들 스스로가 만든 모든 국가 통치술은 이런 유토피아로 충만되어 있습니다. 그러나 인간을 너무 잘 알기 때문에 우리는 그런 꿈에 헌신하지 않습니다. 우리는 지배자 혹은 피지배자에 따라 서로 다른 두 개의 잣대를 적용하지 않습니다. 우리 스스로가 완전하지 않으며 우리 중에 가장 뛰어난 사람도 권력을 잡으면 곧 부패할 것이란 것을 알고 있습니다. 우리는 있는 그대로의 인간을 선택합니다. 그 이유는 우리가 인간에 대한 인간의 모든 권력을 미워하고, 불충분할 수도 있지만, 온 힘을 다하여 그 권력에 종지부를 찍기 위해 노력하기 때문입니다.

그러나 파괴만으로는 부족합니다. 또한 창조의 능력을 보여야 합니다. 모든 혁명에서 민중은 언제나 기만당했습니다. 왜냐하면 창조에 대해 충분히 생각하지 않았기 때문입니다. 낡은 것을 파괴한 후, 언제나 민중은 부르주아의 미래에 대해 걱정했습니다. 부르주아는 민중과 비교하여 특권을 소유했고, 무엇이 필요한가를 어느 정도 분명하게 알고 있었으며, 그렇게 하여 자신들에게 유리하게 권력을 새롭게 재건하려고 노력합니다.

아나키즘은 권력이 드러나는 모든 현상 속에서 권력을 폐기하고, 종속을 강요하기 위한 법과 메커니즘을 폐기하며, 모든 문벌조직을 부정하고 자유로운 협약을 옹호합니다. 그러면서 그것과 더불어, 아나키즘은 사회적 관습의 고귀한 정수를 지지하고 확장하기 위해 노력합니다. 사회적 관습의 고귀한 정수가 없다면 그 어떤 인간사회도 동물사회도 존재할 수 없기 때문입니다. 몇몇 사람들의 권력이 사회적 관습을 지지하기를 기다리는 대신, 아나키즘은 모든 사람의 지속적 활동으로부터 나오는 지지를 기대합니다.

공산주의적 제도와 습관들은 경제적 곤란의 해결 수단으로 필요할 뿐만 아니라, 인간을 긴밀하게 만들고, 인간 사이에 사회적 관습을 발전시키고 지원하기 위해 필요합니다. 그러면 사회적 관습은 각각의 이익을 모든 사람의 이익으로 돌리는 관계와 사람들을 분리하는 대신 통합하는 제도를 창조할 것입니다.

인간 혹은 동물 사회에서 일정한 도덕적 수준이 어떤 수단을 통해 유지되는가의 문제를 제기할 때, 우리는 무엇보다 세 가지 수단을 발견하게 됩니다. 그것은 반사회적인 행위의 억압과 형벌, 도덕 교육, 생활에 폭넓은 상호부조의 적용입니다. 이 세 수단은 검증된 것이기 때문에, 우리는 그것의 결과를 근거로 판단할 수 있습니다.

형벌의 무용성은 현대사회가 처한 흉악한 상황에 의해, 혹은 혁명의 불가피성에 의해 증명되고 있습니다. 우리는 혁명을 추구하고, 그것의 필요성을 모두 느끼고 있습니다. 경제영역에서 강제 시스템은 우리를 공장에서의 강제노역 상태로 이끌었고, 정치 영역에서는 국가로, 즉 시민들 사이에 존재하던 모든 관계의 파괴로 이끌었습니다.(1793년의 자코뱅주의자들은 왕권에 대한 싸움의 수단이었던 관계들까지도 끊어버렸습니다.) 목적은 시민을 모든 관계에서 중앙 권력에만 종속된 무정형의 신민(臣民) 대중으로 만드는 것입니다. 국가의 법과 형벌은 현대 정치, 경제, 사회체제의 불행을 만드는데 일조했을 뿐만 아니라, 그와 함께 사회의 도덕수준을 높이는데는 무능한 것으로 드러났습니다. 국가의 법과 형벌은 사회가 예전에 갖고 있던 수준조차도 유지할 수 없었습니다. 실제로, 갑자기 어떤 선한 요정이 문명사회에서 익명으로, 고위층과 법의 비호를 받아 자행된 범죄들을 모두 우리 눈앞에 펼쳐 보였다고 한다면 사회는 전율하지 않을 수 없을 것입니다. 12월 2일의 나폴레옹 쿠데타[12] 혹은 코뮌에 대한 피의 폭력, 혹은 강제노동수용소와 슐리쎌부르그[13]에서 자행된 황제의 만행과 유사한 거대한 정치적 범죄와 관련해서, 책임자들은 절대로 벌을 받지 않습니다. 네크라소프(Н. Некрасов)는 진실을 말하고 있습니다. "큰 도둑들의 만족을 위해 좀도둑을 때린다." 그것뿐이 아닙니다. 권력이 '죄인들에 대한 형벌'을 수단으로 사회적 도덕성을 높이려고 시도하지만, 권력은 재판소와 감옥에 새로운 범죄를 만들 뿐입니다. 수세기 동안 사람들은 강제의 수단을 사용하였으나 성공하지 못했습니다. 그 결과 우리는 과거의 강제제도를 폐기하고, 폐지하는 것 외에는 탈출구가 없는 상황에 처하게 되었습니다.

우리는 이미 언급한 도덕교육 수단들의 중요성을 절대로 부정하지 않습니다. 사회에서 무의식적으로 한 사람에게서 다른 사람에게 전수되며, 일상의 사건에 대해 사람들 각자가 언급한 입장과 견해의 총합으로부터 나오는 수단들은 특히 그렇습니다. 그러나 이 힘은 한 가지

12) 역주-1799년에 쿠데타를 통해 권력을 잡은 나폴레옹은 1804년 5월 황제세습제를 발표하고 그해 12월 2일 노트르담 사원에서 황제 대관식을 거행한다.

13) 역주-페테르부르그로 연결되는 네바강 발원지에 위치한 러시아의 도시로, 슐리쎌부르그 요새는 악명 높은 감옥으로 사용되었다.

조건 아래에서만, 즉 다른 비도덕적 교육, 즉 현존하는 국가제도로부터 나오는 교육이 그 힘을 방해하지 않는 경우에만 사회에 영향을 줄 수 있습니다.

국가의 교육은 영향력을 전혀 행사하지 못하거나, 해롭기까지도 합니다. 기독교 도덕을 봅시다. 어떤 다른 도덕이 기독교의 도덕처럼 이성에 대한 강한 영향력을 가질 수 있겠습니까? 기독교 도덕은 십자가에 달려 처형된 신의 이름으로 말하고, 불가사의의 힘을, 순교의 시학을, 사형집행인의 죄를 용서할 것을 청원하는 위대함을 수단으로 행동합니다. 그러나 국가제도의 영향력은 기독교보다 더 강한 것 같습니다. 기독교는 본질상 로마제국에 대한 유대인들의 반란이었습니다. 그러나 사실 기독교는 로마에 길들여져 로마의 원칙, 습관, 언어를 수용하였습니다. 로마법의 원칙들이 기독교에 침투하였고, 그 결과 역사에서 기독교는 국가의 동맹자가 되었습니다. 하지만 국가는 초기 기독교가 추구했던 반(半)공산주의적 제도의 가장 열렬한 적입니다.

내각의 명령에 따라 수립된 도덕교육이 기독교에 없었던 창조적 힘을 가질 것이라고 우리는 단 1분간이라도 생각할 수 있을까요? 교육이 진정 인간을 사회적으로 만들기를 추구한다 해도 온갖 반사회적 관습과 제도의 총합에서 나오는 다른 일상적 교육이 앞의 교육과 대립한다면, 교육은 무엇을 할 수 있겠습니까?

세 번째 요소가 남습니다. 그것은 사회적 감정이 표현된 행동들이 관습으로 흡수되고, 본능이 되도록 영향을 행사하는 제도입니다. 역사가 우리에게 보여주는 것처럼, 이 힘은 절대 무기력하지 않았고, 절대 양날의 무기가 아니었습니다. 이 힘이 목적을 달성하지 못하는 경우가 발생할 수도 있습니다. 그것은 좋은 관습이 조금씩 정체되고 결정화되어 범할 수 없는 종교로 변하고, 개인을 집어 삼켜 모든 행동의 자유를 앗아가며, 개인이 계속적인 발전을 방해하는 것들과 싸우게 만드는 그 때에만 그럴 것입니다.

사실상, 과거에 발전과 진보의 요소로 혹은 인류의 도덕교육과 지식교육의 무기로 사용되었던 모든 것은 상호부조 원리의 실천으로부터, 그리고 사람들 사이의 평등을 인정하고, 서로 연합하고, 생산과 소비를 위해 단결하고, 공동의 방어를 위해 조합을 결성하고, 그들 사이에 발생한 분쟁의 해결을 위해 중재자에게 요청하던 관습으로부터 유래하였습니다.

이 제도들은 민중이 자신의 자유를 쟁취한 그 시대에 민중적 창조의 산물로서 탄생하였습니다. 이들이 역사에서 가장 큰 발전을 이룰 때마다 사회의 도덕적 수준, 물질적 복지, 자유, 지적 진보, 개성의 발전도 제고(提高)되었습니다. 반대로, 해외 정복 혹은 국가에 관한 편견이 발전하고, 그 결과 사람들이 점점 더 지배자와 피지배자, 착취자와 피착취자로 나뉠 때마다, 사회의 도덕적 수준은 낮아졌습니다. 다수의 복지대신에 소수의 손쉬운 돈벌이가 나타났고, 시대의 보편정신은 급속히 타락하게 되었습니다.

이것을 우리는 역사에서 배웁니다. 역사로부터 우리는 자유로운 공산주의 제도가 국가의 관습에 의해 추락한 사회의 도덕적 수준을 높일 수 있을 것이란 믿음을 얻습니다.

오늘날 우리는 서로 모르는 채 다른 사람들과 나란히 도시에서 살고 있습니다. 선거 때가 되면 우리는 유세장에서 만나 후보자들의 거짓 약속이나 맹목적인 연설을 듣고 집으로 돌아갑니다. 국가는 사회적 이해를 갖는 모든 일들을 관리합니다. 국가는 개인들이 같은 시민들의 이익을 훼손하지 않도록 주시하고, 필요한 경우 죄인을 벌함으로써 개인이 저지른 해악을 교정하는 의무를 갖습니다. 국가는 굶주리는 자에 대한 보살핌, 교육, 적으로부터의 방어 등과 같은 의무를 갖습니다.

여러분의 이웃은 배고파 죽거나 자기 자식들을 찔러 죽일 수도 있습니다. 이것은 우리와 상관없다는 것입니다. 즉 이것은 경찰의 업무란 것이지요. 여러분은 이웃들을 모릅니다. 어느 것도 여러분과 그들을 연결해 주지 않습니다. 모두가 각각입니다. 더 좋은 것이 없다는 이유로, 여러분은 반사회적 열정을 극단으로까지 허용하지 않기를 절대자에게 간청합니다. 예전 절대자는 신이었고 지금은 국가라 할 수 있습니다.

공산주의 사회에서는 필연적으로 다르게 진행되어야 합니다. 국회, 도시 혹은 농촌 의회와 같은 어떤 입법의회에도 공산주의 체제의 조직업무를 위임해서는 안 됩니다. 그것은 모든 사람의 일이 되어야 하고, 그것은 민중 자신의 독창적 지혜를 통해 **창조되어야** 합니다. 공산주의를 위에서 강요해서는 안 됩니다. 모든 사람들로부터 나오는 지속적이고 일상적인 지원이 없다면, 공산주의는 존재할 수 없을 것입니다. 그것은 권력의 대기 속에서 질식하고 말 것입니다.

그 결과 공산주의는 사회적 사안에 따라 사람들 사이에 수천의 접점을 창조하는 것 외에 다른 식으로 존재할 수는 없습니다. 공산주의는 각각의 거리, 몇 개의 건물, 구역, 도시공동체라는 가장 작은 단위별로 독립적이며 고유한 삶을 살게 하는 것 외에는 다르게 살 수 없습니다. 사회가 물질적 풍요, 호화로운 생활, 학습, 오락 등 모든 욕구의 충족을 위해 활동하는 협동조합과 단체들의 그물로 덮인다면, 그때야 비로소 공산주의는 자신의 목적을 달성할 수 있을 것입니다. 이 단체들은 순순히 지방적인 것으로 남아있을 수는 없습니다. 그것들은 이미 학회, 자전거 동호회, 해양 인명구조 동호회 등에서 진행되고 있는 것처럼, 불가피하게 전 국민적인 것, 그리고 국제적인 것이 되기 위해 노력할 것입니다.

공산주의가 필연적으로 만들어낼 사회적 관습들은 이미 존재하는 사회적 관습의 핵을 모든 가능한 징벌수단보다 더욱 강력하게 지원하고 발전시킬 것입니다.

바로 이것이 우리가 상호협약 정신의 발전을 어떤 삶의 형식으로부터, 어떤 사회 체제로부터 기대하고 있는가하는 물음에 대한 답입니다. 이 견해는 공산주의와 아나키즘이 공존할 수 없다는 주장에 대한 답변이라는 것을 추가로 언급하고자 합니다. 개인과 개인 능력의 완전한 발전이 가능해지는 것은, 우리 동료들 중 하나가 올바로 표현한 것처럼 식량과 의복에 대한 인간의 1차적이고 주된 욕구가 충족될 때, 삶을 위한 투쟁과 자연력에 대항한 투쟁이 간단해질 때, 존재의 유지를 위한 수천가지의 자잘한 수고들이 개인의 시간을 집어삼키지 않을 때일 뿐입니다. 그때야 비로소 이성, 예술적 취향, 발명의 재능 그리고 인간의 모든 능력들이 자유롭게 발전할 수 있습니다.

이렇게 공산주의는 지금까지 우리에게 알려진, 서로 간의 투쟁 속으로 사람들을 밀어 넣는 개인주의의 발전이 아니라 개성의 발전을 위한, 그리고 모든 인간 능력의 완전한 개화, 인간 속에 있는 모든 창조성의 최상의 발전, 이성과 감정과 자유의지의 최고의 활동을 위한 최상의 토대입니다.

우리의 이상은 그렇습니다. 그렇다면 다소 먼 미래에 이상이 완전히 성취될 때까지 우리는 무엇을 해야 하겠습니까! 우리는 그 이상을 지금 우리 자신들 사이에 부분적으로 실현하기 시작할 수 있습니다. 우리는 한시도 지체하지 말고 그 이상을 가능한 넓게 확대시켜야 합니다. 앞으로의 노력이 사회가 앞으로 내딛는 발걸음에 어떤 영향을 주는지, 우리의 노력들이 지금 해야 하는 것들에 대한 견해에 어떻게 반영되는지, 모든 개인적 문제와 어떤 관련을 맺는지를 우리는 그때 보게 될 것입니다.

우리의 과제는, 무엇보다 현대사회체제를 연구하여, 현 단계의 발전에 고유한 지향과 방향을 찾고 제시하는 것입니다. 그 다음에 우리와 같은 생각을 가진 사람들과의 관계 속에 이 노력들을 실현하는 것입니다. 마지막으로, 이미 지금 그리고 특히 혁명이 도래함에 따라, 이 노력들의 발전을 억압하는 제도와 편견을 폐지하기 위해 힘쓰는 것입니다.

이것이 우리가 평화적인 방법으로, 또 혁명적인 방법으로 할 수 있는 모든 것입니다. 우리는 이 노력들이 발현되게 함으로써 진보를 촉진하는 것이며, 그것에 **대립하는** 모든 것은 진보를 저지할 뿐이라는 것을 알고 있습니다.

사람들은 종종 사회가 **거쳐야만 하는** 중간공격단계에 대해 말합니다. 그들은 제 1단계 지점으로 제시된 것을 성취하기 위해 투쟁할 것을 우리에게 제안합니다. 결국 그들은 1단계를 성취한 후에야 참된 길로 나설 수 있고 말합니다.

그러나 그런 식으로 판단하는 것은 인류 진보의 참된 성격을 불완전하게 이해하고 있으며, 전쟁과 관련된 그렇기 때문에 본질상 적절하지 못한 비유를 사용하고 있음을 의미합니다. 인류는 구르는 공도 아니고, 행진하는 군대 행렬도 아닙니다. 인류는 전체이며, 그것의 발전은 인류를 구성하는 수백만 명의 발전 속에 존재합니다. 우리가 꼭 비유를 사용하기 원한다면, 무생물의 운동법칙이 아니라 생물의 발전법칙에서 비유의 재료를 가져와야 할 것입니다. 실제로 사회발전에서 각각의 발걸음은 사회를 구성하는 모든 단위들의 동등하게 작용하는 정신활동이며, 그것은 구성원 각각의 자유의지라는 특징을 갖습니다. 20세기가 우리에게 마련하고 있는 새로운 발전 유형이 어떠하든지, 그것은 지금 이미 깨어나기 시작한 비국가적 자유사상들의 특징을 갖게 될 것입니다. 이 운동의 깊이는 국가와 관련된 편견들과 단절하는 이성적 인간의 숫자에, 낡은 제도를 파괴하는 그들의 에너지에, 그들이 사회에 주는 인상의 강도에, 대중의 이성이 그리는 해방된 사회체제의 선명도에 달려있습니다. 그러나 우리는 이미 지금, 예를 들어, 무(無)국가적 자유사상의 각성은 프랑스 사회에 상당한 자극을 주었고, 프랑스에서 미래의 혁명은 어떤 경우에도 자코뱅식의 중앙집권적 혁명이 되지는 않을 것이라고 말할 수 있습니다. 물론 혁명이 20년 전에 일어났다면 그럴 수도 있었겠지만 말입니다.

아나키즘이 어떤 개인이나 집단의 날조가 아니라 우리 시대의 모든 사상운동으로부터 나온 것이라면, 미래 혁명의 결과가 어떻게 되든지, 우리는 이 혁명이 중앙집권적이며 독재적인 40년대의 공산주의로도, 국가 집산주의로도 우리를 인도하지는 않을 것이라고 확신할 수 있습니다.

아마도 '제 1단계지점'은 결국 20년 전에 이 첫 번째 발걸음을 이해했던 것과 동일한 것이 되지는 않을 것입니다.

내가 이미 지적한 것처럼 우리의 관찰에 기초하여 판단할 수 있다면, 지금 모든 사회주의당 앞에 가장 거대한 과제가 나타날 것입니다. 그것은 사회경제적 이상을 이미 대중의 생각 속에서 시작되고 있는 개인의 자유를 향한 운동과 일치시키는가하는 것입니다. 선행한 혁명들에서는 민중적 발기의 정신을 각성시키는 것을 충분히 배려하지 않았습니다. 민중적 발기의 각성이 없다면, 가장 거대한 경제적 변혁의 완성 가능성도 – 도시와 시골 모든 곳에서 – 전혀 없음을 사람들은 이제 이해하기 시작하고 있습니다. 사실 민중 대중속에 조직적인 창조적 발기의 부재는 과거의 모든 혁명을 좌초시킨 암초였습니다. 민중은 공격에 관한 판단에서 매우 강한 면모를 보이지만, 새 건물의 건설에서 발기와 창조적 사유를 보이지 못하였습니다. 민중은 바리케이드에서 싸우고, 궁전을 점령하며 낡은 지배자들을 쫓아내었지만, 교육받은 계급에게 즉 자본계급에게 새로운 건설의 과업을 위임하였습니다. 자본계급에게는 자신들만의 이상이 있었습니다. 그들은 자신들이 원하는 것을 어느 정도 알고 있었고, 고유의 이익을 위해 사회적 폭풍 속에서 무엇을 끌어내야 할 것인가를 알고 있었습니다. 그래서 혁명이 구체제를 타파하자마자 자본계급은 **자신들에게** 유리하도록 건설에 착수하였습니다.

혁명에서 파괴는 혁명가의 업무 중 일부일 뿐입니다. 그 외에도 혁명가는 새로 건설해야 합니다. 이 건설은 새로운 것을 철저히 사유할 수 없는 사람들에 의해서 책에서 배운 처방에 따라 진행될 수도 있고, 구체제의 옹호자들이 민중에게 강요한 낡은 처방에 따라 진행될 수도 있습니다. 혹은 개혁은 새로운 원칙 위에서 진행될 것입니다. 사회주의 사회의 독자적 건설은 – 각 지역에서, 지역에 고유한 복잡한 관계 속에서 원칙의 실천적 실현을 모색하는 대중이 습득한 몇 가지 공통된 원칙의 영향 아래에서 – 각각의 마을과 각각의 도시에서 시작될 것입니다. 그러나 이를 위해 민중에게는 자신의 이상이 있어야 하고, 이를 위해 그의 주변에 발기와 주도권을 가진 사람들이 있어야 합니다.[14] 건설은 **민중적 발기에 의해서만**, 위에서가 아니라 아

14) 1871년의 파리코뮌을 예로 들어 보겠다. 학자들도, 민중의 지도자들도, 심지어는 노동자 국제연합의 지도자들도 파리 민중에게 코뮌을 선포하라고 말하지 않았고, 독립도시에서(독립도시는 프랑스

래에서도 만들어질 수 있습니다. **어떻게 하면** 한 도시에서만이라도 건설을 완성할 수 있을까요? 무엇부터 시작할까요? 우리는 이에 대해 고민할 의무를 갖고 있습니다. 우리의 대답은 요약하면 이렇습니다. 모든 사람을 먹이고, 모든 이에게 주거를 제공하는 것, 현학적으로 말하면 **분배**로부터 시작해야 합니다. 생산은 **분배의 필요에 따라** 이루어져야 합니다.

그러나 모든 당은, 사회주의자들마저도 당의 훈육을 위하여 노동자와 농민의 주도권을 의식적으로 혹은 무의식적으로 억압하였습니다. 모든 명령은 중앙과 위원회로부터 나왔고, 조직의 통일성을 훼손하지 않기 위해 지방조직들은 복종하는 일만 남게 되었습니다. 이런 목적을 위해 모든 교육체계, 모든 거짓 역사, 모든 납득할 수 없는 과학이 연구되었습니다.

낡고 해로운 방식을 폐기하기 위해 노력하는 사람들, 개인들과 집

가 근본적이며 사회주의적인, 혹은 적어도 평등한, 공화국 이념에 도달할 때까지 기다릴 의도가 없음을 선언한 바 있다.) 그러한 공화국의 실현을 시작할 필요가 있다고 파리 민중에게 말하지 않았다. 이 이념은 1793년 이래 파리에서, 민중 속에 살아 있었다. 1848년에 프루동이 이 이념을 발전시켰다. 이념은 노동자들의 머릿속에 절반 정도 인식되어 - 절반은 감정적으로 절반은 생각으로 - 둥지를 틀게 되었다. 그리고 심지어 그들은 코뮌을 선언하였고, 그것은 대부분의 지도자들에겐 뜻밖의 일이었다. 그들은 국가로서의 프랑스에는 관심이 없으며, 그들은 사랑하는 도시 파리에서 새로운 것을 시작할 의도가 있다고 설명하였다. 그것은 1793년 동 프랑스의 여러 도시와 마을에서 지역의 로베스피에르와 마라(Jean Paul Marat)가 새로운 비봉건적 길로 나아갔던 것처럼, 아직 불분명하지만 새로운 사회주의의 길로 나아가는 것이었다. 그들은 구체제의 관리들을 축출하였고, 무장하였으며, 공유 토지를 되찾고, 법령집을 소각하는 등의 활동을 하였다. 아무도 기다리지 않고, 파리의 블루칼라들, 노동자들은 도시의 군사 방어 조직을 구축하였고, 우편제도를 조직하였고(이에 대해 영국특파원들이 감탄한 바 있다), 공동취사를(불행하게도 마지막에 가서야) 조직하기 시작하였다. 평등사상과 코뮌 사상 이외에, 코뮌이 소유자들에게서 주택을 몰수하고, 코뮌이, 즉 노동자들이 모든 민중의 취사를, 그리고 이에 필요한 모든 것의 생산을 조직해야 함을 이 시기 파리 민중들이 어렴풋하게라도 인식하고 있었다면, 코뮌은 괴멸되지 않을 수도 있었다. 코뮌은 35,000명이 아니라, 그보다 세배 더 많은 방위군을 확보할 수 있었고, 비스마르크(Bismarck)와 티에르(Thiers)도 코뮌을 군사적으로 처리하지 않았을 것이 거의 확실하다. 그러나 당시 노동자들에게는 이런 생각이 없었다. 물론 자본계급, 심지어 중간계층 출신의 선명성이 뚜렷한 혁명가들에게서도 이런 것을 전혀 기대할 수 없었다. 이렇게 파리 코뮌은 우리에게 한 가지를 가르쳐주었다. 사회혁명은 각 *지역으로부터* (местно)시작되어야 한다는 것이다.

단 속에 발기의 정신을 각성시키려는 사람들, 이 원리를 자신의 행동과 다른 사람들과의 관계의 토대 위에 성공적으로 놓은 사람들, 생명은 다양성 속에 심지어 투쟁 속에 포함되어 있으며 단일성은 죽음이라는 것을 이해하는 사람들, 이들이 미래의 세기를 위해서가 아니라 눈앞의 혁명을 위해 일하는 이유가 바로 이것입니다.

몇 말씀 더 드리겠습니다.

우리들은 '자유의 남용'을 겁내지 않습니다. 아무 것도 하지 않는 사람들만이 오류를 범하지 않습니다. 복종만 할 줄 아는 사람들은 스스로 자신의 길을 찾는 사람들만큼의 혹은 그보다 더 많은 실책과 오류를 범합니다. 후자의 사람들은 사회의 교육을 받았지만, 자신의 이성이 이끄는 방향으로 행동하려고 애씁니다. 잘못 이해되고 특히 잘못 해석된 개인의 자유에 대한 이념은, 특히 연대성의 개념이 충분히 수립되지 못한 곳에서, 사회적 양심을 분노하게 만드는 행위로 이어질 수 있음은 의심의 여지가 없습니다. 이런 일이 일어날 것이라고 미리 가정할 수 있습니다. 그러나 그렇다고 이것이 자유의 원칙을 전면적으로 거부하기 위한 충분한 이유가 될까요? 해방된 출판의 '남용'을 방지하기 위해 검열을 옹호한다는 사람들이 있습니다. 단일성과 훈육을 유지하기 위해 진보적인 당의 당원들을 단두대에서 처형한다는 사람들이 있습니다. 자유의 남용이 이런 사람들의 견해에 찬성해야 하는 충분한 이유가 될까요? 1793년의 경험[15]이 보여주듯이 결국 이것

15) 역주-프랑스 혁명의 결과로 1793년에 국민공회는 공화정을 선포한다. 그러나 로베스피에르의 자코뱅 파는 국민공회에서 혁명세력 중 하나인 지롱트 파를 숙청하고, 공안위원회를 중심으로 혁명정부를 수립한다. 결과적으로 로베스피에르는 많은 사람들을 단두대에서 처형하는 공포정치를 실시하게 되었다. 그러나 공포정치가 계속되자 로베스피에르는 반대파에 의해 숙청되어 단두대에서 처형당한다. 이 사건이 혁명력 2년 테르미도르 9일에 일어났다고 하여 '테르미도르 반동'이라고 부른다.

은 반동세력의 승리를 준비하기 위한 가장 좋은 수단입니다.

반사회적 행동을 보고 우리가 할 수 있는 유일한 것은 '개인은 자신을 위해, 국가는 모두를 위해'와 같은 규칙을 거부하고, 우리의 의견을 공개적으로 표현하는 충분한 용기를 스스로 찾는 것입니다. 물론 이것은 투쟁으로 발전할 수도 있습니다. 그러나 투쟁은 삶입니다. 그때 그런 투쟁은 우리가 대부분의 행위에 대해, 이미 확립된 개념의 절대적 영향 아래에서 하는 것보다, 더 정당한 평가를 할 수 있게 합니다. 이를 통해 통용되고 있는 많은 도덕 개념들은 재평가되어야 합니다.

사회의 도덕적 수준이 우리 사회에서와 같은 단계로 추락할 때, 그런 사회에 대한 저항은 우리가 아주 싫어하는 형태를 갖게 될 것입니다. 그러나 이것이 모든 저항을 비난해야 하는 충분한 이유가 되지는 않습니다. 우리는 이점을 미리 생각해야 할 것입니다. 물론 1789년에 잘려 창에 매달린 머리는 우리를 심히 불쾌하게 만듭니다. 그러나 그런 것들은, 빅토르 위고(V. Hugo)가 우리에게 말했던, 낡은 왕정체제와 감옥이 낳은 교수대의 산물이 아닌가요? 1871년 티에르(L.-A.Thiers)가 자행한 3만 5천명의 파리시민 학살과 파리 봉쇄가 프랑스 민중의 성격에 너무 큰 잔인성을 남기지 않았기를 우리는 바랍니다. 최근의 재판에서 드러난 상류계급의 도덕적 타락이 국민의 심장을 결정적으로 부식시키지 않기를 우리는 바랍니다. 우리는 이것을 바라고, 이를 위해 협력할 것입니다! 그러나 이런 희망이 우리를 기만할 수 있고 현 지배계급의 잔인성이 민중의 정신에 흉터를 남겼으며 위에서 지배하는 진흙탕으로부터 사방으로 오물이 튄다고 해서 젊은 전문가인 여러분들은 봉기하는 민중에게 등을 돌리겠습니까?

정신 속에서 완성된 심오한 변혁은 사유의 영역에만 머무를 수 없으며, 행동의 영역으로 이동해야 합니다. 이것은 의심의 여지가 없습니다. 일찍 사망한 젊은 철학자 마리-장 기오(M.-J. Guyau)의 『의무와 강제 없는 도덕에 관한 시론(Esquisse d'une morale sans obligation ni sanction)』은 지난 30년 간 발표된 것 중 최고의 저작중의 하나입니다. 이 저서에서 정당하게 언급한 것처럼, 사유와 일 사이에 분명한 심연은 없습니다. 적어도 현대의 궤변에 익숙하지 않은 사람들에게는 그렇습니다. 사유는 일의 시작입니다.

모든 나라에서 모든 가능한 형태로, 아나키즘이 수많은 저항활동을 불러일으키는 이유는 바로 이것때문입니다. 우선 자본과 국가에 대한 개인의 저항이고, 다음에는 동맹파업과 노동자 폭동 형태의 집단적 저항입니다. 그 외에도 다양한 유형의 저항들이 의식 속에서도, 생활 속에서도, 대중적 봉기 즉 혁명을 준비하고 있습니다. 이러한 관계에서 사회주의와 아나키즘은 일로 이어지는 사유인 '이념-힘'의 발전을 따라 갑니다. 이런 발전은 거대한 민중봉기가 도래할 때 언제나 관찰됩니다.

바로 이것이, 모든 치열한 저항은 아나키즘 때문이라는 것이 우리의 입장에서는 오만이고, 다른 쪽의 입장에서는 오류가 되는 이유입니다. 지난 이십 오년간 일어난 유사한 현상들을 다시 살펴보면 우리는 그것들이 모든 곳에서 유래하였음을 알게 될 것입니다.

전 유럽에 걸쳐 많은 노동자와 농민폭동이 일어나고 있습니다. 과거에 '팔짱 낀 전쟁'이었던 동맹파업이 이제는 연속적으로 폭동으로 옮겨가고, 때로 예를 들어, 미국, 벨기에, 안달루시아에서처럼[16] 큰 규모의 봉기가 되기도 합니다. 봉기로 이행하는 파업형태의 폭동은

16) 또한 밀라노와 시칠리아에서도 그렇다.

유럽에서처럼 신대륙에서도 수십을 헤아립니다. 다른 한편 개별 저항의 행동들은 가능한 모든 형태를 취하고, 모든 혁명적 정당은 그것을 사용합니다. 우리 앞에 다음과 같은 운동가들이 있습니다. 트레포프를 저격한 젊은 여류혁명가이자 사회주의자인 베라 자술리치(В.И.Засулич), 독일황제를 저격한 사민주의자 회델(M.Hödel)과 공화주의자 노빌링(K.E.Nobiling), 스페인 왕을 저격한 통 제작 노동자 오테르, 이탈리아 왕의 살해를 기도했던 종교적 마치니주의자인 파사난테(Passanante)등입니다. 그리고 또 우리는 아일랜드 민족주의자들이 — 이들은 사회주의와 아나키즘 모두를 좋아하지는 않습니다. — 조직한 아일랜드에서의 농업살인와 런던의 폭발을 볼 수 있습니다. 우리들은 러시아의 젊은 세대를 봅니다. 그들은 사회주의자, 입헌주의자, 자코뱅주의자로서 알렉산드르 2세에게 가차 없는 전쟁을 선포하였고, 전제권력에 대항한 투쟁에서 35명이 교수대에서 목숨을 잃었으며 수백 명이 슐리쎌부르그와 시베리아에서 고통을 당했습니다. 벨기에, 영국, 미국의 광부들 사이에서도 마찬가지로 많은 논의가 진행되고 있습니다. 그리고 마지막으로 모든 저항과 함께 아나키스트들이 스페인과 프랑스에서 등장합니다.

이와 함께 이 모든 기간 중에 정부들이 자행한 집단살육과 개별살육은 끊이지 않고 있습니다. 베르사유 회의는, 전 유럽 자본계급의 동의 속에서 3만 5천명의 노동자 그리고 패배한 대부분의 파리코뮌의 포로들을 처형하였습니다. 부유한 미국 자본가들에 의해 유지되는 사병인 '핀커튼(A.Pinkerton)의 강도들'은 모든 기술을 동원하여 파업 노동자들을 살해합니다. 사제들은 정신적으로 허약한 젊은이를 교사하여 루이제 미셸(Louise Michel)에게 총격을 가하게 만들었습니다. 진정한 아나키스트였던 그녀는 암살자를 재판에서 구해 보호해 준 적이 있습니다. 유럽 밖에는 캐나다에서의 인디언 학살, 리엘(L.Riel)의 처형, 마타벨레 족[17] 학살, 알렉산드리아 폭격이 있습니다. 그 외에도 전쟁의 이름으로 자행된 통킹, 마다가스카르 등지에서의 학살도 있습니다.[18] 마지막으로 매년 구세계와 신세계에서 봉기한 노동자들에게 보통 수백 명 심지어 수천 명씩 수년의 징역을 선고하고, 그런 방식으로 그들의 아내와 아이들을 가장 처참한 가난으로 몰아냅니다. 이들은 소위 가부장의 죄 때문에 보복을 받고 있습니다. 그리고 봉기한 다른 노동자들을 시베리아로, 판텔라리아(Pantellaria), 비리비(Biribi)[19], 누메아(Noumea), 기아나(Guiana)로 유형을 보내고, 이 유형지에서 아주 사소한 반항을 구실로 유형자들을 처형합니다.[20]

누군가 지난 25년 동안 노동자계급과 그 옹호자들이 당한 모든 고통 목록을 작성한다면, 얼마나 무서운 책이 될까요? 내가 오늘 여러분께는 알려지지 않은, 그것에 대해 말씀드린다면, 여러분을 악몽처럼 따라다닐 그런 끔찍한 사실이 드러날 것입니다! 위대한 사회혁명을 알리는 현대의 예언자들의 수난사는 엄청난 분노를 폭발시킬 것입니다! 그러나 이 책에는 우리의 체험이 담겨있습니다. 우리들 각자는 피와 소름끼치는 고통으로 가득한 이 책의 한 부분을 지나왔습니다.

---

17) 역주-아프리카 짐바브웨의 원주민(Matabele).

18) 아프리카에서 영국인이 그리고 만주에서 러시아인이 자행한 학살로 이 목록이 늘어날 수도 있다.

19) 알제리의 프랑스 교도부대가 그렇다. 그곳에서는 니콜라이의 사형집행자들이 꿈도 꾸지 못할 그런 전대미문의 만행이 자행되고 있다. 기아나에서 (공식적 통계에 따르면) 유형자들의 3분의 1이 매년 죽어나간다. 그곳으로 유형을 떠나는 것은 아나키스트들이다.

20) 여기서 마지막으로 스페인감옥에서 자행되는 아나키스트들에 대한 고문에 대해 말해야 한다. 처음에 우리들은 그런 만행이 가능하다고 믿지 않았다. 3일간의 구타, 나사 박힌 철모 씌우기, 손톱 뽑기 등. 그러나 아나키스트들이 처음으로 카노바스(Canovas)장관을 살해하고, 지속적으로 여왕을 위협하고, 결국 여왕이 이 일에 개입했을 때, 그들은 명백한 사실과 의사의 증언 앞에 굴복해야 했다. 그 후에 여론이 비등하였고, 고문당한 자들 중에서 몇몇이 석방되었다. 고문당한 후에 무기징역을 선고받았던 사람들은 지금 모두 자유의 몸이 되었다. *고문당한 사람들* 중의 몇몇은 런던에 우리와 함께 있다.

이 많은 고통, 처형, 기아나, 시베리아, 누메아로의 유형생활을 알면서도 사람들은 봉기하는 노동자들이 인간생명을 경시한다고 감히 비난합니다!

하지만 우리 현재의 삶에서 모든 것은 인간 생명의 존엄을 억압하려 애쓰고 있습니다! 교수형이나 참수형을 선고하는 재판관, 그들의 하수인인 사형집행인(이들은 구경하러 모인 사회의 인간쓰레기들의 웃음 속에서, 대낮에 마드리드에서 교수형을 집행하거나 파리의 아침 안개 속에서 참수형을 집행합니다.), 통킹 혹은 투르크메니아에서 살육을 지휘하는 장군, 칭찬으로 살인을 은폐하는 신문기자, 아연이 함유된 백린을 사용하면 몇 푼 더 비싸다는 이유로 납이 함유된 백린으로 노동자들을 중독 시키는 기업주, 흑인 마을에서 소리 질러 깨우지 않았다는 이유로 노인을 살해한 영국 지리학자 스탠리(H.Stanley), 동거녀로 취한 흑인 처녀를 '부정'을 이유로 교수형 시킨 독일 지리학자, 살인행위가 드러난 비리비의 교도관에 대한 재판에서 2주 구류로 형을 제한한 군사재판 등 현대 사회의 모든 것은 마치 시장에서 값싸게 살 수 있는 물건처럼 현저하게 인간생명의 경시를 가르치고 있습니다! 이 값싼 물건인 인간을 사형시키고, 죽이며, 처형하는 자들, 사회를 구하기 위해 교수형, 총살, 살인이 필요하다는 규정을 교리에 포함시키는 종교인들, 여전히 그들은 혁명가들이 인간 생명을 경시한다고 감히 불평합니다!

아닙니다. 지금 사회가 피의 복수 법칙을 따르는 동안, 신앙과 법, 병영과 재판소, 감옥과 공장에서의 강제노동, 출판과 학교가 계속하여 인간생명의 완전한 경시를 가르치는 동안에는 이 사회에 대항하여 봉기하는 사람들에게 인간생명에 대한 존중을 요구하지 마십시오! 이것은 현 사회에 존재하지 않는 선과 관용을 그들에게서 요구하는 것을 의미합니다.

우리와 함께 자유를, 그 결과 개인의 생명을 존중하기 원한다면, 형태에 상관없이 여러분은 인간에 대한 인간의 지배를 단호히 거부해야 합니다. 여러분은 지금까지 경멸했던 아나키즘의 원칙을 받아들여야 합니다. 그리고 그것을 받아들이고 나서, 여러분은 우리와 함께 무엇보다 이 이상에 적합한, 그리고 우리를 분노하게 만드는 모든 폭력행위들에 종지부를 찍을 사회 형식의 모색을 위해 노력해야 할 것입니다.

국가-역사에서 국가의 역할

국가-역사에서 국가의 역할 1)

1

「국가 — 역사에서 국가의 역할」을 논문의 주제로 선택할 때, 나는 국가의 이념, 본질, 과거의 역할, 국가가 미래에 갖게 될 의미에 대한 진지한 연구에서 언급되는 요구들에 대해 생각했다.

다양한 성격의 사회주의자들은 국가문제에 대해 서로 다른 입장을 보인다. 우리 안에 있는 많은 분파 중에서 즉, 기질, 사유방식, 특히 다가오는 혁명에 대한 확신에서 차이를 보이는 분파는 두 경향으로 구분된다. 한 쪽은 대부분의 국가 기능을 보존할 뿐만 아니라, 그것을 확대하고, 혁명을 위해 이용하면서 국가를 수단으로 사회혁명을 실현하려는 사람들이다. 다른 쪽은 우리와 비슷하게, 국가는 현대적인 국가체제 혹은 우리가 사용할 수 있는 어떤 다른 국가체제뿐만 아니라, 국가의 본질 자체가 사회혁명에 장애가 된다고 생각하는 사람들이다. 즉 국가는 자유와 평등에 근거한 사회 발전을 방해하는 가장 심각한 장애물이라는 것이다. 그 이유는 이러한 발전을 방해하기 위해 만들어진 역사적 형식들 중에서 대표적인 것이 바로 국가이기 때

---

1) 나는 1896년 봄 파리에서 예정된 강연을 위해 이글을 썼다. 그러나 프랑스에 입국할 때 체포되어 추방되었기 때문에 강연을 할 수 없었다. 당시의 강연원고를 약간 다듬어 논문으로 만들었다.(크로포트킨)
역주-최초의 원고는 1896년 봄에 작성되었고, 1904년 크로포트킨의 책임 아래 러시아어로 번역되어 출판되었다. 우리말 번역을 위한 텍스트로는 「Кропоткин П.А., Государство, его роль в истории. Женева, 1904」을 사용하였다.

문이다. 따라서 이런 입장을 갖는 사람들은 국가의 개조 대신, 국가의 완전한 폐지를 추구한다.

분명 차이는 매우 크다. 현재 철학과 문학 그리고 우리시대의 사회 활동에서 싸우는 두 흐름은 이런 차이에서 비롯되었다. 통용되는 개념들이 지금과 같이 계속 지리멸렬하다면, 조만간 공산주의 이념을 실천하고 사회의 삶 속에 실현하려는 노력이 시도되는 순간(나는 그렇게 되기를 희망한다), 개념을 둘러싼 치열한 투쟁이 시작될 것이다.

이 때문에 늘 현대 국가를 공격하는 우리들에게 국가 탄생의 기원을 밝히고, 국가의 역사적 역할을 연구하여 국가를 그보다 앞선 제도들과 비교하는 것이 매우 중요하다고 생각한다.

우선 우리가 '국가'를 어떤 의미로 사용하는가에 합의해야 한다. 독일에는 **국가**와 **사회**를 혼동하는 학파가 있다고 한다. 개인과 개별 지역의 자유에 대한 국가의 억압이 없는 사회는 상상할 수도 없다고 여기는 프랑스 연구자들도, 심지어 진지한 독일사상가들도 국가와 사회를 혼동하고 있다. 바로 이로부터 아나키스트들은 '사회의 파괴를' 원하며, '개인과 전체의 영원한 투쟁으로의 회귀'를 설교한다는 귀에 익은 비난이 나타난다.

하지만 완전히 다른 두 개념인 '국가'와 '사회'를 혼동하는 것은 지난 30년 동안 역사 분야에서 만들어진 모든 성과들에 역행하는 것이다. 이런 혼동이 발생하는 이유는, 국가가 나타나기 전에 이미 인간은 수천 년 동안 사회를 이루며 살아 왔기 때문이다. 또한 현대 유럽 민족들 사이에 국가는 가장 최근에 생긴 16세기 이후에 발전된 현상이라는 것을 잊고 있기 때문이다. 더구나 인류의 삶에서 가장 빛나는 시대는 지방적 자유와 삶이 아직 국가에 의해 억압당하지 않았던, 다수의 사람들이 공동체와 자유 도시에 살았던 때라는 사실을 잊고 있기 때문이다.

국가는 사회가 역사의 흐름 속에서 채택한 여러 형식들 중 하나일 뿐이다. 사회와 국가에 대한 개념들은 어떤 식으로 혼동될 수 있는가?

다른 한편으로, **국가**와 **정부**가 혼동되는 경우도 비일비재하다. 국가는 정부 없이는 생각할 수 없기 때문이며, 때로 사람들은 국가의 폐지가 아니라 정부의 폐지를 위해 노력해야 한다고 말하기도 한다.

그러나 국가와 정부는 다시 서로 다른 두 종류의 개념을 대표한다. 국가의 개념은 사회를 지배하는 권력의 존재를 포함한다. 뿐만 아니라, 지방에 대한 **지배를 중앙에 집중시키는 것, 즉 통치지역의 집중화, 사회적 삶의 많은 기능들을 몇몇 혹은 전체의 손에 집중시키는 것**을 포함한다. 국가는 사회의 다양한 구성원들 사이에 완전히 새로운 관계가 발생하는 것을 전제로 한다.

이런 특수한 차이는 잘 포착되지 않지만, 국가의 기원을 연구하면 뚜렷하게 드러난다. 국가를 이해하기 위한 유일한 수단은 국가의 역사적 발전을 연구하는 것이다.

고대 로마 제국은 엄밀한 의미에서 국가였다. 지금까지도 그것은 모든 법전문가들의 이상으로 남아있다. 제국의 기관들은 광범위한 영토를 그물처럼 덮었다. 경제생활, 군대행정, 사법, 부(富), 교육, 심지어 종교까지 — 모든 것이 로마에 집중되었다. 법률, 재판관, 영토를 방어하기 위한 군대, 지방을 통치하기 위한 총독, 신들은 로마로부터 나왔다. 제국의 모든 삶은 원로원으로, 후에는 전지전능한 제국의 신(神)인 황제에게로 향했다. 각 지방과 주변지역에는 작은 규모의 신전과 로마전제권력의 지방정부가 있었고, 모든 지방의 삶은 이곳으로부터 시작되었다. 유일한 법, 로마가 제정한 법이 제국을 통치하였다. 이 제국은 시민들의 연합이 아니라, 신민들의 집합체였다.

심지어 우리 시대에도, 법률가들과 통치자들은, 그들의 표현대로, 이 제국의 단일성, 법의 단일한 정신, 조직의 미와 조화에 매혹당하고 있다.

그럼에도 불구하고, 한편으로는 내부적인 분열, 다른 한편으로는 외부로부터 야만족의 침입, 외부로부터의 공격에 저항할 능력이 없는 지방의 소멸, 중앙으로부터 확산된 국가적 타락은 제국의 몰락으로 이어졌고, 제국의 폐허 위에 새로운 문명, 즉 우리의 문명이 태어났다.

고대 동방의 역사는 제쳐두고, 신생 야만 문명[2]의 발생과 성장을 – 이 신생 야만문명이 지금 우리의 현대 국가를 탄생시킨 그 시점까지 – 연구한다면, 국가의 본질은 완전히 명백해질 것이다. 심지어 그 본질은 우리가 로마 제국, 마케도니아 왕국, 동방의 전제왕권에 대한 연구에 몰두하는 것보다 더 명백해질 것이다.

---

2) 역주–크로포트킨이 '신생 야만 문명(молодая варварская цивилизация/young barbarian civilization)'이라 표현한 것은 서로마제국 멸망 이후에 나타난 신생 유럽 문명을 의미한다. 여기서 '야만'으로 번역한 'варварский/ barbarian'는 어원적으로 그리스인의 관점에서 '그리스어를 하지 못하는, 외국인의'를 의미하며, 비그리스인 혹은 비로마인을 의미하는 라틴어 'barbaria/barbarus'에서 유래하였다. 역사적으로 이 단어는 서로마 제국을 멸망시키고 유럽의 중세를 열었던 게르만족을 주로 의미하며, 크로포트킨도 이러한 관점에서 이 용어를 사용하고 있다.

2

지난 세기 대부분의 철학자들은 인간 사회의 기원을 매우 단순하게 설명하였다.

우선 인간은 작은 가족을 이루어 살았고, 이들 가족들 사이의 적대감이 일반적 상태가 되었다고 그들은 말한다. 그러다 어느 멋진 날이 끝없는 투쟁의 불편함을 확신한 사람들은 사회를 만들기로 결정하였다. 분리되어 있던 가족들은 서로 합의하여 사회계약을 맺고 자발적으로 권력에 복종하였다. 초등학교부터 배운 것처럼 이 권력이 오늘날 모든 인류 진보의 원천이며 기초가 되었다는 것이다. 오늘날 우리의 정부들은 지금까지도 지상의 소금이라는 이 고상한 역할을, 인류의 중재자이며 교화자의 역할을 구현하고 있다고 한다. 적어도, 모든 교과서와 심지어 많은 철학논문은 그렇게 가르치고 있다.

이 이론은 인간의 기원에 대해서 매우 적게 알려진 시대에 만들어져, 지난 100년 동안 지배적인 이론으로 발전하였다. 우리는 백과전서파와 루소의 '사회계약론'이 왕권신수설과의 투쟁에서 강력한 무기였음을 인정해야 한다. 그러나 이 이론이 과거에 어떤 공을 세웠던 간에, 오늘날 우리는 그것이 오류임을 인정하고 거부하여야 한다.

몇몇 맹수들과 멸종되고 있는 종을 제외하면, 실제로 모든 동물들은 사회를 이루며 산다. 사회를 이루어 살고 있는 동물들은 생존을 위한 투쟁에서 비사회적 동물보다 언제나 유리하다. 이들은 동물의 위계에서 가장 높은 위치를 차지한다. 최초의 유인원들이 이미 사회를 이루며 살았다는 것은 이제 의심의 여지가 없다. 사회는 인간에 의해서 고안된 것이 아니다. 사회는 최초의 유인원들이 나타나기 이

전부터 존재했다.[3)]

또한 인류학이 완벽하게 증명하고 있는 것처럼, 우리는 특정 가족이 아니라 **씨족** 혹은 **종족**이 인류의 출발이 되었다는 것을 알고 있다. 현재 우리가 갖고 있고, 고대유럽 전설에서 발견되는 가부장적 가족은 훨씬 후에 나타났다. 그 이전에 인간은 이미 수천 년 동안 씨족 혹은 종족으로 살아왔다. 이 첫 번째 기간 동안 – 편의상 이 기간을 미개종족 혹은 원시종족 시대라고 부르도록 하자 – 가부장적 가족제도에 앞선 일련의 제도, 습관 혹은 사회적 관습들이 이미 인류를 위해 만들어졌다.

사회를 이루며 살고 있는 많은 포유류 속에 고립된 가족이 없는 것처럼, 고립된 가족은 원시종족사회에 존재하지 않았다. 종족은 오히려 세대에 따라 구분되었다. 서로 다른 세대에 속한 남녀 사이의 혼인을 허용하지 않고, 동일 세대 내에서만 혼인을 허가하는 관습이 인류의 기억에서 사라진, 아득한 옛날부터 생겼다. 이 시기에 대한 흔적들은 지금도 몇몇 종족에게서 발견된다. 또한 그런 흔적들은 더 높은 단계의 발전을 이룬 민족들의 언어, 풍속, 미신에서도 발견된다.

이 시기에 사유재산의 축적은 가능하지 않았다. 종족의 구성원들 개인에 속한 것은 그가 죽은 후에 모두 시체와 함께 소각되거나 폐기되었기 때문이다. 이것은 지금까지도 영국의 집시들 사이에서 행해지고 있다. 이 풍속의 흔적들을 우리는 문명화되었다는 모든 민족들의 장례의식에서도 찾을 수 있다. 중국인들은 망자가 소유했던 물건들을

3) 이러한 입장에 대한 더 상세한 설명은 내 저서인『상호부조(Mutual Aid), 2판, 1904』와 이것의 독일어 번역인『상호부조(Gegenseitige Hilfe), Leipzig, 1904』에서 볼 수 있다. (『상호부조』의 한국어판은 다음과 같다. P.A. 크로포트킨, 김영범 옮김,『만물은 서로 돕는다. 크로포트킨의 상호부조론』, 서울:도서출판 르네상스, 2005.)

종이모형으로 만들어 소각한다. 우리에게는 말과 칼 그리고 훈장이 전사자의 뒤를 따르게 하는 풍속이 있다. 이 풍속의 의미는 잊혀지고 없지만, 형식은 보존되고 있다.

원시인들은 인명을 경시하지 않았을 뿐만 아니라, 살인과 유혈을 싫어했다. 인간뿐만 아니라, 곰과 같은 몇몇 동물들의 피를 흘리는 것까지도 매우 큰 범죄로 여겼으므로, 잘못을 범한 사람은 동일한 양의 자기 피로 흘린 피에 대해 보상해야 했다.

이렇게 자기 종속의 구성원에 대한 살인은 **전혀 알려지지 않은** 사안이었다. 예를 들어, 우리는 석기시대 인들의 후예로서 지금까지 극지방에서 살고 있는 이누이트[4] 혹은 에스키모들에게서 그러한 예를 볼 수 있다. 그러나 서로 다른 기원, 피부색, 언어를 갖는 종족들이 유랑 중에 서로 충돌하게 되면, 종종 그들 사이에 전쟁이 일어나기도 하였다. 하지만 그 당시에 이미 사람들은 이 충돌을 가능하면 완화시키려고 애썼다. 메인(H.Maine), 포스트(August von Post), 니스(E.Nys)의 연구가 보여주듯이, 후에 국제법의 기원이 될 수 있는 관습들은 이미 그 당시에 나타나기 시작했다. 예를 들면, 마을 주민들에게 미리 경고하지 않고 마을을 공격해서는 안 되었다. 또한 어느 누구도 여인들이 물을 길러 다니는 길에서 절대 살인을 감행하지 않았다. 종족 사이에 평화를 협상할 때, 살해당한 사람이 많은 쪽은 다른 쪽에서 그에 상응하는 보상을 받았다.

그때에는 하나의 일반 원칙이 다른 것들을 지배하였다. '너희들이 우리들 중의 하나를 죽이거나 상처를 입혔다. 때문에 우리에게는 너

---

4) 역주-에스키모인들이 자기 스스로를 부르는 이름. '인간'이란 의미를 갖는다.

희들 중의 하나를 죽이거나 똑같은 상처를 입힐 권리가 있다.' 이것은 누구라도 상관없었다. 왜냐하면 종족 전체가 구성원들 각각의 행동에 대해 책임을 졌기 때문이었다. "피에는 피, 눈에는 눈, 이에는 이, 상처에는 상처, 목숨에는 목숨(쾨니히스바르터[L.Königswarter]가 정확하게 지적한 것처럼 "그러나 그이상은 아니다.")"이라는 성경의 유명한 구절은 바로 이러한 관습으로부터 유래하였다. 정의에 대한 이 사람들의 관념은 바로 그랬다. 우리가 그들 앞에서 특별히 우쭐해 할 것이 아무 것도 없다. 지금까지 우리 형법을 지배하는 '목숨에는 목숨'의 원리도 수많은 유산들 중의 하나일 뿐이기 때문이다.

이렇게, 원시시대를 거치는 동안 일련의 사회적 제도들이 만들어졌고(이들 중 많은 것들은 일단 제쳐 두도록 하자), 종족들의 총체적 행위규범들이 (물론 구두로) 정해졌다. 사회 규범의 핵심 내용을 유지하기 위해서는 풍습, 관습, 설화(說話)의 힘만으로도 충분했으며, 다른 어떤 권력도 존재하지 않았다.

물론 원시인들에게도 일시적인 지도자들이 있었다. 마술사와 비를 부르는 주술사들은, 즉 당시의 학자들은 자신의 종족들을 지배하기 위해 자연에 대한 실질적인 혹은 그럴듯해 보이는 지식을 사용하려고 노력하였다. 설화에 담긴 속담과 노래를 다른 사람들보다 잘 기억하는 사람들이 바로 그렇게 영향력과 권력을 획득하였다. 이미 당시에 '지식이 있는 사람들'은 인간을 지배할 권리를 장악하려고 애를 썼으며, 선택된 자들을 제외하고는 어느 누구에게도 자신의 지식을 전수하지 않았다. 우리가 알고 있는 것처럼 모든 종교, 심지어 모든 예술과 기술들도 처음에는 다양한 '비밀들'에 싸여 있었다.

이렇게 종족들이 충돌하고 이동하는 기간에는 가장 용맹하고 용감한 특히 꾀 많은 자들이 일시적 지도자가 되었다. 그러나 법의 수호자, 전투의 지휘자, 마술사들 사이의 연합은 아직 당시에는 없었다. 때문에 벌과 개미 사회에서처럼 혹은 현대의 파타고니아인[5]과 에스키모들의 경우처럼, 원시 종족들 사이의 국가는 언급의 대상이 될 수 없었다.

인간은 이러한 상태에서 수 천 년을 살았다. 로마제국을 멸망시킨 야만족들도 그것을 경험하였고, 동시에 바로 그러한 상태로부터 빠져나왔다.

기원후 처음 수 백 년 동안 중앙아시아와 북아시아에 거주하던 종족들과 종족연합들 사이에 대규모 이동이 시작되었다. 크고 작은 규모의 이웃 종족들로부터 압박을 받던 수많은 사람들이 아시아 고원지대로부터 이동을 시작하였다. 강과 호수의 물이 갑자기 말라버렸기 때문에 그들은 그곳을 떠날 수밖에 없었다. 그들은 평원과 유럽을 향해 서쪽으로 이동하면서, 다른 종족들을 밀어 내며 점차 서로 섞이게 되었다.

이 이동의 시기에 기원과 언어가 서로 다른 몇몇 종족들은 섞이게 되었고, 그 당시 대다수 유럽의 원시적 원주민들에게 존재하던 원시종족의 관습은 불가피하게 붕괴되고 말았다. 원시종족 연합의 기초는 공통의 조상과 그들에 대한 숭배에 있었다. 그러나 이동의 혼돈 속에서 그리고 여러 종족들 사이의 전쟁 속에서 형성된 집단들 사이에 도대체 어떤 기원의 공통성이 존재할 수 있었을까? 심지어 몇몇 종족들에서 가부장적 가족이 탄생하고 있었다. 이 가족은 이웃 종족에게서 탈취하거나 약탈한 여성들을 몇몇 인물이 소유함으로써 형성되었다.

---

5) 역주-아르헨티나 남부에 위치한 파타고니아 초원지대의 원주인.

과거의 관계는 끊겼고, 완전한 파멸을(그 이후 역사에서 완전히 사라진 많은 종족들이 그러한 운명을 겪었다) 피하기 위해서는 새로운 관계들을 만들어 내야 했다. 그리고 새로운 관계들이 나타났다. 그들은 **토지**의 공동소유, 즉 각각의 종족들이 정착한 지역의 공동소유에서 새로운 관계를 찾았다. 공통으로 알고 있는 지역, 이러저러한 계곡과 구릉들의 소유는 새로운 협약을 기초로 만들어졌다. 조상신은 모든 의미를 상실하였다. 새로운 지역의 계곡, 강, 숲의 신들이 조상신들의 자리를 대신하고, 새로운 연합에 종교성을 제공하게 되었다. 다른 종교의 유산들을 기꺼이 수용했던 기독교는 훗날 모든 곳에서 지역 고유의 성자들을 만들어냈다.

그때 이후 전적으로 혹은 부분적으로 독립적인 가족들로 구성된 농촌공동체는 토지의 공동소유에 의해 결합되었고 다음 수세기 동안 민족연합을 위해 필수적인 연결 고리가 되었다. 농촌 공동체는 동유럽, 아시아, 아프리카의 광대한 지역에 지금까지도 존재한다. 게르만인, 스칸디나비아인, 슬라브인 등 로마제국을 멸망시켰던 야만인들도 그런 체제 아래 살았다. 야만인의 법,[6] 카빌족,[7] 몽골족, 아프리카인 그리고 다른 민족의 현대 농촌공동체 연합 사이에 지배적인 관습과 법들을 연구한 덕분에, 우리는 동시대 문명의 출발점으로 작용했던 사회형태를 완전하게 복원할 수 있게 되었다.

---

6) 야만인의 법이란 개념은 보통 '랑바르덴(Langbarden:긴수염)'족과 바바리아족 등이 만든, 지금까지 살아남은 법을 의미한다. 우리의 『야로슬라프 러시아법』도 이에 속한다. 분량 때문에 나는 '비분화가족'에 대한 서술은 제외하였다. 이것은 매우 넓게 퍼져있는 생활공동체로, 인도에 많이 발견되며, 중국 가정생활의 토대를 이룬다. 우리의 경우에는 '세메이스키예', 즉 자바이칼리야의 구교도들이 이에 해당된다. 비분화가족은 씨족과 농촌공동체 사이에 위치한다.

7) 역주-알제리 북부 지역에 거주하는 종족.

3

오늘날처럼 농촌공동체는 과거에도 각각의 마을에서 토지를 공동으로 소유하고 있는 개별 가족들로 이루어졌다. 그들은 토지를 공동유산으로 보았고, 가족의 크기를 고려하여 필요와 능력에 따라 서로 토지를 분배하였다. 지금까지도 동유럽, 인도, 자바 그리고 다른 지역에서 수억의 사람들이 그러한 체제에 살고 있다. 국가가 광대한 공간의 시베리아로 이주할 권리를 부여했을 때, 우리 시대의 러시아 농민들은 그러한 방식으로 자리를 잡았다.

우선 토지의 경작은 공동으로 이루어졌다. 지금까지도 많은 지역에서 이 관습은 적어도 공동체 토지의 일정한 부분을 경작할 때 유지되고 있다. 숲의 벌채, 삼림의 개간, 요새 혹은 도시의 건설, 습격 시 도피처가 되는 탑 등 모든 것은 국가의 개입에 성공적으로 저항했던 농촌 공동체가 있는 곳에서, 수억의 농민들이 지금까지 하고 있는 것처럼 공동으로 만들어졌다. 그러나 요즘 말로 '소비'는 가족단위로 이루어졌다. 각각의 가족은 자신의 가축, 채소밭, 비축물자를 소유했고, 따라서 각 가족은 저축을 하고, 축적된 재산은 유산으로 물려줄 수 있었다. 모든 사안에 대해서 공동체회의는 최고의 권력을 가졌다. 지역의 관습은 법이었고, 남자와 여자로 구성된 모든 가족 대표들의 공동 집회는 재판소, 특히 민사와 형사소송 모두를 위한 유일한 재판소였다. 모욕을 당한 공동체원은 보통 공동체 회의가 열리는 장소에 자신의 칼을 꽂기만 하면 되었다. 양 편의 증인들이 선서한 후 모욕 사실을 확인하면, 공동체회의는 관습에 따라 '선고(宣告)'할 의무가 있었다.

이러한 사회발전 단계를 보여주는 것을 모두 서술하기는 어렵다.

개별 국가들이 소수의 이익을 위해 사용하는 모든 제도들, 비록 소수의 이익을 위해 왜곡되었지만 우리의 법에서 발견되는 모든 법 개념들, 모든 재판의 형식들은, 재판형식들이 개인을 보호하는 한에는, 공동체 관습에 기초를 두고 있다. 예를 들어, 우리가 배심원 제도를 도입함으로써 큰 진보를 이루었다고 생각할 때, 사실 우리는 야만인들의 제도로, 지배계급에 유리하도록 변형된 제도로 돌아가는 것 일 뿐이다. 로마법은 관습법 위에 세워진 상부구조에 지나지 않는다.

이와 동시에 농촌공동체들의 자발적이고 폭넓은 연합덕분에 그들의 민족적 동일성의 의식도 발전되었다.

농촌공동체는 토지의 공동소유와 빈번한 공동경작을 토대로 하고 있으며, 관습법에 기초한 주권, 재판권, 입법권을 소유했고, 구성원들의 사회적 요구 대부분을 충족시켰다.

그러나 모든 수요가 충족된 것은 아니었다. 충족되어야 할 것들은 여전히 남아 있었다. 그러나 당시의 시대정신은 다음과 같았다. 즉 인간은 새로운 수요가 발생하면 피에 의존하지 않고, 새롭게 발생한 수요를 충족시키기 위해 스스로 일에 착수하였으며, 이를 위해 다른 사람들의 동의에 따라 크고 작은 규모의, 많은 혹은 적은 수의 연합과 단체를 만들었다. 실제로 그 시대의 사회는(농촌공동체 내에서처럼 농촌공동체 밖에서, 즉 공동체들의 연합에서도) 문자 그대로 서원한 형제단들, 상호부조를 위한 연합들, 가족공동체들의 그물로 덮여 있었다. 우리들은 이런 발전단계와 이 정신의 발현을 야만인들 사이에서 – 이들 연합은 로마식으로, 더 정확히 말해 비잔틴식으로 수립된 국가에 아직 굴복당하지 않았다. – 발견할 수 있다. 예를 들어, 카빌족은 앞에서 언급한 기능을 갖는 농촌공동체를 아주 잘 보존하고 있다. 그러나 인간에게는 자신의 활동영역을 자기 마을의 좁은 경계 너머로 확장하고자 하는 욕구가 있다. 어떤 사람들은 세상 속으로 모험을 찾아, 상인으로 편력을 시작하고, 또 어떤 이들은 이러저러한 기술과 예술을 배우기 위해 떠난다. 그렇게 해서, 다양한 상인들과 기술자들은 서로 다른 마을, 종족 혹은 공동체 연합에 속함에도 불구하고 '형제단'속에서 서로 연합한다. 먼 여행에서 상호안전을 위해, 서로에게 비밀스런 기술을 전수하기 위해 그들에게 연합은 필수적이다. 그래서 그들은 연합한다. 그들은 형제단에 서약을 하고, 말로만 하는 것이 아니라, 소송에서도 그것을 실천에 옮긴다. 이 외에도, 나쁜 일은 누구에게나 일어날 수 있다. 평소에는 조용하고 소심한 사람도 내일 어떤 싸움에 말려들어 예의법규와 공동생활의 규범이 정한 경계를 침범하고, 누군가에게 상처를 입히거나 다치게 할 수 있다. 이 경우 다친 사람이나 모욕을 당한 사람에게 아주 큰 보상을 해야 한다. 가해자는 마을 재판에서 자신의 입장을 방어하고, 여섯, 열 혹은 열 두 명의 서약한 사람들의 증언을 통해 진실을 규명해야할 것이다. 이것은 형제단 가입이 중요한 또 한 가지 이유다.

뿐만 아니라, 인간에게는 정치에 대해 논하거나 심지어 음모를 꾸미고 싶은 욕구가, 이러저러한 도덕적 신념 혹은 관습을 확산시키고 싶은 욕구가 있다. 외부세계로부터 자신을 방어할 필요도 있다. 이웃 종족들과 동맹을 체결하고, 폭 넓은 연합을 형성하고, 종족사이에 법의 개념을 확산시켜야 한다. 이 모든 도덕적, 지적 욕구를 충족시키기 위해서 카빌족, 몽고족, 말레이족 등은 정부에 부탁하지 않는다. 그들은 정부를 갖고 있지 않다. 그들은 관습법을 따르며, 개인적 동기에 따라 행동한다. 그들은 어떤 일도 저지를 준비가 되어 있는 정부와 교회에 의해 타락한 사람들이 아니다. 이 때문에 그들은 직접 연합한다. 그들은 형제단을, 정치적 종교적 결사를, 수공업자 조합을 결성한다. 중세 유럽인들은 이것을 길드라고 불렀고, 카빌족은 **소프**라고 부른다. 이 **소프**들은 마을의 경계에 한정되지 않는다. 그것들은 먼 사막과 낯선 도시들로 확장된다. 실제로 이들 연합에서는 형제정신이 실천되었다. 자신의 모든 재산과 생명을 걸어야 할지라도, 소프의 구성원에 대한 도움을 거절하는 것은, 형제단의 반역자가 되는 것을 의미한다. 즉 그러한 사람들은 '형제' 살해자 취급을 당한다.

오늘날 우리가 카빌족, 몽골족, 말레이족 등의 사람들 사이에서 발견할 수 있는 것은 5세기에서 12세기 심지어 15세기까지 유럽에서 야만족이라 불리던 사람들이 살았던 사회적 삶의 본질이기도 하다. 길드, 조합, 우니베르시타스[8] 등의 이름으로 아주 다양한 목적을 위한 많은 연합들이 모든 곳에 존재했다. 상호방어를 위하여, 가해자에 대한 상호 징벌을 위하여, 손해에 대한 보상금으로 '눈에는 눈'의 복수를 대체하기 위하여(보상금을 낸 후에 가해자는 형제단 가입이 허용되었다), 수공업장에서 공동 작업을 위하여, 역병이 돌 때 상호부조를 위하여, 영토를 방어하기 위하여, 증가하는 외부 세력에 공동으로 저항하기 위하여, 교역을 위하여, 선린관계를 유지하기 위하여, 이러저러한 사상을 전파하기 위하여, 한마디로 연합은 황제와 로마 교황의 계율에 따라 양육된 현대 유럽인들이 국가에 일반적으로 요구하는 모든 것들을 위해 존재하였다. 사회적 신분을 상실한 사람을 제외한다면, 당시에 자유인이든 농노든 자신의 공동체 외에 어떤 다른 연합이나 혹은 길드에 속하지 않았던 사람을 찾기란 매우 어려울 것

8) 역주-universitas, 라틴어로 조합, 단체를 의미한다.

이다. 스칸디나비아 전설(사가saga)은 형제단과 관련된 사건들을 노래한다. '형제단원들에 대한 무한한 신뢰'가 가장 훌륭한 서사시의 주제를 이루고 있다. 반면에 교회 그리고 태동 중에 있던 왕권, 즉 되살아난 비잔틴 혹은 로마법의 대변인들은 저주와 명령을 사용하여 형제단들을 공격한다.(다행스럽게도 이 저주와 명령은 죽은 활자로 남아있다.)

형제자매의 연합은 인간의 경제적, 정신적 삶과 같은 매우 다양한 형태의 욕구를 충족시키기 위하여 모든 곳에서 나타났다. 이들 연합을 고려하지 않는다면 그 시대의 역사 전체는 의미를 상실하고 전혀 이해할 수 없게 된다.

두 제도, 즉 농촌공동체와 자유 형제단은 로마, 기독교 혹은 국가의 영향을 받지 않던 시기에 큰 발전을 이루었다. 이 발전을 이해하기 위해서는 야만족 이동 시기의 유럽과 10 혹은 11세기 유럽을 비교하는 것으로 충분할 것이다.

500년 혹은 600년 동안 인간은 성공적으로 처녀림을 정복하여 그곳에 정착하였다. 밭과 울타리로 둘러싸인 요새화된 도시의 보호를 받는 마을들이 나라를 덮었고, 마을들 사이에는 숲과 소택지를 지나는 길이 나 있었다. 이들 마을에서 우리는 다양한 수공업의 태동을, 그리고 내적, 외적 평화의 유지를 위해 만들어져 완벽한 그물망을 형성한 제도들을 발견한다. 전시대와 달리, 이미 이시기에는 살인 혹은 마을주민에 대한 상해에 대하여 가해자나 가족 중의 하나를 죽이거나 그에 상응하는 상해를 입히는 방법으로 복수하지 않았다. 왕의 친위대였던 대귀족과 귀족들은 과거의 규범을 유지하였으나(이는 그들 사이의 전쟁이 끊이지 않았던 이유다.), 농민들 사이에는 가해행위에 따른 보상금을 지불하는 것이 관습이 되었고, 그 후에 평화가 회복되고, 언제나 그런 것은 아니지만 대부분의 경우에 가해자는 피해자 가족의 일원으로 받아들여진다.

모든 다툼과 분쟁에는 중재재판이 있었다. 중재재판은 깊이 뿌리내린 제도로서 일상의 습관이 되었다. 이와 달리 주교와 제후들은 모든 분쟁을 자신들이 혹은 자신들의 관리들이 다룰 것을 요구하였다. 이렇게 하여 그들은 공동체가 사회적 안정을 파괴한 사람에게 부과하는 벌금을 자신들이 징수하기 원했다.

마침내 수백 개의 마을들은 강력한 연합을 결성한다. 이것은 미래 유럽 민족의 맹아로서, 서약을 통해 내적인 평화를 유지할 것을 의무화하고, 자신들이 점유한 토지를 공동의 유산으로 생각하고, 상호 방위를 위한 계약을 체결한다. 그러한 연합들은 몽고족, 터키-핀족, 말레이족들 사이에 지금도 발견된다.

그럼에도 불구하고 지평선 위에는 검은 점들이 조금씩 나타나기 시작한다. 이들 연합들과 더불어 다른 연합들, 지배하는 소수의 연합이 발생한다. 후자의 연합은 자유로운 인간들을 농노로, 신민으로 바꾸기를 시도한다. 로마는 멸망했으나, 로마의 신화는 다시 살아났다. 다른 한편, 동방의 강력한 국가를 꿈꾸는 '기독교'는 태동하던 시민 그리고 군사 권력을 지지한다.

자신들이 인간을 지배해야 한다는 것을 증명하기 위해, 일반적으로 지배자는 인간을 피에 굶주린 짐승으로 묘사한다. 그러나 결코 그렇지 않다. 반대로 인간은 언제나 안정과 평화를 사랑한다. 때로 인간은 싸움을 거부하지 않을 수 있다. 하지만 본능적으로 피를 좋아하지 않으며, 언제나 전쟁상태보다는 목축과 땅의 경작을 더 좋아한다.

야만족의 대이동이 약화되고, 떠돌이 무리가 어느 정도 땅을 차지하고 정착하자, 새로운 유랑인과 적을 방어하는 수고는 한사람에게 위임된다. 위임받은 사람은 전쟁에 익숙한 모험가들 중에서 혹은 강도들 중에서 크지 않은 친위대를 직접 구성하고, 나머지 사람들은 동물 사육이나 토지경작에 종사한다.

그 후 '보호자'는 부를 축적하기 시작한다. 그는 가난한 친위대원에게 말과 무기를 주고(당시 이런 것들은 매우 비쌌다.) 그렇게 해서 친위대원을 부유하게 만든다. 그는 권력의 첫 번째 맹아를 키운다. 다른 한편 대부분의 사람들은 법으로 기능했던 설화를 잊기 시작한다. 과거에 있었던 결정들을 기억하고 있는 노인들이 가끔 결정에 대해 노래하거나 공동체의 큰 축제 때 사람들에게 영웅담을 이야기한다. 그때, 부모로부터 아들에게 전수된 기술처럼, 이 시와 노래를 기억하는 가족들이 즉 '법'을 순수형태로 보존하는 가족들이 조금씩 특화된다. 마을사람들은 복잡한 분규와 분쟁의 해결을 이들에게 부탁한다. 특히 두 마을 혹은 두 마을연합이 자신들이 선택한 중재재판의 결정을 인정하지 않을때 그러하다.

이들 가족 속에서 제후 권력 혹은 왕권은 싹튼다. 그 시대의 제도를 연구하면 할수록 무기의 힘보다 관습법에 대한 지식이 권력의 획득을 더 쉽게 만든다고 확신할 수 있을 것이다. 사람들은 범법자를 '징벌'하려는 욕망 때문에, 무기에 직접 복종하기보다는 오히려 법에 복종하게 된다.

이런 방식으로 최초의 '권력 연합'이 창조된다. 이것은 공동지배를 서로 보장하기 위한 최초의 공동체, 즉 마을 공동체에 적대적인 세력으로서 재판관들과 군 지휘관들 사이의 연합이다. 이 두 관직은 한 인물로 결합된다. 그 인물은 재판 선고를 실행에 옮기기 위하여 무장한 군인들을 거느리며, 자신의 요새에서 군사력을 강화한다. 또한 그 시대의 부(예를 들면 빵, 가축, 무기)를 자기 가족 사이에 축적하고 보존하기 시작하여, 점차 이웃 농민들에 대한 지배를 주장한다. 그 시대의 지식인들(주술사, 점성가, 성직자)은 그를 지지하고 자신들 몫의 권력을 얻는다. 즉 그들은 마술사의 위협적인 능력에 칼의 힘을 결합함으로써 자신의 권력을 확고하게 만든다.

이 가장 중요한 주제에 대해 상술하기 위해서, 왜 점차 자유인들이 세속 혹은 종교 지배자를 위해 노동해야 하는 농노로 전락하게 되었는가를, 시골과 도시에 대한 지배가 어떤 방식으로 서서히 만들어졌는가를, 이 증가하는 지배에 대항하여 어떻게 농노들이 연합하고 봉기했는가를, 어떻게 이들이 견고한 성벽 앞에서 그리고 머리부터 발끝까지 중무장한 군인들과의 싸움에서 패배하였는가를 이야기하기 위해서는 당연히 한 권의 책이 아니라 여러 권의 책이 필요하다.

11세기경 유럽에 오늘날 우리가 동방의 역사에서 만날 수 있는 것들과 비슷한 신정국가(신정정치) 혹은 아프리카에서 볼 수 있는 것과 유사한 야만적 왕조들이 형성되었다는 것을 언급하는 것으로 충분할 것이다. 물론 이런 일은 하루 아침에 일어날 수 없었다. 어쨌든 이러한 작은 전제왕권과 신정정치의 속성은 존재하고 있었고, 이제 더 발전하기만 하면 되었다.

'야만족' 정신은 스칸디나비아족, 작센족, 켈트족, 게르만족, 슬라브족들이 7-8세기 동안 형제단과 길드의 자유로운 협약을 통해 빈곤을 극복할 수 있게 하였다. 그리고 이 정신은 다행스럽게도 여전히 시골, 도시, 촌락에 살아 있었다. 사실 야만족은 예속되어, 군주를 위해 일하였다. 그러나 자유로운 발기와 자유로운 협약의 정신은 아직 소멸되지 않았다. 그들의 연합들은 불멸할 것처럼 보였으며, 십자군 전쟁은 서유럽에서 연합의 각성과 발전에 기여하였다.

그리고 12세기에 유럽 전역에서 도시공동체들은 혼연일체가 되어 봉기를 시작한다. 이 봉기는 오래전부터 연합의 정신에 의해 준비되고, 수공업 길드와 농촌공동체의 연합이란 토대 위에서 발전되었다.

대부분의 공식 역사가 이 봉기를 축소하고 있지만, 이것은 유럽을 치명적인 위험으로부터 구출하였다. 이 봉기는 신정군주국과 전제군주국의 발전을 저지하였던 것이다. 메소포타미아, 아시리아, 바빌론의 문명이 그랬던 것처럼, 신정군주국과 전제군주국에서 우리의 문명은 화려하고 공허한 위용을 뽐내다가 수 세기 후에는 사라져 버릴 수도 있었다. 새로운 삶의 한 장, 즉 자유로운 도시 공동체들의 장은 이 혁명에 의해서 시작되었다.

4

현대 역사가들은 로마법의 정신으로 훈육되고, 로마를 모든 제도의 원천으로 보는 것에 익숙하다. 그들은 12세기 공산운동의 정신을 이해하기 어렵다. 이것은 놀라운 것은 아니다. 개인의 권리를 과감하게 인정하는 것, 인간들을 마을로, 도시로, 연합으로 자유롭게 결속시킴으로서 형성된 공동체를 과감하게 인정하는 것은 단일화와 중앙집권화를 결정적으로 부정하는 행위였다. 단일화와 중앙집권화는 고대 로마의 특징이었으며, 이들은 현대 공식학문의 역사적 표상들에 스며들어있다.

12세기의 봉기를 어떤 탁월한 개인이나, 어떤 중앙집권적 제도의 공으로 돌려서는 안된다. 봉기는 친족관계와 농촌공동체와 같이 인류의 성장에 따른 자연스러운 현상이다. 그것은 어떤 한 지역에 혹은 한 지방에 속한 것이 아니라, 상당한 수준의 인류 발전 단계에 속한다.

여기에 공식 학문이 이 운동의 의미를 이해할 수 없는 이유가 있다. 19세기 초 프랑스에서 이 시기를 실제로 이해하고 기록한 티에리(J.Thierry)와 시스몽디(J.Sismondi)의 뒤를 잇는 학자가 오늘날까지 없기 때문이다. 지금은 단지 뤼쉐르(A.Luchaire)만이, 그것도 아주 조심스럽게, 메로빙거 왕조와 코뮌 시대에 대한 위대한 역사가 티에리가 제시한 길을 따르고 있다. 이런 이유로 독일에서도 이 시기에 대한 연구와 그 정신에 대한 모호한 이해는 지금에야 비로소 향상되고 있다. 영국에서 이 세기에 대한 진실한 평가는 역사가들에게서가 아니라, 시인인 윌리엄 모리스(W.Morris)에게서만 찾아볼 수 있다. 예외는 그린(J.Green)인데, 그는 생애 마지막에서야 비로소 그것을 이해하기 시작하였다. 알려진 바와 같이 로마법의 영향이 크지 않은 러시아에서는 벨랴예프(И.Беляев), 코스토마로프(Н.Костомаров), 세르게예비치(В.Сергеевич)와 몇몇 다른 사람들이 민회시대의 정신을 탁월하게 이해하였다.

중세의 공동체는 한편으로 농촌공동체로, 다른 한편으로는 지역적 경계를 초월하여 존재했던 많은 조합, 길드들로 구성되었다. 도시의 성벽과 망루의 보호 아래 이 공동체는 이 두 종류의 조합들이 결합함으로서 형성되었다.

많은 지역에서 공동체는 완만한 성장의 결과로서 나타났다. 그것은 서유럽의 모든 지역에서처럼 다른 지역에서도 혁명의 결과였다. 이러저러한 지역의 거주자들이 자신들의 성벽 안에서 충분히 안전하다고 생각할 때, 그들은 '공동서약'을 행한다. 구성원들은 모욕과 싸움 혹은 상해와 관련된 과거의 일들을 잊기로 맹세하고, 앞으로 분쟁시에 자신들이 선정한 길드 혹은 도시 조합 외에는 어떤 다른 판관에게도 의뢰하지 않겠다고 맹세하였다.

이러한 습관은 모든 수공업 조합에서, 모든 공제조합에서, 모든 가부장적 공동체에서 오래전부터 존재하였다. 주교 혹은 제후들이 농촌 공동체에 자신의 재판기관을 도입하고 강제로 그것을 관철시키기 전까지, 이것은 농촌공동체에서도 마찬가지였다. 이제 도시의 구성원이 된 모든 자유농민 마을들과 교구들은 도시에 만들어진 형제단과 길드들과 함께 '우정(amilas)'을 수립하고, 자신들의 재판관을 선출하여, 이 집단들 사이에 생긴 영원한 연합에 충성하기로 맹세하였다.

즉시 헌장이 작성되고 승인을 받게 되었다. 때로 헌장의 모델을 구하기 위하여 이웃 도시로 사람들을 파견하기도 하였다.(지금 우리는 수백 종류의 헌장들을 알고 있다.) 이렇게 하여 새 공동체가 창조되었다. 그 이전까지 주교 혹은 제후들은 공동체 구성원들 사이에서 재판을 하거나, 종종 그들의 지배자 노릇을 하였다. 그러나 그들은 이제 완성되고 있는 사실을 인정하거나 무기를 들고 이 젊은 연합에 대항하여 싸워야 했다. 다른 제후들을 지배하기 위해 애쓰지만, 재산은 없었던 왕 혹은 제후가 돈을 대가로 헌장을 '수여하는' 경우도 드물지 않았다. 그는 공동체에 자신의 재판관을 지명하기를 거부하는 대신 우월한 위치를 차지하였으며, 여러 도시의 수호자로서 다른 봉건 영주들 앞에서 큰 중요성을 얻었다. 그러나 이것은 절대 일반적 규칙은 아니었다. 즉 수백 개의 자유도시들은 자신들의 성벽과 창의 보호 아래 고유의 의지 외에는 어떤 다른 법도 없이 살았다.

한 세기가 지나는 동안에 운동은 모방을 통해 일사분란하게 전 유럽에 확대되었다. 운동은 스코틀랜드, 프랑스, 네덜란드, 스칸디나비아, 독일, 이탈리아, 스페인, 폴란드, 러시아로 퍼졌다. 지금 우리가 헌장과 프랑스, 잉글랜드, 스코틀랜드, 아일랜드, 스칸디나비아 혹은 스페인의 자유도시들의 내적인 구조를 비교하면, 동일한 종류의 사회계약의 보호막 아래서 성장한 공화국들과 헌장들의 유사성에 놀라지 않을 수 없다. 법 앞에서 노예가 되는 것 외에, 제도의 단일성을 획득할 수 있는 다른 방법을 알지 못하는 모든 로마의 숭배자들과 헤겔주의자들에게 이것은 얼마나 놀라운 교훈인가!

대서양에서 볼가까지 그리고 노르웨이에서 이탈리아까지 전 유럽은 비슷한 자유도시들로 뒤덮였다. 그들 중에서 플로렌스, 베네치아 혹은 뉘른베르크와 같은 일부 도시들은 인구가 많은 중심도시가 되었고, 다른 도시들은 수백가구로 구성된 크지 않은 도시가 되었다. 그러나 이들 도시들도 보다 더 번창하는 다른 도시들과 동등한 대접을 받았다.

생명과 힘으로 충만한 도시의 발전은 물론 모든 곳에서 같은 방식으로 진행되지는 않았다. 지리적 상황, 대외무역거래의 특징, 극복해야 했던 장애물 때문에 각각의 공동체는 고유한 역사를 갖게 되었다. 그러나 근본에는 동일한 원리가 놓여있었다. 러시아의 프스코프처럼 네덜란드의 브뤼지도, 삼백여명의 거주자가 사는 스코틀랜드의 작은 도시처럼 여러 섬들을 가진 번성한 베네치아에서도, 북프랑스 혹은 폴란드의 도시처럼 아름다운 플로렌시아에서도 모두 우정(amilas), 즉 농촌공동체와 연합된 길드 연맹을 구성하였다. 그들의 내적인 조직의 전체적 특징은 어디서나 동일했다.

도시 인구가 성장함에 따라 도시의 벽은 확장되었다. 더 높은 새 망루들이 추가되었고, 각각의 망루들을 중심으로 도시의 구역과 길드가 자리 잡았으며, 망루는 고유의 특수한 성격을 갖게 되었다. 도시는 보통 몇 개의 구역 혹은 구간으로 나뉘었다. 넷, 다섯 혹은 여섯 개의 구역 혹은 구간은 도시 중심의 내성(內城)으로부터 성벽을 향해 펼쳐진 길들로 구분되었다. 이 구역과 구간들에 각각의 독특한 수공업 혹은 작업장들이 자리를 잡았다. 즉 새로운 수공업 혹은 새로운 작업장들은 마을을 형성하고, 이것은 시간이 흐르면서 도시와 도시성벽의 경계 속으로 들어왔다.

각각의 거리와 교구는 옛 농촌공동체에 해당하는 토지단위였다. 이들은 자신만의 거리의 장 혹은 교구장, 거리 민회(民會), 법정, 선출된 성직자, 수비대, 깃발과 인장(국가적 독립성의 상징)을 갖는다. 다른 거리들 그리고 교구들과 연합을 결성하는 경우에도 이들은 독립성을 유지한다.9)

거리 혹은 교구와 주로 일치하거나 거의 일치했던 직업단위는 길드, 즉 수공업 조합이었다. 이 조합도 똑같이 자신들의 성직자, 거리, 민회, 재판소를 보유한다. 조합은 고유의 금융기관, 군대, 깃발을 갖는다. 조합은 고유의 인장을 소유하고 완전한 독립성을 갖는다. 전쟁이 발생할 때, 길드가 필요하다고 인정하면, 길드의 수비대는 다른 길드의 수비대와 나란히 출정한다. 이에 길드의 깃발은 도시의 큰 깃발과 나란히 높이 게양된다.

도시는 이들 구역, 거리, 교구 그리고 길드들의 연합이 된다. 도시는 중앙민회에 모든 주민들의 전체회의, 자신의 중앙시청, 선발된 재판관들과 고유의 깃발을 갖고, 이 깃발 주위에 모든 길드와 거리의 깃발들이 집결한다. 도시는 다른 도시들과의 협상에 임하고, 전권을

9) 러시아와 관련된 사항은 벨랴예프(Беляев)의『러시아 역사 이야기(Рассказы из Русской Истории)』를 보라.

갖는 단위로서 필요한 누구와도 동맹을 맺고, 원하는 누구와도 민족적인 그리고 국제적인 연합을 체결한다. 예를 들어, 도버(Dover)시 근처에 위치한 영국의 씽크 포츠[10]는 해협의 반대쪽에 있는 프랑스와 네덜란드의 항구도시들과 연합을 형성한다. 바로 이 시기에 자발적인 동의에 따라 협약의 망이 만들어지고, 이것은 훗날 국제법이란 이름으로 알려지게 되었다. 모든 도시의 공통의견이 이 협약들을 보호하였으며, 오늘날 국제법이 준수되는 것보다 더 잘 준수되었다.

어떤 복잡한 분규를 해결할 수 없는 경우에, 도시는 자주 이웃 도시의 도움을 받았다. 그 시대의 정신, 즉 권력보다는 오히려 제 3자에게 도움을 청하려는 노력은 다투는 두 공동체가 제 3자에게 의뢰하는 행위 속에 지속적으로 나타났다.

우리는 수공업 조합들에서도 그러한 것을 발견할 수 있다. 그들은 도시와는 완전히 독립적으로 상거래를 행하고, 어떤 민족적 구분에 구애받지 않고 협약의 체결에 임한다. 그리고 우리가 지금 국제 노동자 회의에 대해서 자부심을 갖지만, 무지한 우리는 수공업자와 심지어 도제들의 국제적 대회가 15세기에 소집되었다는 사실을 완전히 잊고 있다.

외부의 공격이 있을 때, 중세 도시는 스스로 방어하거나, 매년 한두 사람을 자체 군대의 지휘관으로 임명하여 주변 봉건영주들과 혹독한 전쟁을 수행한다. 혹은 도시는 제후나 공작을 특별 '군사 지휘관'으로 고용한다. 그는 1년 단위로 고용되며, 도시는 필요한 경우 그를 해임할 권리를 갖는다. 친위대를 유지하기 위해 도시는 법정 징수

10) 역주-Cinque Ports, 영국 남해안의 특별 항구. 원래는 5개 항으로 후에 2개 항 추가

금과 벌금을 받아 모은 돈을 그에게 지불한다. 그러나 그는 도시의 일에 개입할 권리를 갖지 않는다. 때로 도시가 너무 약해서 주변의 봉건영주들로부터 완전히 자유롭지 못할 때, 도시는, 어느 정도 고정적인 '군사 지휘관'에게 하듯이, 주교, 제후 혹은 다른 가문에 – 이탈리아의 구엘피(Guelfi) 혹은 기벨리니(Ghibellini), 러시아의 류릭 가문, 라트비아의 올게르드 가문 등 – 도움을 청한다. 이때 도시는 주교 혹은 제후의 권력이 성 안에 살고 있는 친위대를 벗어나지 못하게 철저히 감시한다. 심지어 주교, 제후는 허가 없이는 도시로 들어가는 것이 금지된다. 알려진 것처럼, 지금까지도 영국 왕은 시장의 허가 없이는 런던으로 들어갈 수 없다.

중세도시의 경제적인 면에 대해 자세히 언급하고 싶은 생각이 간절하다. 그러나 그것은 너무 다양해서 신뢰할 만한 개념을 전달하려면 말이 너무 길어질 것 같다. 국내의 상거래는 개별 수공업자가 아니라 언제나 길드에 의해서 이루어졌고, 가격은 상호협약에 의해서 결정되었음을 지적하는 것으로 충분할 것이다. 처음에 대외 무역은 **전적으로** 도시들에 의해서만 이루어졌다. 예를 들면, 대 노브고로드, 제네바 등이 대외무역을 이끌었다. 나중에서야 상인길드가 독점적으로 무역을 했고, 더 후에는 개인들이 이끌었다. 일요일과 수요일의 점심식사 후에는 (이 시간은 목욕을 위한 것이었다.) 누구도 일하지 않았다. 도시는 밀, 석탄 등과 같은 필수품의 구매를 담당하였고, 자신만의 가격으로 자기 주민들에게 그것을 공급하였다. 스위스에서 도시는 19세기 중반까지 곡물구매 권한을 가졌다.

우리가 수집할 수 있는 많은 역사적인 자료들을 근거로 말할 수 있는 것은, 이 시기를 전후한 어떤 시대에도 중세도시들이 누렸던, 모든 사람에게 보장된 그러한 복지를 인류는 경험한 적이 없다는 것이다. 중세도시는 오늘날의 빈곤, 미래에 대한 불확신, 과도한 노동을 전혀 알지 못했다.

5

단순한 것에서부터 복잡한 것을 조직하는 자유, 생산과 국내 상거래는 수공업자 조합들이 담당하고 대외무역과 주요 생필품의 구매는 도시 스스로가 행하던 관습, 이러한 것들 덕분에 중세 도시들은 처음 200년 동안 모든 거주자를 위한 복지, 부(富), 높은 발전, 교육의 중심이 되었다.

영국의 로저스(Thorold Rogers)와 많은 독일 연구가들은 소비재 가격 대비 임금의 가치를 파악할 수 있는 자료들을 조사하였다. 이들의 조사에 따르면 당시의 수공업자들과 심지어 단순 일급 노동자들의 노동임금은 우리 시대 가장 숙련된 노동자들의 노동임금보다 높았다. 옥스퍼드 대학과 영국의 몇몇 영지 그리고 몇몇 독일과 스위스 도시들의 회계장부가 이것을 명백하게 증명한다.

다른 한편, 예술작품, 그 시대 노동자들의 참된 예술품이라 할만한 시청 혹은 사원뿐만 아니라, 가장 단순한 가재도구인 자수, 촛대, 찻잔 혹은 항아리를 치장했던 장식의 양을 보라. 그러면 여러분은 그 시대의 노동자는 우리시대의 조급증, 성급함, 피로감을 몰랐다는 것을 알게 될 것이다. 그는 서두르지 않고 금속을 불리고, 소상을 만들며, 옷감을 짜고 자수를 놓았다. 오늘날에는 극소수의 노동자들, 즉 예술가들만이 그렇게 일할 수 있다. 교구, 길드 그리고 전 도시에 속한 교회와 공공건물들을 장식하기 위해 무료로 행해진 작업을 들여다 본다면, 즉 이 건물들에 바친 그림, 조각, 철 혹은 은으로 만든 장식 혹은 목공과 석공의 자잘한 물건들과 같은 예술 작품들과 같은 헌물들을 들여다 본다면, 우리는 당시 도시들이 어떤 복지 상태에 도달했는지를 즉시 알게 될 것이다. 그 당시에 만들어진 것이면 어떤 것에서든지, 우리들은 발명정신의 흔적을, 새로운 것에 대한 탐구를, 모든 노동에 영감을 주었던 자유정신을, 길드에서 발전된 형제적 연대의 정신을 발견할 것이다. 사람들은 수공업의 실질적 필요 때문만이 아니라, 형재애와 사회성의 관계로 결합되었던 것이다. 예를 들어, 길드의 규칙에 따르면, 언제나 두 '형제'가 병든 '형제'의 침대에 함께 있어야 했다. 그러나 이러한 것은 전염병이나 역병이 창궐할 때면 상당한 자기희생을 요하는 것이었다. 사망 시에 길드는 죽은 형제 혹은 자매의 장례와 관련된 모든 일과 비용을 담당하고, 그의 시체를 매장하여 부인과 자녀들을 돌보는 것을 의무라 생각했다.

'12세기 봉건주의의 숲 속에 생긴 오아시스'는 현대 도시의 주민들 위에 드리워진 극단적 빈곤, 억압, 미래에 대한 불확실을 전혀 알지 못했다.

자유로운 협약과 자유로운 발기(發起)의 토대 위에서 성장한 정치적 자유의 보호를 받으며, 이들 도시들에서 새로운 문명이 빠른 속도로 생기고 발전하였다. 그토록 빠른 속도는 전후의 어떤 시기에도 찾아볼 수 없다.

현대의 모든 산업은 이들 도시에서 비롯되었다. 300년 동안 이곳에서 수공업과 예술은 매우 높은 수준의 완전성을 획득하였다. 때문에 우리의 세기는 생산 속도에서만 이 시대를 능가할 뿐 질적으로는 종종 그에 미치지 못하고, 예술적 세공에서는 전혀 미치지 못한다. 예술을 소생시키려는 우리의 모든 노력에도 불구하고, 우리들은 미술의 아름다움에서 라파엘로와, 힘과 과감성에서 미켈란젤로와, 과학과 예술에서 레오나르도 다 빈치와, 시와 언어의 아름다움에서 단테와 혹은 건축에서 리옹, 랭스(Reims), 쾰른의 성당 건축가와 — 빅토르 위고에 따르면 이 성당의 '건축가'들은 민중들 자신이었다. — 비교될 수 있단 말인가? 플로렌스와 베니스, 브레멘과 프라하의 시청, 뉘른베르크와 피사의 탑과 같은 수없이 많은 아름다움의 보고를 어디서 찾을 수 있단 말인가? 이 모든 예술의 기념비들은 자유로운 도시 시대의 창조물이다.

이 문명이 가져온 모든 것을 여러분이 일별하기 원한다면, 베니스의 성 마르코 성당의 둥근 지붕과 노르만 족의 졸렬한 아치들을 비교해 보라. 혹은 라파엘의 그림들과 바이외[11]의 단순소박한 자수와 양탄자들을, 뉘른베르크의 수학적 물리학적 악기와 시계들과 전시대의 모래시계들을 비교해 보라. 또는 단테의 낭랑한 언어와 10세기 야만족의 라틴어를 비교해 보라. 이 두 시대 사이에서 완전 새로운 세계가 자라났다.

또 하나의 영광된 시대인 고대 그리스 도시국가의 시대를 제외하면, 인류가 이 시대처럼 빠른 속도로 발전한 적은 없었다. 2, 3세기 만에 인간이 그렇게 심오한 변화를 겪은 적이 없었고, 자연력에 대한 지배력을 그 정도 수준까지 발전시킨 적이 없었다.

당신은 우리가 자랑하는 현대문명의 성공들을 생각할 수도 있겠다. 그러나 여전히 현대문명은 중세의 자유도시들 사이에서 자라난 문명의 자식일 뿐이다. 현대과학을 창조한 나침반, 시계, 인쇄기 같은 많은 위대한 발명들, 새로운 세계의 발견, 화약, 중력의 법칙, 증기기관을 만들 수 있게 한 기압의 법칙, 화학이론, 로저 베이컨(Roger

11) 역주-바이외(Bayeux). 프랑스 바스노르망디주의 칼바도스 데파르트망(Department)에 있는 도시로 장식품의 생산으로 유명하다.

Bacon)이 제시하고 이탈리아 대학들에서 수립된 과학적 방법은 자유도시들과 공동체 자유의 보호 아래 발전된 문명의 유산이 아니라면 무엇이란 말인가?

내가 이 공동체들의 역사에 가득한 당파 내부의 싸움들을 잊은 것처럼 보일 수도 있다. 길거리의 난투극들, 봉건권력자들과의 필사적인 투쟁, '구(舊) 수공업자들'에 대한 '신(新) 수공업자들'의 반란, 이 투쟁의 유혈과 복수에 대해서 잊은 것처럼 보인다.

아니, 난 이것을 절대로 잊은 것이 아니다. 그러나 중세 이탈리아의 두 역사학자 레오(Leo)와 보타(C.Botta)처럼, 페라리(G.Ferrari), 지노 카포니(M.Capponi)와 많은 다른 학자들처럼, 나는 이들 당파들의 갈등은 도시의 자유로운 삶을 위한 담보라고 생각한다. 그러한 갈등이 있은 후에 도시의 삶은 새로운 일보를 나아갔다고 생각한다. 레오와 보타는 중세 이탈리아 도시들에서 발생한 길거리 충돌을 자세히 연구하고, 이 충돌들과 더불어 완성된 거대한 진보, 즉 모든 주민들에 대한 복지의 보장, 새로운 문명의 탄생에 대한 연구를 끝내면서 다음과 같은 아주 신뢰할 수 있는 견해를 피력하였다. 우리 시대의 모든 혁명가들은 이것을 기억해야 할 것이다. "인간의 이성이 그런 것처럼, 코뮌이 **자신의 환경 속에 모순과 갈등을 허용할 때,** 바로 그럴 때에만 도덕적 완전성을 제시하고, 그럴 때에만 공공질서를 유지한다."

그렇다. 이 갈등은 자유롭게 허용된 갈등이고, 그 어떤 외적인 세력의 개입도 없는 갈등이며, 국가의 개입이 없는 갈등이다. 이것은 국가가 서로 싸우는 세력 중 하나에게 유리하게 저울의 한 쪽을 엄청난 무게로 누르는 것과는 다르다.

이 두 연구가와 유사하게 나는 이렇게 생각한다. **'평화를 강요하는 것은 이익보다 손해가 훨씬 크다. 왜냐하면 그렇게 하여 대립하는 것들은 강제로 결합되어, 단일한 질서로 편입되기 때문이다. 개개인들과 작은 유기체들은 그들을 삼키는 거대하고 단일한, 무채색과 무생명인 전체의 희생이 된다.'**

자유도시들이 국가가 되고, 농촌과 외곽도시들에 대한 지배권을 확대하고, 즉 '거대한 무채색의, 무생명의 전체'를 창조하려고 애쓰기 전까지, 이들 도시들이 내적인 갈등을 통해 매번 더 젊고 강하게 자라고 성장한 이유가 바로 이것이다. 거리에 무기가 부딪치는 소리가 들려도 자유도시들은 번성한 반면, 200년 후 바로 그 문명은 국가의 형성으로 초래된 전쟁의 소음 속에서 무너지고 말았다.

문제는, 자유도시들에서 투쟁은 개인의 자유의 획득과 보존, 연합의 원칙, 자유로운 연합과 공동의 행동권을 위하여 진행되었다. 이와는 달리 국가는 개인의 억압을 위해, 자유로운 협약의 파괴를 위해, 왕, 재판관, 성직자 즉 국가 앞에서 모든 국민들을 똑같은 노예로 만들기 위해 전쟁하였다는데 있다.

여기에 모든 차이가 있다. 죽이는 투쟁과 갈등이 있고, 또한 인류를 진보시키는 투쟁과 갈등이 있다.

6

16세기에 새로운, 현대적 야만족들이 나타나 중세의 모든 자유도시 문명을 파괴하였다. 물론 완전히 파괴하지는 못하였지만, 여하튼 그들은 문명의 성장을 적어도 2-3백년 억제하였고 문명을 다른 방향으로 향하게 만들었다. 야만족들은 개인의 손발을 묶고 개인의 모든 자유를 박탈하였다. 그들은 사람들이 자유로운 발기와 자유로운 협약 위에 수립한 연합을 잊고 모든 점에서 유일한 통치자에 복종할 것을 요구하였다. 그들이 내세운 이유에 따르면 사람들 사이의 모든 직접적 관계는 파괴되었다. 따라서 국가와 교회만이 사람들을 연합시킬 권리를 가진다. 또한 국가와 교회만이 산업적, 상업적, 법적, 예술적, 사회적 그리고 개인적 이해를 관리할 소명을 갖는다는 것이었다. 그러나 이러한 이해관계를 위해 12세기의 사람들은 스스로 직접 연합하는 것이 일반적이었다.

그러면 이 야만족은 누구였는가? 그것은 바로 국가였으며, 그것은 전쟁지휘관, 로마전통의 후계자들인 재판관, 성직자, 즉 세 세력 사이에 새로 나타난 삼각연합이었다. 세 세력은 자신들의 지배를 상호 보장하기 위해서 연합하였고, 사회를 지배하고 결국 사회를 억압하게 될 유일한 권력을 만들었다.

자연스럽게 다음과 같은 질문이 제기된다. 이 새로운 야만족들은 중세 자유도시와 같은 강력한 조직들을 어떻게 정복할 수 있었는가? 이들은 이를 위한 힘을 어디로부터 퍼 올렸는가?

그들에게 이 힘을 제공한 것은 무엇보다 농촌이었다. 중세도시들은 시민을 해방시켰지만, 이와 동시에, 고대 그리스 도시들이 노예를 해방시킬 수 없었던 것처럼, 농민을 농노상태에서 해방시킬 수는 없었다.

사실 도시를 해방시킬 때, 스스로 수공업과 농업을 결합했던 도시민들은 거의 모든 곳에서 농촌거주자들을 자신들의 해방 사업에 끌어 들이려고 노력하였다. 2세기 동안에 이탈리아, 스페인, 독일의 도시민들은 봉건영주와 치열한 전쟁을 치렀고, 이 투쟁에서 놀라운 영웅심과 집요함을 보여주었다. 그들은 지배자들의 성을 정복하고 그들을 둘러싼 봉건제도를 붕괴시키기 위해 마지막 힘을 쏟아 부었다.

그러나 그들이 이룩한 성공은 불완전했다. 전쟁에 지친 나머지 그들은 영주들과 평화조약을 체결하였고, 이때 농민들의 이익을 희생시켰다. 도시의 경계 밖에서, 도시는 단지 전쟁을 중단할 목적으로 농민을 영주의 손에 넘겨주었다. 이탈리아와 독일에서 도시는 영주가 같은 도시에 산다는 것을 조건으로 그를 시민이라 불렀다. 다른 지역에서 도시는 농민에 대한 지배권을 영주와 나누어 가졌고 도시민 스스로가 농민을 지배하게 되었다.

대신 영주는 자신들이 경멸하고 미워했던 도시민에게 복수하였다. 영주는 자신의 귀족가문들 사이의 적대감과 복수 때문에 도시의 거리를 피로 물들였다. 물론 그들은 도시조합을 무시했으며, 불화를 이곳의 공동재판소에서 해결하려 하지 않았다. 그들은 손에 무기를 들고 길거리에서 해결하는 것을 선호하였다.

이외에도 귀족은 낭비벽, 음모, 호화로운 생활, 왕과 주교의 궁전에서 습득한 교육으로 도시민을 타락시키기 시작하였다. 그들은 도시민을 자신들의 끝없는 다툼 속으로 끌어들였다. 결국 도시민도 귀족을 모방하기 시작하였다. 그들은 주인이 되고 도시 경계 밖에 거주하는 농민들의 노동으로 부를 축적하기 시작하였다.

이런 조건에서 왕, 황제, 짜르, 교황은 통치권을 확보하였고, 농민들의 지지를 얻어 도시들을 복종시킬 수 있었다. 농민들이 즉각 그들을 따르지 않는 곳에서, 그들은 여하튼 농민들이 원하는 것을 할 수 있게 두었다. 그 결과 농민들은 도시를 방어하지 않았다.

왕의 권력은 농촌에서, 농촌주민이 둘러싸고 있는 무장한 성에서 서서히 성숙되고 있었다. 12세기에 왕의 권력은 단지 이름만으로 존재하였다. 지금 우리는 도둑의 우두머리들도 그러했음을 알고 있다. 우두머리들은 티에리가 증명한 것처럼 스스로 왕의 칭호를 가졌다. 그러나 당시에 그것은 거의 아무 의미가 없었다. 스칸디나비아 어부들은 자신들의 '어망의 왕'을 가졌고, 심지어 거지들에게도 자신들의 '왕'이 있었다. 왕, 제후, 코눙[12)]은 그저 일시적인 우두머리였다.

서서히 그리고 지속적으로 여기저기에서 더 강력하고 혹은 더 교활한 제후가 다른 제후들보다 우위를 차지하게 되었다. 교회는 물론 그를 지원할 준비가 되어 있었다. 강제, 음모, 매수, 필요하다면 칼과 독약을 수단으로 제후는 다른 봉건영주들에 대한 지배권을 확보하였다. 모스크바의 황제 권력은 그렇게 해서 만들어졌다.[13)] 왕권이 나타난 곳은 소란스런 민회, 타르페이아의 절벽[14)] 혹은 강을 가진 자유도시들이 아니었다. 폭군들을 위한 권력은 언제나 지방에서, 농촌에서 생겨났다.

프랑스에서 폭군들이 랭스 혹은 리옹에 자리를 잡으려했으나 실패했고, 이를 대신하여 파리를 선택하였다. 당시 파리는 부유한 농촌마을로 둘러싸인 작은 도시들과 농촌마을의 집합체였다. 하지만 그곳에 민회가 있는 자유도시는 없었다. 영국에서 왕권은 인구가 밀집한 런던의 대문인 웨스트민스터에 자리 잡았다. 러시아에서는 수즈달과 블라디미르에서 실패한 후에, 왕권은 모스크바 강변 부유한 농촌마을들 안에 세워진 크레믈린에 자리를 잡았다. 노브고로드 혹은 프스코프,

12) 역주-Konung. 왕을 의미하는 옛 북유럽어

13) 코스토마로프(Костомаров)의 『러시아에서 군주제의 기원(Начало единодержавия на Руси)』을, 특히 『유럽 통보(Вестник Европы)』에 게재된 것을 참조하라. 코스토마로프는 자신의 『자료집』 출간을 위해 이 논문을 부드럽게 고쳤다. 아마 검열의 요구 때문인 것 같다.

14) 역주-Saxum Tarpeium. 로마의 카피톨리움 남서쪽에 위치한 절벽으로, 이곳에서 범죄자를 떨어뜨려 죽였다.

뉘른베르크 혹은 플로렌시아에서는 절대로 왕권이 강화될 수 없었다.

이웃 농민들은 왕에게 식량, 말, 인력을 제공하였다. 탄생 중인 권력자들은 이외에도 공동체의 상업이 아닌 왕의 상업으로 부유해졌다. 교회가 그들을 후원하고 옹호하였으며, 자신들의 재산으로 그들을 지원하였고, 마침내 왕의 도시를 위하여 특별한 성자와 특별한 기적을 만들어냈다. 교회는 파리의 성모 혹은 모스크바의 성모를 거룩하게 만들었다. 자유도시들이 주교의 권력으로부터 해방되고 젊은 혈기로 전진하려는 바로 그때, 교회는 태동하던 왕을 수단으로 서서히 자신들의 권력을 부활시키는 작업을 진행시켰다. 교회는 결국 자신이 선택한 사람의 요람을 특별히 친절한 배려, 향, 황금으로 감쌌다. 교회는 그와 연합하여 자신의 권력과 영향력을 회복시키기 원했던 것이다. 파리, 모스크바, 마드리드, 웨스트민스터 등 모든 곳에서 교회가 어떻게 왕 혹은 황제의 요람을 정성스럽게 보호하는가를 우리는 알고 있다.

교회는 국가정신에 입각한 강한 조직을 갖고 있었다. 또한 모든 사회계급에서 찾아낸 강한 의지와 기민한 지성을 소유한 사람들을 이용하여 활동하였다. 교회는 음모를 꾸미는 데 능숙하였으며, 로마와 비잔틴 법에 정통했다. 교회는 자신의 이상을 즉 성경의 정신에 입각한 강력한 왕권의 확립을 성취하기 위해 집요하게 일했다. 왕은 제한 없는 권력을 갖지만, 최고 성직자의 명령에 순종하며, 교회의 손안에 든 세속의 무기일 뿐이었다.

16세기에 왕과 교회라는 이 두 패거리의 협력은 최고에 달했다. 왕은 이미 자신의 경쟁자들인 영주들 위에 군림하게 되었으며, 다음 단계에 그들의 손은 이제 자유도시들을 제압하기 위해 움직였다.

그렇지만 16세기의 도시도 더 이상 우리가 12, 13, 14세기에 보았던 것들이 아니었다. 도시는 12세기의 해방 혁명으로부터 탄생되었지만, 주변 농촌주민에게도 심지어 피난처로서 후에 도시성벽의 경계로 이주하여 수공업을 시작한 도시민들에게도 자신들의 평등사상을 확장시킬 과감성을 갖지 못했다. 모든 도시들에 단순히 '가문'이라고 불리는 (12세기의 혁명을 주도한) **구** 가문과 (늦게 도시로 이주한) **신** 가문 사이의 차별이 나타났다. 구 '상인길드'는 새로운 이주자들을 자신들의 영역에 받아들이려 하지 않았고, '신 수공업자들'을 자신들의 상거래에 참여하도록 허용하지 않았다. 도시의 단순한 상인길드는 도시의 재정을 위해 물건을 팔던 도시의 상업 에이전트였다. 그들은 이제 중개인과 거간꾼으로 변신하여 해외무역을 통해 부를 축적했고, 도시 생활에 동방의 화려함을 도입하였다. 나중에 '상인길드'는 지주와 성직자와 연합하거나 독점권을 위해, 부에 대한 권리를 위해 가장 가까운 왕에게 의지하였다. **공동체성을 포기하고, 사적인 것으로 변한** 상업은 마침내 자유도시를 무너뜨리고 말았다.

이 외에도 처음에 도시와 민회를 구성했던 구 수공업자 길드는 자신들이 향유하던 권한을 신 수공업자 길드에게 인정하려 하지 않았다. 신 수공업자들은 혁명의 방법을 통해 평등권을 확보해야 했다. 혁명은 실제로 우리가 역사를 알고 있는 모든 도시에서 일어났다.

그러나 혁명은 대부분의 경우에 모든 삶, 수공업, 예술의 혁신을 낳았다. 이런 현상은 플로렌시아에서 분명하게 발견된다. 그러나, 혁명은 다른 도시들에서 **빈자들(popolo basso)**에 대한 **부자들(popolo grasso)**의 승리로, 운동의 진압으로, 무수한 유형과 처형으로 끝났다. 특히, 영주들과 성직자들이 싸움에 개입한 곳에서 그러했다.

말할 것도 없이, 마키아벨리즘을 익힌 왕들은 자유도시의 내부적인 삶에 개입할 때, '부자들의 박해로부터 빈자들을 보호한다.'는 구실을 내세웠다. 후에 황제가 되는 모스크바 대공은 부자들로부터 '최하층민'과 '서민'을 보호한다는 구실로 노브고로드와 프스코프를 정복하였다. 이러한 현상은 독일, 프랑스, 이탈리아, 스페인 등 모든 곳에서 발생하였다.

이 외에도 **인간의 개념 자체가 변화했기** 때문에 도시는 파멸할 수밖에 없었다. 교회법과 로마법은 인간에 대한 이해를 왜곡시켰다.

12세기의 유럽인은 본질상 연방주의자였다. 그는 자유로운 발기, 자유협약, 자발적 연합을 옹호하였고, 사회의 출발점을 고유의 개성에서 찾았다. 그는 복종에서 구원을 찾지 않았고, 사회 구원자의 도래를 기다리지 않았다. 기독교적 혹은 로마적 가르침은 그들과 아무 상관없었다. 그러나 한편으로 언제나 권력 지향적이었고, 영혼, 특히 신자들의 노동을 지배하려 했던 기독교회의 영향 아래, 다른 한편으로 12세기부터 강력한 영주, 왕 그리고 사제의 궁에 침투하기 시작하여 곧 대학에서 사랑받는 교과목이 된 로마법의 영향 아래, 처음에는 반목했지만 잘 어울리게 된 두 가르침의 영향 아래 인간의 이성은 서서히 타락하고, 결국 사제와 법률가가 점점 더 많은 영향력을 갖게 되었다.

사람들은 권력을 사랑하기 시작하였다. 도시에서 하층 수공업자들의 반란이 일어나면, 사람들은 누군가 구원자에게 도움을 청하게 되었다. 그들은 독재자 혹은 도시 왕을 선출하고 반란자들을 진압하기 위한 무제한의 권력을 이들에게 부여하였다. 그리고 독재자는 교회와 동방의 전제국가로부터 배운 온갖 세련되고 잔혹한 방식으로 권력을 이용하였다.

교회는 그를 지지하였다. 최고 성직자에게 복종하고 교회의 충실한 무기가 되는 성서적 왕의 출현은 교회의 꿈이었다! 이외에도 교회는 열성적으로 합리주의 정신과 '이교적' 사상을 증오했다. 전자는 제1차 르네상스 시대에 즉, 12세기의 르네상스 시대에 자유도시를 지배하던 정신이었다. 후자는 새로 발견된 고대 그리스 문명의 영향을 받아 사람들에게 자연으로의 복귀를 호소하였다. 마지막으로 교회는 교황, 성직자, 교회 일반에 대항하여, 원시 기독교의 기치를 걸고 봉기하려는 흐름을 증오했다. 교회가 애호하던 무기인 화형, 고문, 교수대가 이교도들을 향해 투입되었다. 이 때 교황, 왕 혹은 독재자 중 누가 무기가 되든지 교회는 상관하지 않았다. 화형, 고문대 그리고 교수대만이 이교도들과의 싸움에서 제구실을 하였다.

로마 법률가와 성직자들. 이 두 집단의 영향 아래 자유로운 발기와 자유협약의 오랜 연방주의 정신은 소멸되고, 훈육의 정신, 지배와 피라미드형 조직의 정신에 자리를 내주고 말았다. 부유한 계급과 마찬가지로 민중도 밖으로부터 구원자를 찾았던 것이다.

구원자인 왕은 소란스런 도시의 민회에서 멀리 떨어져 자신이 건설한 도시에 부를 축적하고, 자신에게 복종하는 귀족들과 농민들의 호위를 받았다. 왕이 도시 대문 앞에 등장하여 빈자들에게는 부자들로부터의 강력한 보호를, 부자들에게는 빈자들의 폭동으로부터의 보호를 약속했을 때, 이미 권력의 독에 중독된 도시는 그것을 거부할 힘이 없었다. 그들은 왕에게 대문을 열어 주었다.

이 외에도 13세기부터 몽골족들은 동유럽을 정복하고 파괴하였다. 이제 모스크바에 몽골의 칸과 정교회의 영향을 받아 새로운 황제체제가 생겼다. 그 다음에 터키족이 유럽을 침략하고, 국가를 건설하였다. 이들은 이 과정에서 모든 것을 파괴하였고, 1453년에는 빈까지 도달하였다. 터키족을 저지하기 위해 유럽의 중심인, 폴란드, 보헤미아, 헝가리에서 강력한 국가들이 탄생하였다. 동시에 유럽의 다른 쪽인 스페인에서 모로코인들의 추방은 카스틸라(Castilla)와 아라곤(Aragon)에서 새로운 강력한 전제왕권이 수립되는 가능성을 제공하였다. 이 전제정권은 로마 교회와 종교재판, 칼과 고문실에 의지하였다.

이 침략과 전쟁들은 불가피하게 유럽을 새로운 시대로, 전쟁국가의 시대로 진입하게 만들었다. 전쟁국가들은 모든 다른 도시들을 왕 혹은 대공의 도시로 '연합하기 위하여', 즉 복종시키기 위해 노력하였다. 이미 도시들이 스스로 작은 국가들로 변신하자, 후자는 강력한 국가에 병합되는 운명을 피할 수 없게 되었다.

7

그러나 자유공동체와 중세의 연방체제에 대한 국가의 승리는 방해 없이 완성될 수 없었다. 심지어 국가의 최후 승리를 의심할만한 시기도 있었다.

중부 유럽의 도시들과 넓은 농업지대에서 민중운동이 일어났다. 이것은 형식과 외형 면에서 종교운동이었지만, 의식주의 평등을 추구하는 순수 공산주의적 운동이었다.

14세기에 우리는 프랑스(1358년 경)와 영국의(1381년 경) 두 농민운동을 찾아볼 수 있다. 첫 번째는 역사에서 자크리의 반란[15]으로 알려져 있고, 두 번째는 농민지도자 중의 하나인 와트 타일러(Wat

15) 역주-Jacquerie. 백년전쟁 중 북프랑스에서 발생한 농민폭동. 자크리는 당시 농민의 대표적인 이름이었던 자크를 집합명사화한 명칭이다.

Tyler)의 이름으로 불린다. 이 두 운동은 당시 사회를 근본부터 흔들었다. 그러나 두 운동은 주로 봉건지주에 대항한 것이었다. 진압되었지만, 영국에서 이 민중봉기는 농노제도에 종지부를 찍었다. 프랑스에서 자크리의 반란은 농노제도의 발전을 저지하였고, 그것의 존재를 무의미하게 만들었다. 그 결과 농노제도는 독일과 동부유럽에서 이룬 것과 같은 발전을 이룰 수 없었다.

그리고 16세기에 유사한 운동들이 보헤미아의 '후스(Huss)파', 독일, 스위스, 네덜란드의 '재세례파'[16]라는 이름으로 중앙유럽에서 점화되었다. '혼란의 시대'[17]란 이름으로 알려진 이와 유사한 운동이 17세기 초에 러시아에서도 일어났다. 서유럽에서 이것은 봉건영주와 봉건지주뿐만 아니라 교회와 국가, 원시국가를 위한 교회법과 로마법에 대항한 반란이었다.

오랜 세월이 흐르는 동안 이 운동의 의미는 어용역사가와 교회역사가들에 의해 완전히 왜곡되었고, 이제야 비로소 사람들은 이것을 어느 정도 이해하기 시작하고 있다.

한편으로 이 운동의 표어는, 양심의 명령 외에는 어느 것에도 복종할 의무를 갖지 않는 개인의 완전한 자유였고, 다른 한편으로는 공산주의였다. 훗날 국가와 교회가 운동의 가장 격렬한 옹호자들을 소탕하고, 운동을 교묘히 자신에게 유리하게 바꿔버렸을 때, 운동은 혁명적 성격을 상실하고 루터의 종교개혁으로 변질되었다.

운동은 설교로 시작되었고, 몇몇 장소에서는 무국가적 아나키즘을 실천적으로 적용하기도 하였지만, 유감스럽게도 종교적 형식들과 혼

---

16) 역주-Anabaptist. 재침례파(再浸禮派)라고도 한다. 자각적인 신앙고백 이후의 세례만이 유일한 세례라고 주장한다.

17) 역주-смутное время, 러시아의 이반4세의 죽음을 계기로 시작된 정치적 혼란의 시대.(1584-1613)

합된 것이었다. 그러나 그 당시에는 불가피했던 종교적 형식들을 걷어내면, 우리는 이 운동이 지금 우리가 대변하고 있는 사상적 흐름과 본질상 유사하다는 것을 알 수 있다. 즉 우리는 그것에서 고유의 양심이 인간의 유일한 법이 되어야 한다는 원칙아래, 국가적인 것이든 신적인 것이든 모든 법이 부정되고 있음을 발견한다. 우리는 운명의 유일한 관리자로서의 공동체를 방어하는 것, 한마디로 공산주의와 평등을 실천하려는 노력을 본다. 그것은 봉건지주로부터 땅을 되찾아주고, 돈이든 육체적인 것이든 국가에 대한 모든 봉사를 중단시키는 것이었다. 예를 들어 사람들이 성서의 권위를 인정하느냐고 물었을 때, 재세례파 운동 철학자들 중 하나인 덴크(H.Denck)는 스스로 성서에서 **자신을 위해** 발견한 규칙만이 인간행동에서 의무적으로 지켜야 할 유일한 것이라고 답하였다. 이 모호한 공식은 교회용어에서 차용한 것이다. 이 '책(성서)'의 권위는 공산주의와 권력에 대한 '찬'과 '반'의 논거를 손쉽게 찾을 수 있게 하고, 자유의 선언에 대한 문제에서는 특유의 불분명한 태도를 보인다. 이 모든 것은 운동의 종교적 색채와 함께 그 속에 패배의 맹아를 포함하고 있었다.

도시에서 발생한 운동은 즉시 농촌으로 확산되었다. 농민들은 어느 누구에게도 복종하기를 거부했다. 깃발 대신에 창에 낡은 장화나 짚신을 꽂았고, 지주들이 점유한 공동체 토지를 빼앗았으며, 농노제도의 족쇄를 부수었다. 또한 그들은 성직자와 재판관을 몰아내고, 자유 공동체로 조직되어 갔다. 한동안 이 반란은 갓 태어난 국가의 존립 자체를 위협하기도 하였다. 왕 혹은 제국의 권력은 단지 화형, 고문 그리고 교수대의 도움으로 수년 동안 십만 명 이상의 농부들을 살해한 후에, 교황과 개신교의 지원을 받아 이 반란에 종지부를 찍을 수 있었다. 루터는 교황보다도 더 많은 농부들을 죽음으로 몰아넣었다.

재세례파 운동으로부터 탄생한 루터의 종교개혁은 초기에 민중운동의 도움을 많이 받았으나, 민중을 살육하고 민중운동을 탄압하는데 전력을 다해 도움을 주었다. 이 거대한 지적 흐름의 생존자들은 '모라비아 형제단'으로 몸을 피했으나, 이 형제단도 교회와 국가에 의해 탄압을 받았다. 무사히 살아남은 소규모 집단들만이 구조되어 일부는 남동러시아로, 일부는 독일로 이주하였다. 이곳에서 그들은 지금까지도 공동체를 이루며 살고 있으며, 국가를 위한 어떤 봉사도 거부하고 있다.

이때 이후로 국가의 존재는 보장받게 되었다. 법률가, 성직자, 지주 그리고 군인은 왕권 주위에서 우호적인 연맹을 결성하고, 이제 다시 파괴적인 작업을 계속할 수 있게 되었다.

이 시기에 대하여 역사가들은 얼마나 많은 거짓을 축적해 왔는가! 학교에서 우리 모두는, 국가가 중세 사회의 폐허 위에 민족적 연합을 창조하여 인류를 위해 많은 공헌을 하였으며, 그러한 연합은 도시들의 경쟁 때문에 전에는 실현되기 어려웠다고 배웠다. 우리 모두는 학창시절에 그렇게 배웠고, 나이가 들어서도 거의 모두 이것을 믿었다.

그러나 이제 우리는, 중세 도시들은 모든 경쟁에도 불구하고 400년 동안 이들 연합을 자발적 협약에 기초한 연방으로 결속하려고 했으며, 그들은 이점에서 완전하게 성공했다는 것을 알고 있다.

예를 들어 롬바르디아(Lombardia) 동맹은 북이탈리아의 모든 도시들을 포괄하였고, 제네바와 베네치아에서 고유의 재정을 소유했다. 토스카나(Toscana) 동맹, 60개의 도시가 참여한 라인(Rhein)동맹과 같은 다른 연방들, 베스트팔렌, 보헤미아, 세르비아, 폴란드, 러시아 도시들의 연방이 전 유럽을 덮었다. 상업을 위한 한자(Hansa)동맹은 당시에 스칸디나비아, 북독일, 폴란드, 발틱해 주변의 러시아 도시들을 포함하였다. 자발적 연합의 형성을 위해 필요한 모든 요소들 그리고 심지어 그것들의 실천적 실현도 이곳에 존재했다.

지금까지도 그런 연합의 살아있는 예들을 찾아볼 수 있다. 스위스를 보자. 그곳에서의 연합은 무엇보다도 프랑스 란(Lan)지방에 있는 것과 유사한 농촌공동체들(칸톤[18]) 사이에 생겼다. 왜냐하면 도시가 폭넓은 대외적인 상거래를 했던 다른 나라들에서 그랬던 것처럼, 스위스에서 도시들은 농촌과 완전히 분리된 적이 없었기 때문이다. 16세기에 스위스의 도시들은 농촌이 봉기할 때 도움을 주었다. 이 때문에 연합은 도시들과 농촌을 하나의 연방으로 통일하여 지금까지 성공적으로 존속시켰다.

그러나 본질상 국가는 자유연합을 용인할 수 없다. 자유연합은 국가의 입법자들을 경악하게 만든다. '국가 안의 국가!' 국가는 스스로 존재하는 자발적인 연합을 국가 안에 두는 것을 용인하려 하지 않는다. 국가는 신민(**臣民**)만을 인정한다. 국가와 그의 지주인 교회만이 개별적인 개인들 사이의 연결고리가 되는 절대적 권리를 갖게 되었다. 분명한 것은, 국가는 시민들 사이의 직접적 관계에 기초한 도시를 필연적으로 파괴하려 노력한다는 것이다. 국가는 **필수적으로** 그러한 도시에서 모든 내적 관계를 파괴하고, 도시 자체를 파괴하며, 도시들 사이의 모든 관계를 파괴해야 했다. 연방의 원리 대신에 국가는 복종과 규율을 수립해야 했다. 이것이 국가의 가장 기본적인 원리다. 이것이 없다면 국가는 **국가**이기를 중단하고 연방으로 변화된다.

---

18) 역주-Kanton, 스위스의 행정단위

그래서 학살과 전쟁의 세기인 16세기는 삶과 죽음의 투쟁으로, 태동하던 국가가 도시들과 그 연방들에게 선포한 전쟁으로 완전히 소진되었다. 도시들은 포위되어 점령되고 약탈당하였다. 주민들은 학살당하고, 유형에 처해졌다. 국가는 모든 전선에서 승리했으며, 이 승리의 결과는 다음과 같다.

15세기에 유럽은 부유한 도시들로 덮여 있었다. 도시의 수공업자, 석공, 방직공, 조각가들은 예술의 기적을 만들어냈다. 그들의 대학은 과학의 기초를 놓았다. 그들의 무역상들은 대륙을 횡단하였고, 배는 바다와 강을 종횡으로 항해했다.

2백년이 지나는 동안 이들 중에 무엇이 남았는가? 5만~10만의 주민을 가진 도시들은 즉, 오늘날 가장 잘 설비된 수도와 비교할 때 각각의 주민 당 더 많은 학교와 병원침대가 있었던 플로렌스 같은 도시들은 보잘 것 없는 장소로 변하고 말았다. 주민들은 학살당하거나 쫓겨났다. 도시의 부는 국가 혹은 교회의 소유가 되었다. 산업은 관리들의 조악한 지원 아래 곤경에 빠지고, 상업은 몰락하였다. 도시들을 이어주던 도로는 17세기에는 통행이 불가능하게 되고 말았다.

국가는 모든 곳에 전쟁의 씨를 뿌리고, 전쟁은 유럽을 황폐화시켰으며, 국가가 직접 파괴하지 못했던 도시를 파괴했다.

그렇다면, 농촌은 국가적 중앙집권화로부터 이득을 보았을까? 절대로 그렇지 않다! 스코틀랜드, 토스카나, 독일 농촌의 삶에 대해 역사가들이 말하는 것을 보고, 이것과 1648년 영국, 태양왕 루이 14세 시기의 프랑스, 독일과 이탈리아 농촌의 빈곤, 한마디로 국가가 지배한 백년 후에 발생한 모든 농촌의 빈곤에 대한 서술을 비교해 보라.

모두가 한 목소리로 인정하고 지적하는 빈곤은 도처에 있었다. 농노제도가 폐지된 곳에서 그것은 여러 다른 형태로 복원되었다. 그러나 아직 폐지되지 않은 곳에서 그것은 국가의 비호 아래 고대 노예제의 모든 특징을 갖는 잔혹한 제도로, 심지어 이보다 더 나쁜 제도로 변화되었다.

국가의 주된 관심은 우선 자유도시를 다음에는 농촌공동체를 파괴하고, 농민들 사이에 존재하는 모든 관계를 끊고, 약탈한 토지를 부자에게 넘겨주고, 농민들을 관리, 성직자, 지주들의 권력에 예속시키는 것이었다. 도대체 국가로부터 어떤 다른 것을 기대할 수 있단 말인가?

8

도시의 독립을 파괴하는 것, 상인길드와 수공업길드를 약탈하는 것, 도시의 대외무역을 장악하고 파괴하는 것, 길드의 내부 행정권을 장악하고 국내 상업과 수공업을 모든 세세한 사항에 이르기까지 관리의 무리에게 종속시키는 것, 이렇게 하여 산업과 예술을 쓰러뜨리는 것, 지역 예비군을 파괴하는 것, 강자에게 유리한 세금으로 약자들을 억압하고 전쟁으로 국가를 유린하는 것. 16-17세기에 태동하던 국가가 한 역할은 바로 그런 것들이었다.

같은 일이 농촌의 농민들 사이에도 일어났다. 충분히 강해졌다고 느끼자 즉시 국가는 서둘러 농촌공동체를 파괴하였고, 국가의 전횡에 완전히 노출된 농민들을 유린하였으며, 공동체 토지를 약탈하였다.

국가로부터 급료를 받는 역사가, 정치가, 경제학자들은 농업공동체가 농업발전을 방해하는 낡은 토지소유 형식이며, 농업공동체는 자연스런 경제발전의 영향을 받아 사라질 운명에 처한 것이라고 언제나 우리를 가르쳤다. 정치가와 자본주의 경제가들은 지금까지도 계속해서 이렇게 말하고 있으며, 심지어 학교에서 배운 허무맹랑한 이야기를 반복하는 혁명가와 사회주의자들도 있다. 이들은 스스로를 '과학적' 사회주의자라고 부르기도 한다.

그러나 이것은 학문에서만 만날 수 있는 몹시 불쾌한 거짓일 뿐이다. 진실을 알기 원하는 사람이면 누구에게나 명백하게 증명할 수 있는 많은 자료가 역사에 축적되어 있다. 프랑스에 대해서는 달로즈(V.Dalloz)를 읽는 것만으로도 충분하다. 무엇보다 진실은 국가가 농촌공동체의 모든 독립성과 사법권, 입법권 그리고 행정권을 빼앗았다는 것이다. 다음에 토지는 국가의 비호를 받는 부자들에 의해 강탈당하였고, 혹은 국가에 몰수당하였다.

이런 강도행위는 프랑스에서 16세기에 시작되었고, 17세기에도 오랫동안 계속되었다. 1659년에도 여전히 국가는 공동체를 자신의 보호령으로 만들었다. 이때부터 공동체 토지의 강탈이 시작되었다는 것을 이해하기 위해서는 루이 14세의 명령서를 읽는 것만으로 충분하다. "사람들은 멋대로 토지를 점유하였다[19] …그들은 강탈을 정당화하기 위해… 토지를 나누어 가졌고, 부채를 날조하여 공동체에 갚게 만들었다."라고 왕은 명령서에서 말했다. 그리고 2년 후, 그는 모든 수입을 몰수하여 자기 것으로 만들었었다. 이것이 바로 과학의 언어로 '자연사'라고 하는 것이다.

다음 한 세기 동안 적어도 전체 공동체 토지의 절반이 국가의 비호

19) 역주-루이 14세는 농촌공동체가 토지를 공동으로 소유하고 경작한 것을 "멋대로 토지를 점유하였다."고 비난하고 있으며, 이러한 비난을 구실로 농촌공동체의 수입을 강탈하였다.

를 받는 귀족과 성직자들의 소유가 되었다. 그럼에도 불구하고 공동체는 1784년까지 계속 존속하였다. 공동체구성원들은 여전히 느릅나무 아래 어딘가에서 집회를 계속하였고, 토지를 분배하였으며, 세금을 정하였다. 이에 대한 기록은 바보(A. Babeau)에게서 찾아볼 수 있다. 그러나 튀르고(A.Turgot)는 공동체의 민회가 '지나치게 소란스럽다.'고 생각하여, 자신이 통치하는 지역에서 민회를 폐지해버렸다. 그 대신에 그는 재산을 소유한 주민 중에서 선발하여 회의를 구성하였다. 1787년, 혁명 전야에 국가는 이 방법을 전 프랑스에 확대하였다. 농촌공동체는 파괴되었고, 공동체 업무관리는 부유한 자본가와 농민들로 구성된 소수 조합의 수중으로 넘어갔다. 제정의회는 1789년 12월 서둘러 법을 통과시켰고, 그 이후 귀족의 자리를 차지한 자본가들은 공동체 토지 중 나머지 부분을 강탈하기 시작했다. 일련의 농민반란이 있은 후에야 1792년 국민공회는[20] 동 프랑스에서 봉기한 농민들이 이룩한 것을 승인하였다. 즉 국민공회는 농민들에게 공동체의 토지를 돌려주라고 명령하였다. 그러나 이것은 농민들이 반란으로 땅을 되찾았을 때에만, 농민들이 스스로 이일을 실현한 곳에서만 가능하였다.

알려진 것처럼, 모든 혁명적 법안들의 운명은 그랬다. 즉 그것이 완성된 사실이 되었을 때에만, 혁명적 법안들은 존재할 수 있다.

그럼에도 불구하고 국민공회는 이 법안에 자본가의 독을 주입시킬 기회를 놓치지 않았다. 법안에 따르면, 귀족으로부터 몰수한 토지는 '능동적인 시민'에게, 즉 농촌자본가들에게 공평하게 분배되어야 했다. 이렇게 간단하게 국민공회는 '수동적인 시민', 즉 누구보다 공동

---

20) 역주-convention nationale. 프랑스 제1 공화국의 최고 입법-행정기관 (1792-1795)

체 토지의 분배가 절실했던 가난한 농민 대중들의 토지소유권을 박탈했다. 다행히 이에 대한 답으로 농민들은 1793년 다시 폭동을 일으켰다. 그때서야 국민공회는 모든 농민들 사이에 토지를 분배한다는 새로운 법안을 만들었다. 그러나 이 명령은 결코 실행에 옮겨지지 않았으며 공동체 토지의 새로운 장악을 위한 구실로 사용되었다.

이들 권력자들이 표현하는 것처럼 이 모든 대책들은 공동체들을 '자연사' 시키기 위해 충분한 것처럼 보였다. 그러나 공동체들의 존재는 계속되었다. 1794년 8월 24일 당시 권력을 갖고 있던 반동 세력은 공동체에 새로운 타격을 주었다. 국가는 모든 공동체 토지를 몰수하여 그것으로 국가 부채를 충당하기 위한 예비기금을 만들었다. 무엇보다도 토지를 농민들에게, 자코뱅당원의 처형으로 즉 테르미도르의[21] 반동으로 끝난 자본주의 혁명의 경쟁자들에게 경매로 팔기 시작하였다.

다행히 다섯 번째 해 '프레리알' 2일[22] 이 법은 3년 만에 폐기되었다. 그러나 동시에 공동체들도 파괴되었고, 이를 대신하여 '지방의회'가 설립되었다. 국가는 의회를 손쉽게 자신들의 관리로 채울 수 있었다. 이러한 상황은 농촌공동체가 재건되는 1801년까지 지속되었다. 그러나 대신에 36,000개의 프랑스 공동체에 시장과 조합장을 임명할 권한을 정부 스스로가 갖는 법안을 만들었다! 이 우매한 짓은 1830년 혁명까지 지속되었고, 이후에야 1784년의 법이 부활되었다. 두 대책 사이의 기간 동안 공동체 토지는 1813년 국가에 의해 몰수

---

21) 역주-프랑스 혁명정부를 무너뜨린 테르미도르(혁명력의 11월) 9일의 쿠데타사건(1794.7.27)

22) 역주-Prarial(프레리알: 목장의 달, 풀의 달). 1793-1805년 사이에 사용되었던 프랑스 혁명력의 9번째 달로, 5월 20/21-6월 18/19일에 해당한다. 본문의 "다섯 번째 해 프레리알 2일"은 1797년 5월 21/22일이다.

당했고, 그 후 3년 동안 약탈을 당하였다. 남은 토지들은 1816년에야 반환되었다.

그러나 이것으로 끝나지 않았다. 모든 새로운 정부는 지지를 보여준 사람들에 대한 포상 비용의 재원으로 공동체 토지를 생각했다. 1830년 이후 3회에 걸쳐, 처음은 1837년, 마지막은 나폴레옹 3세가 공동체의 삼림과 목장을 농가별로 분배할 것을 **명령하는** 법안이 통과되었다. 세 번 모두 정부는 농민들의 저항을 받고서야 이 법안을 취소하였다. 그럼에도 불구하고 나폴레옹 3세는 이것을 교묘히 이용하여, 자신의 총신들을 위해 몇몇 거대한 장원을 은밀하게 탈취하였다.

이것이 바로 프랑스에서 공동체 토지소유가 '자연스러운 죽음'에 이르게 만든 사실과 '경제법칙'이었다. 그렇다면 전쟁터에서 수십만 군인의 죽음도 역시 '자연스러운 죽음'이란 말인가?

프랑스에서 일어난 것은 벨기에, 영국, 독일, 오스트리아에서도 일어났다. 간단히 말해, 슬라브 국가들을 제외한 모든 유럽에서 일어났다. 무엇보다 이상한 것은 모든 서유럽국가에서 공동체 약탈의 시기가 일치한다는 것이다. 방법만이 달랐다. 영국에서는 일반적인 수단을 도입하지 않고, 수천 개의 개별적인 인클로저 법령[23]을 제정하는 방식을 택하였다. 이 법령에 따라 귀족과 자본가로 구성된 의회는 개별적인 사안마다 토지의 몰수를 승인함으로써, 지주들이 둘러싼 토지

23) 역주-이것은 소위 영국의 인클로저(enclosure) 운동과 관련된 법령으로, 공동이용이 가능한 토지에 담이나 울타리 등의 경계선을 쳐서 남의 이용을 막고 사유지로 할 수 있게 하였다. 이 결과 농민들은 지주에게 땅을 빼앗기고, 농업노동자로 전락하고 후에 공업노동자가 되었다. 모직물 공업이 발달함에 따라 강제로 농토를 목장으로 전환시켜 양모의 생산을 증진시키려 했던 이 정책은 농촌을 몰락시켰고, 농민을 값싼 노동자로 전락시켜 자본주의 발전을 촉진하였다.

를 지주들이 소유하는 권한을 부여하였다. 영국에서는 지금까지도 고랑의 흔적들이 발견된다. 이 고랑들은 공동체 토지를 구역으로, 어느 정도는 가족 단위로 구분하기 위해 사용되었다. 우리는 마샬(A.Marshall)의 저서에서 19세기 초까지 존재했던 이런 종류의 토지 소유에 대한 분명한 묘사들을 찾아볼 수 있다. 그럼에도 불구하고 영국에는 농노제도를 제외하면 농촌공동체가 절대로 존재하지 않았다고 주장하는 학자들은(퓌스텔 드 쿨랑지[Fustel de Coulanges]의 충실한 제자인 시봄[F.Seebohm]과 같은 학자) 지금도 존재한다.

그러한 방법을 우리는 벨기에, 독일, 이탈리아, 스페인에서도 볼 수 있다. 공동체 소유였던 토지의 사유화는 이렇게 19세기 중반 즈음에 완성된다. 농민들은 자신들의 공동체 토지 중에서 보잘 것 없는 부분만을 소유하게 되고 말았다! 바로 이것이 지주, 성직자, 군인, 재판관들 사이의 상호보장연합이, 즉 국가가 농민에게 행한 것이다. 국가는 농민에게서 빈곤과 경제적 노예상태로부터 빠져나올 마지막 수단을 빼앗고 말았다.

이제 다음과 같이 물을 수 있다. 그런 식으로 공동체 토지의 강탈을 조직하고 은폐하면서, 국가가 지방 삶의 조직인 공동체의 존재를 허용할 수 있었을까?

명백히 그렇지 않다.

자신의 환경 속에서 시민들이 국가의 몇몇 의무를 갖는 조합을 조직하도록 허용한다면, 그것은 국가의 원칙과 모순된다. 국가는 매개하는 단체 없이, 모든 신민의 직접적이며 개인적인 복종을 요구한다. 국가는 노예상태에서의 평등을 요구한다. 국가는 '국가 속의 국가'를 견디지 못한다.

때문에 16세기에, 국가가 수립되기 시작하자마자, 국가는 도시의 시민들과 농촌의 농민들 사이의 관계를 끊는 작업에 착수하였다. 국가가 독립은 절대 아니지만 가끔 도시 관청의 자치를 미약하나마 허용했다면, 이것은 오직 국가의 재정과 관련된 목적을 위해, 국가의 일반부채를 대폭 줄이기 위해서였다. 혹은 민중을 희생시켜 도시 재산가들에게 부자가 될 기회를 제공하기 위해서였다. 이것은 최근까지 영국에서 일어났으며, 지금도 영국의 제도와 관습에 반영되고 있다. 즉 최근까지 소수의 부유한 상인들이 모든 도시 경제를 장악하고 있다.

이것은 당연하다. 지방의 삶은 관습법으로부터 발전한 반면, 로마의 법은 권력의 중앙집권화로 이어지기 때문이다. 둘의 공존은 불가능하다. 둘 중 하나는 사라져야 한다.

예를 들어, 이것은 왜 프랑스 통치 하의 알제리에서, 카빌의 **젬마** 혹은 농촌공동체가 토지에 대한 소송을 진행할 때면, 공동체 회원들 각자가 개별적으로 법원에 소송을 제기하는가에 대한 이유다. 왜냐하면 법정은 젬마의 집단적인 하나의 소송보다는, 오히려 50 혹은 200명의 개별적인 소송을 다루기 원하기 때문이다. 나폴레옹 법전이라 알려진 국민공회의 자코뱅 법령은 관습법을 인정하지 않는다. 즉 이 법령을 위해 존재하는 것은 로마법 혹은 나아가 비잔틴 법뿐이기 때문이다.

바로 이것이 프랑스 어딘가 큰길가의 나무가 바람에 쓰러졌을 때 혹은 어떤 공동체의 한 작은 지역을 스스로 수리하는 대신 농민이 2 혹은 3 프랑을 주고 석공에게 일을 맡기길 원할 때, 그가 책상에 앉아 내무부와 국가 출납국의 15명이나 되는 관리에게 편지를 써야하는 이유다. 이 거대한 잡일은 50장 이상의 서류를 교환해야 한다. 그리고 그때서야 나무를 팔 수 있고, 농부는 공동체 금고에 2-3프랑를

낼 수 있는 허가를 취득할 수 있다.

이것을 믿지 못하겠다는 말인가? 『이코노미스트지』에 실린 트리코쉬의 기사를 보라. 그는 이 50장에 달하는 서류의 자세한 목록을 모두 소개하였다.

잊지 말기를 바란다. 이것은 제3공화국에서 일어난 것이다. 내가 여기서 말하는 것은 5 내지 6장의 서류로 정리되는 구체제의 '야만적' 방법들이 아니다. 야만시대에 국가의 통제는 유명무실했다고 학자들이 말하는 것은 이해할만 하다.

그런데 이것만이 문제인가! 불필요한 2만 명의 관리들과 불필요한 수억 루블의 예산은 도대체 무엇을 의미하는가! '질서'와 일사분란을 사랑하는 자들에게 이것은 정말 별 것이 아니다.

이 모든 것 위에 놓인 훨씬 더 나쁜 것이 있기 때문이다. 그것은 모든 생명을 파괴하는 **원리**다.

한 마을의 농부들에게는 언제나 수천 가지 공동의 이해가 있다. 예를 들면, 농사, 이웃사이의 이해, 지속적인 교제들이 있다. 그들은 필연적으로 온갖 종류의 목적을 위해 서로 단결해야 한다. 그러나 국가는 그러한 단결을 좋아하지 않는다. 국가는 그들에게 학교, 성직자, 경찰과 재판관을 제공한다. 그들에게 무엇이 더 필요하단 말인가? 무엇인가 더 필요하게 되면 그들은 수립된 체계에 따라 교회와 국가에 호소해야 한다.

그렇게 1883년까지 프랑스에서 농민들이 어떤 것이든지 조합을 결성하는 것은 엄격하게 금지되었다. 예를 들면 공동으로 비료를 구매하거나 들판을 건조시키기 위한 조합의 결성도 금지되었다. 공화국은 1883-1886년에야 비로소 농민들에게 이 권리를 부여하기로 결정하고, 온갖 제한과 예외규정으로 누더기가 된 조합에 대한 법률이 제정되었다. 이전에 프랑스에서는 19명 이상의 회원을 갖는 모든 단체들은 불법이었다.

이렇게 국가로부터 받은 교육으로 인해 우리의 지성은 왜곡되었고, 그 결과 농업조합이 그때 이후로 프랑스에서 급속도로 확장되었다는 사실에 대해서 우리는 기뻐한다. 그러나 농민들이 수백 년에 걸쳐 상실하게 된 조합결성의 권리가 중세에 획득한 그들의 자연스런 재산이었으며, 이것은 자유인이든 농노든 모든 사람의, 논란의 여지 없는 재산이었다는 사실을 생각하지 못하고 있다. 우리는 노예의 정신에 오염되어, 이 권리가 마치 '민주주의의 성과물들' 중의 하나라고 상상하고 있다.

국가에 의해 왜곡되고 일그러진 교육과 우리 국가의 편견들이 우리를 이정도로 무지하게 만든 것이다!

9

"도시와 농촌에 공동으로 필요한 것이 있다면, 교회와 국가에 호소하라. 그러나 직접 공동으로 연합하고, 힘으로 해결을 시도하는 것은 엄격하게 금지된다." 16세기부터 이 문구는 전 유럽에 퍼지게 된다. 14세기 말에 발표된 영국왕 에드워드 3세의 명령에서, 우리는 "모든 조합, 형제단, 회의, 조직된 단체, 목수와 석공 사이에 이미 정해지거나 정해질 예정인 규약과 서약은 오늘부터 효력을 상실하며 폐지될 것이다."는 것을 읽을 수 있다. 그러나 앞에서 언급한 도시의 반란과 다른 민중운동들이 진압되고, 국가가 완전한 권력을 장악하게 되었을 때, 국가는 예외 없이 지금까지 수공업자들과 농민들을 연결하던, 모든 민중적 기관에(길드, 형제단 등) 손을 대기로 결정하였다. 국가는 직접 기관들을 해체하고, 그들의 재산을 몰수하였다.

이것은 영국에서 특히 분명하게 나타나는데, 이들 기관의 변화 과정 각각을 기록한 문서들이 다량으로 존재하기 때문이다. 국가는 길드와 형제단을 점점 강하게 압박하기 시작하였다. 국가는 그들의 조합, 다음에는 축제, 직공장들을 제거하였다. 국가는 직공장을 대신하여 자신의 관리와 재판관을 임명하였다. 그 후 15세기 초 헨리 7세 때 길드의 재산을 직접, 가차 없이 몰수하였다. '위대한' 개신교 왕의 후계자인 에드워드 6세는 아버지가 시작한 일을 완료하였다.

토롤드 로저스(Thorold Rogers)가 올바로 말한 것처럼, 이것은 '전혀 정당하지 않은', 말 그대로 백주의 강탈이었다. 소위 '과학적' 경제학자들은 바로 이 강탈을 경제법칙의 영향 아래 발생한 길드의 '자연사'라고 말한다.

실제로 고유의 상거래와 자신만의 재판소와 자신만의 군대와 회계, 조직, 강력한 서약을 가진 길드 혹은 조합을 국가가 허용할 수 있을까? 국가주의자들에게 이것은 '국가 속의 국가'인 것이다! 국가는 이들을 탄압해야 했고, 영국, 프랑스, 독일, 보헤미아 모든 곳에서 국가는 탄압했으며, 그것들 중에서 단지 형식만을 남겨두었다. 즉, 국가의 경제적 목적을 위해 유용한, 거대한 행정기구의 부분을 이루는 형식만이 남게 되었다.

길드와 수공업자 조합들은 전에 삶을 구성하던 모든 것을 상실하고 왕의 관리들에게 종속되었으며, 지난 400년 동안 그랬던 것처럼, 더이상 산업발전의 핵심이 되지 못하였다. 이런 일이 있은 후에, 길드와 조합이 18세기에는 산업발전의 부담으로, 장애로 전락하고 말았다는 것이 과연 놀라운 일인가? 국가가 그것들을 파괴했던 것이다.

실제로 국가는 길드의 삶을 위해, 국가의 개입을 방어하기 위해 필요했던 독립성과 자주성을 파괴하였다. 또한 길드의 모든 부와 재산을 몰수하였을 뿐만 아니라, 국가는 이와 함께 길드의 모든 경제활동 기능까지도 빼앗았다.

중세도시의 내부에서 이해가 충돌하거나 두 길드가 상호협약에 이르지 못하고, 논쟁의 해결을 위해 도시에서 도움을 청할 곳이 없는 경우에, 양자는 어떻게든 합의를 하거나 어떤 타협점을 찾아야만 했다. 왜냐하면 도시의 다른 모든 길드들이 이 문제에 이해관계를 갖고 있기 때문이었다. 그러한 타협은 이루어졌으며 때로 필요한 경우 그들은 제3의 심판자로 이웃 도시를 초대하기도 하였다.

오늘날 유일한 심판자는 국가다. 인구 수백의 어떤 자그마한 도시의 자잘한 문제 때문에 왕의 행정부서와 의회사무실에는 무수한 서류와 밀고장이 쌓이게 되었다. 예를 들어 영국의회는 문자 그대로, 지방에서 올라온 수천가지 자잘한 송사로 넘치게 되었다. 이 서류들을 분류하여 읽고 분석하여 결정을 내리기 위해서, 말의 편자, 옷감의 염색, 청어 절이기, 나무통 제작 등 무수히 많은 문제들을 해결하기 위해서, 수도는 수천 명의 관리들을(이들 중 대부분은 돈에 매수되었다.) 필요로 하였다. 그래도 일의 양은 늘어가기만 하였다.

그러나 이것이 전부가 아니었다. 곧 국가는 해외무역에 손을 대었다. 국가는 해외무역이 좋은 돈벌이 수단이라는 것을 알게 되었고, 서둘러 그것을 장악하였다. 과거에 도시들 사이에 운반된 옷감의 가격, 양모의 청결도 혹은 청어 운반통의 용량 때문에 불협화음이 생길 경우, 두 도시는 이문제로 서로 문서를 교환하였다. 논쟁이 오래 지속되는 경우, 그들은 제3의 도시에 도움을 청하고 제3의 심판자가 되어줄 것을 요청하거나,(이것은 거의 동시에 이루어졌다.) 옷감의 질과 가격 혹은 통의 용량에 대한 국제적 협약을 체결하기 위해 방직 길드 협의회나 통 제작 길드 협의회가 소집되기도 하였다. 이제 국가가 중앙에서, 파리 혹은 런던에서 이 모든 다툼의 해결을 담당하게 되었다. 관리들을 수단으로 국가는 통의 용량, 옷감의 질, 씨줄과 날줄로 사용된 실의 수와 굵기에 대한 규정을 마련하기 시작하였다. 국가는 명령을 통해 모든 수공업의 세세한 부분에 개입하기 시작하였다.

우리는 그것의 결과를 알고 있다. 18세기에 이 통제의 억압을 받아 산업은 죽어갔다. 국가의 보호 아래서 벤베누토 첼리니(Benvenuto Cellini)의 예술은 어디로 사라졌는가? 그것은 죽고 말았다! 우리가 지금까지도 놀라움을 금치 못하는 석공과 목공 길드의 건축은 어떻게 되었는가? 건축이 죽었다는 것에 답하기 위해서는 국가 지배 시기의 일그러진 기념물들을 보는 것으로 충분하다. 국가가 가한 타격으로부터 지금까지도 회복할 수 없을 정도로 건축은 죽고 말았다.

섬세한 아마포, 네덜란드산 양복지는 어떻게 되었는가? 거의 전 유럽에서 철공들의 손은 귀하다고 할 수 없는 철을 재료로 우아한 장식물들을 만들어냈다. 그러나 철을 그토록 솜씨 있게 다루던 철공들은 어디로 사라졌는가? 중세에 정밀한 기계로 뉘른베르크의 명성을 창조했던 선반공, 시계공과 같은 장인들은 어디로 갔는가? 제임스 와트를 생각해 보라. 18세기 말에 그는 자신의 증기기관을 위해 정밀한 실린더를 제작할 사람을 찾느라고 30년을 허비하였다. 그의 세계적 발명은 30년 동안 조잡한 모델로 머물러 있었다. 모델에 따라 기계를 만들 수 있는 장인이 없었기 때문이었다.

이것이 바로 국가가 산업에 개입한 결과였다. 국가가 한 일이란 것은 고작 노동자들을 경시하고 탄압하며, 나라를 황폐하게 만들고, 도시에 빈곤의 씨를 뿌리고, 수백만 농촌사람들을 굶어 죽게 만들고, 산업 노예 시스템을 만든 것이었다.

'과학적' 경제학자들은 옛 길드의 이러한 보잘 것 없는 잔재들, 국가에 의해 억압당하고 교살당한 이 조직들, 국가행정기관의 무익한 부분들을 무지 때문에 중세 길드와 혼동하고 있다. (프랑스)혁명이 산업을 방해한다는 이유로 파괴한 것은 길드도 노동조합도 아니었다. 그것은 국가기관의 무익하고 심지어 해로운 부분들이었다.

그러나 혁명은 산업에 대해, 산업노예, 즉 노동자에 대해 국가가 갖고 있던 그 권력을 정성들여 유지하였다.

무서운 테러리즘적 국민공회가 파업노동자들의 요구에 대한 답변에서 언급한 내용을 기억해보기 바란다.(기억에 따라 인용하면 다음과 같다.) "한 국가는 시민들의 이익을 보호할 의무를 갖는다. 파업에 돌입함으로써 당신들은 동맹을 구성하고, 당신들은 국가 안의 국가를 만들었다. 그리고 그 때문에 파업에 사형선고를 내린다!"

이 답변에서 사람들은 보통 프랑스 혁명의 부르주아적 성격만을 본다. 그렇지만 그것에 다른, 더 깊은 뜻은 없는가? 그것은 국가와 모든 단체의 관계에 대한, 즉 1793년 자코뱅주의에서 가장 명확하게 표현된 관계에 대한 언급이 아닌가?

"당신이 무엇인가에 불만이 있다면, 국가에 호소하라! 국가만이 백성들의 불만을 만족시킬 권리를 갖는다. 그러므로 자위(自衛)를 위해 연합을 결성하는 것은 금지된다!" 이런 의미에서 공화국은 스스로를 유일하고 **분리될 수 없는** 것이라 불렀다.

우리시대의 사회주의자 · 자코뱅주의자들도 그렇게 생각하지 않을까? 고유의 잔혹한 논리를 갖고 국민공회는 국가의 비밀스런 의미를 표현하지 않았단 말인가?

국민공회의 답변에는 사회단체 즉, 어떤 목적을 갖든 모든 사적인 조직들과 국가의 모든 관계가 표현되어 있다.

러시아의 파업에 대해 말하자면, 파업은 지금도 국가에 대한 범죄로 생각된다.

독일의 경우에도 거의 같다고 말할 수 있다. 빌헬름 황제는 최근에 광부들에게 이렇게 말했다. "나에게 청원하라! 그러나 그대들이 자신들의 이익을 위해 스스로 행동에 나서기를 감수한다면, 그대들은 내 군대의 총검을 만나게 될 것이다."

그와 같은 일은 프랑스에서도 거의 언제나 일어나고 있다. 심지어 영국에서도 그렇다. 비밀결사, 배반자와 고용주에 대항한 단검, 자동차에 설치한 폭약(바로 1860년에도), 베어링에 뿌린 모래 등 이와 같은 모든 것을 수단으로, 100년간의 투쟁 후에야 비로소 영국 노동자들은 파업의 권리를 획득하는데 거의 성공하였다. 국가는 하루 8시간 노동에 관한 법률을 대가로 고용주와의 갈등에서 노동자들이 의무적인 조정을 받아들이도록 강요하려고 한다. 이러한 국가가 설치한 덫에 걸리지만 않는다면 노동자들은 파업의 권리를 곧 완전히 획득할 것이다.

100년 이상의 치열한 투쟁! 고통이 큰 만큼, 그만큼 많은 노동자들이 감옥에서 죽어갔고, 호주로 유형을 떠났으며, 살해당하고, 교수형을 당하였다! 이 모든 것은 조합을 결성할 권리를 회복시키기 위한 것이었다. 다시 반복하자면, 그 권리는 국가가 사회에 무거운 손길을

뻗지 못하던 그때에 자유인과 농노 모든 인간들이 소유했던 바로 그 권리다.[24)]

이러한 운명에 처한 것은 노동자들만이 아니었다. 상업 조합의 결성권을 획득하기 위해 부르주아 국가와 치러야 했던 투쟁에 대하여 생각해 보라. 국가는 독점권을 확보하여 종복들의 이익을 보장하고, 국고를 가득 채울 수 있을 때에만 조합 결성권을 위임하였다. 국가가 학술원, 대학, 교회를 수단으로 명령하는 것과 다르게 말하고 쓰거나 심지어 생각할 권리를 위한 투쟁들! 다만 읽고 쓰는 것만이라도 배울 권리를 위한 투쟁! 국가가 유보하고 있는 권리, 국가가 사용하지 않는 권리. 심지어 함께 즐거워할 권리는? 재판관을 선택하는 것, 혹은 중세에 사람들은 어떤 재판관에게서 어떤 법에 따라 재판받기 원하는가를 스스로 선택할 수 있었다는 것은 두말할 것도 없다. 또한 여전히 우리 앞에 있는 투쟁 즉, 종교재판과 동방의 전제주의 정신 속에 탄생한 혐오스런 형벌의 책이, 형법이란 이름으로 알려진 그 책이 소각되는 날이 오기 전에 있을 투쟁은 두말할 것도 없다.

혹은 조세 시스템을 보라. 이것은 순수하게 국가로부터 기원한 제도로서, 국가가 소유한 강력한 무기가 되었다. 국가는 유럽 전역에서뿐만 아니라 신생국인 미합중국에서도 이 무기를 사용하고 있다. 국

---

24) 심지어는 지금도, 바로 1903년에, 보수당 정부에서 파업권은 다시 박탈되었다. 최고 심판기관인 영국의 상원은 다음과 같은 결정을 내렸다. 파업이 났을 때, 노동조합이 파업 노동자를 대체하기 위해 투입된 노동자들을 만류하였다는 것이 – 힘으로 위협하지 않고, 보초가 단지 만류하기만 해도 – 증명된다면, 노동자는 고용주가 입은 손실을 배상하여야 한다. 유명한 태프 베일(Taff Vale) 파업에서 노동조합은 고용주들에게 5만 푼트를 – 50만 루블 이상을 – 배상하였다고 한다. 최근에도 그와 유사한 일이 발생하였다. 노동조합은 30만 루블을 지불하겠다고 약속한 후에야 소송을 끝낼 수 있었다.

가는 이 무기로 국민 대중을 권력의 휘하에 두고, 자신의 동조자를 이롭게 하며, 지배하는 소수를 위해 다수를 파산시키고 낡은 사회적 불평등, 낡은 카스트제도를 유지하고자 한다.

전쟁을 생각해 보라. 국가는 전쟁 없이 만들어질 수도 존재할 수도 없다. 국가를 이루는 한 지역이 이웃 지역과 대립하는 이해를 갖는 것을 허용하는 순간 전쟁은 불가피하게 된다. 우리를 위협하는 과거와 미래의 전쟁들에 대해, 무역시장 쟁탈을 위한 전쟁들에 대해, 식민제국을 건설하기 위한 전쟁들에 대해 생각해 보라. 전쟁에서 승리하든지 패배하든지에 상관없이, 전쟁이 어떠한 노예상태를 초래하는지 우리 모두는 알고 있다.

그러나 내가 열거한 모든 악 중에서 가장 나쁜 것, 그것은 학생시절과 그 이후의 삶에서 국가가 우리에게 제공하는 교육이라 할 수 있다. 국가의 교육은 우리의 두뇌를 왜곡시킨다. 그 결과 우리 안에 자유의 개념 자체가 사라지고, 노예의 개념으로 대체된다.

혁명가라고 자처하는 이들 중에서 많은 사람들이 아나키스트들을 몹시 미워하는 것은 안타까운 일이다. 아나키즘의 자유 개념이 자유에 대한 편협하고 괴상한, 국가의 정신이 침투된 교육을 통해 습득한 개념의 범주에 포함되지 않는다고해서 그들은 아나키스트들을 미워한다. 요즘 우리는 발걸음을 뗄 때마다 그런 사람들을 만나게 된다.

이런 현상은 국가가 젊은이들의 생각 속에 교묘하게 자발적인 노예의식을 주입했고 지금까지도 주입하고 있기 때문이다. 목적은 국가에 대한 국민들의 종속을 영원히 확고하게 하는 것이다.

그들은 자유에 대한 사랑으로 충만한 철학을 가톨릭·국가 철학으로 교살시키기 위해 온갖 노력을 다하고 있다. 그들은 역사를 왜곡하고(메로빙거 왕조, 카롤링거 왕조 그리고 류릭 왕조에 대한 황당한 이야기를 전하는 첫 페이지부터, 자코뱅 당을 찬미하는 마지막 페이지까지), 민중이 사회제도의 창조에서 수행한 역할에 대해서는 침묵한다. 그들은 머리가 둘인 교회와 국가라는 우상의 이익을 위해 심지어 자연과학까지도 왜곡한다. 군인, 성직자, 사형집행인의 삼자연합을 정당화하기 위해 개인 심리 그리고 나아가 사회 심리를 매번 왜곡한다.

수세기 동안 교회 혹은 성서에 대한 복종을 설교했던 도덕이론들도 이제는 그 고삐를 벗어버리고 국가에 대한 복종을 설교하고 있다. "이웃들에 대한 관계에서 그대들은 그 어떤 직접적인 의무도 갖지 않는다. 그대들에게는 서로 사랑하는 마음도 없다. 그대들의 모든 의무는 국가에 대한 의무다. 국가가 없다면 너희들은 서로의 목을 물어뜯을 것이다." 스스로를 '과학'이라 부르는 새로운 종교는 우리를 이렇게 가르친다. 그리고 한편으로 종교는 여전히 낡은 로마와 황제의 신에게 기도한다. "이웃, 친구, 공동체구성원, 시민. 그대는 이런 것을 잊어야 한다! 그대는 국가의 기관들을 통해서만 다른 사람들과 관계를 맺어야 한다. 그리고 그대들 모두는 하나의 선행만을 훈련해야 한다. 그것은 국가의 노예가 되는 것을 배우는 것이다. 국가는 그대의 신이다!"

교회, 대학, 언론, 정당들도 국가와 훈육을 찬양하였다. 그리고 이 찬양은 아주 성공적으로 수행되어서, 혁명가들조차도 이 새로운 우상을 감히 직시하지 못한다.

현대의 급진주의자는 뼛속까지 중앙집권주의자, 국가주의자 그리고 자코뱅주의자다. 그의 발뒤꿈치를 사회주의자들도 따라가고 있다. 15세기말 플로렌스인들은 귀족들의 전횡에서 벗어나기 위해 국가독재의 손에 몸을 의탁하였다. 이와 유사하게 현대 사회주의자들은 국가가 창조한 경제체제의 추악함에서 벗어나기 위하여 독재와 국가를 인정하는 것보다 더 좋은 방법을 찾지 못하고 있다.

10

이 글에서는 피상적으로 밖에 다룰 수 없지만, 여러분은 이 모든 사실들에 주목할 필요가 있다. 여러분은 역사에서 국가는 어떤 모습을 갖고 있으며, 본질상 국가가 앞으로 어떤 모습으로 존재할 것인가를 보게 될 것이다. 그렇다면 우리들처럼 여러분도 사회제도가 공평하게 모든 목적을 위해 봉사할 수 없다는 것을 확신할 수 있을 것이다. 왜냐하면 모든 기관처럼 사회제도의 발전은 공평하게 모든 사람을 위한 것이 아니라, 하나의 일정한 기능을 위한 것이기 때문이다. 그러하면 여러분은 우리가 왜 국가폐지의 불가피성이란 결론에 도달할 수밖에 없는가를 이해할 것이다.

사람들 사이의 자유로운 연합을 방해하고, 지방적 발기(發起)의 발전을 가로막고, 존재하는 자유를 교살하고, 새로운 자유의 생성을 방해하는 일, 인간 사회의 역사에서 이 모든 일들의 수단이 된 제도들은 국가의 것이었음을 우리는 알고 있다.

그 제도들은 수세기 동안 살아남아 역사에서 일정한 역할을 완수하기 위해 일정한 형식으로 자리 잡았다. 그러한 제도들이 지금까지 한 것에 반대되는 역할을 할 수 없다는 것을 우리는 알고 있다.

이것은 역사에 대해 생각해 본 사람이라면 누구도 부정할 수 없는 결론이다. 그러나 이 결론에 대한 답으로 그들은 우리에게 뭐라고 말하고 있는가? 그들은 우리에게 거의 어린애 같은 반론을 제기한다. "국가는 있다. 국가는 존재하고 있으며 준비된 강력한 조직이다. 그 조직을 이용할 수 있다면, 왜 그것을 폐지해야 하는가? 사실, 국가조직은 해롭다. 그러나 그것은 국가조직이 착취자들의 손에 있기 때문이다. 그것이 민중의 손에 떨어지면, 왜 선한 목적을 위해 민중의 행복을 위해 봉사할 수 없다는 말인가?"

이것은 전제(專制)를 해방의 무기로 바꾸려고 했던 실러의 포자 후작의[25] 꿈이거나, 가톨릭교회로부터 사회주의의 지렛대를 만들려고 했던 졸라의 소설 『로마』의 프로만 수도원장의 꿈일 뿐이다!

이런 주장에 답해야 한다는 것은 서글픈 일이다. 그런 식으로 판단하는 사람들은 국가의 역사적 역할에 대해 최소한의 이해도 갖지 않고 있는 것이다. 혹은 사회혁명을 가련하고 보잘것없는 모습으로 상상해서 사회주의적 지향과는 아무런 공통점을 소유하지 못한 자들이다.

프랑스를 구체적인 예로 들어 보자. 형식은 공화국임에도 불구하고, 프랑스의 제 3공화국은 본질상 여전히 왕정체제라는 놀라운 사실을 우리는 모두 알고 있다. 프랑스를 공화적으로 만들지 못했다는 사실 때문에 모두 제 3공화국을 비난한다. 나는 제 3공화국이 사회혁명을 위해 아무 것도 하지 않았다고 말하는 것이 아니다. 내가 이야기하고 싶은 것은 제 3공화국이 공화국의 풍속과 공화국의 정신조차도 가져오지 못하였다는 것이다. 사실 풍속의 민주화 혹은 계몽의 확산을 위해 지난 20년 동안 실제로 **이루어진** 많지 않은 것들은 모든 곳에서, 심지어 우리가 경험한 시대정신의 억압이 심했던 유럽 군

25) 역주-실러(Johann Christoph Friedrich von Schiller. 1759-1805)의 비극 『돈 카를로스(Don Karlos)』(1783-87)의 등장인물.

주국에서도 이미 이루어졌던 것들이다. 그렇다면 프랑스에서 이런 이상한 국가체제, 즉 공화적 군주국은 어디에서 왔는가?

그것은 프랑스가 30년 전과 같은 성격의 국가였고, 여전히 그런 국가란 사실에서 연유한다. 통치자들의 이름은 바뀌었지만, 로마제국을 모델로 프랑스에 창조된 거대한 관료제는 살아남았다. 바람에 큰 길가의 나무가 쓰러지면, 이 거대한 메커니즘의 바퀴는 전처럼 5-10장의 서류를 교환하는 일을 계속할 것이다. 서류 위의 도장은 변했지만, 국가와 국가의 정신, 기관, 지역적 중앙집권화와 기능의 중앙집권화는 변함없이 남아있다. 더구나, 모든 기생충이 그런 것처럼 이들은 매일 점점 더 나라 전체로 확산되고 있다.

적어도 진실한 공화주의자들은 공화주의적 의미의 변화를 이룩하기 위해 국가의 조직을 성공적으로 이용할 것이라는 희망을 갖고 있었다. 그들 또한 스스로 오랫동안 그것에 만족해왔다. 우리는 지금 그 결과를 보고 있다.

낡은 조직을 폐지하고, **국가**를 폐지하고, 농촌공동체, 자유노동조합 등의 사회 단위로부터 출발하여 새로운 연합형식을 창조하는 대신에, 그들은 '낡고 이미 존재하는 조직들을 사용하기'를 원했다. 이것은 역사상의 제도가 이러저러한 경향 속에서 하고 싶은 대로 작동하도록 강요해서는 안 되며, 제도는 고유한 발전의 길을 간다는 진실을 몰라서 하는 소리다. 결국 그들은 스스로가 이 제도에 흡수되고 말았다.

하지만 여기서 문제가 된 것은 아직 사회의 모든 경제적 관계들의 변화는 아니었다. 이 문제는 현재 우리에게도 진행 중이다. 문제는 사람들 사이의 몇 가지 정치적 관계의 변화에만 있었다.

이런 완전한 실패와 가련한 결과에도 불구하고, 민중에 의한 국가 권력의 쟁취만으로도 충분히 사회혁명을 완성할 수 있다고 말하는 사람들이 있다. 그들은 우리에게 여전히 같은 말을 반복하고 있다. 낡은 기계, 낡은 메커니즘은 자유를 파괴하고, 개인을 노예화하며, 박해를 위한 법적 근거를 모색한다. 또한, 지속적으로 노예적 사고에 익숙하게 만들고, 그 결과 인간의 지혜를 흐릿하게 하려는 목적으로 역사과정 속에서 서서히 제작되었다. 그러나 이 모든 실패에도 불구하고, 그들은 낡은 기계, 낡은 메커니즘이 기적처럼 새로운 역할에 유용할 것이라고 우리가 믿기를 원한다. 즉 그것들이 느닷없이 무기와 기반이 되어, 그 안에서 새로운 삶이 창조되기를 원한다. 그리고 경제적 기초 위에 자유와 평등이 확립되고, 사회의 각성과 더 나은 미래가 도래할 것이라 한다.

이 얼마나 어리석은 생각인가! 역사에 대해 얼마나 무지한가!

사회주의의 폭넓은 성장을 위한 공간을 제공하기 위해서는, 협소한 소상인적 개인주의에 기초한 현대사회를 완전히 개혁해야 한다. 문제는, 가끔 형이상학적 언어로 표현되고 있는 것처럼, '노동의 모든 생산물을 노동자에게 돌려주는 것'뿐만 아니라, 교회 장로들 혹은 역장에 대한 주민들 각각의 관계에서 시작하여, 다양한 수공업자들, 농촌마을들, 도시들, 주들 사이의 관계에 이르기까지, 사람들 사이의 모든 관계의 성격을 변화시키는 것에 있다. 공장, 철도, 농촌마을, 식료품 창고, 소비와 생산, 분배에서 이 모든 것은 새롭게 개혁되어야 한다. 이를 위해 모든 거리에서, 모든 마을에서, 공장 혹은 철도를 중심으로 형성된 사람들의 그룹 속에서 창조적이고 창의적인 그리고 조직된 정신이 각성되어야 한다. 우리가 최초로 현대 사회조직에, 상업 혹은 행정제도에 손을 대기로 결정한 그 시간부터 개인들과 인간 그룹들 사이의 모든 관계는 개혁되어야 할 것이다.

그들은 민중적 창조의 자유로운 활동을 요구하는 이 거대한 과업을 국가의 틀 속에 억지로 밀어 넣기 원한다. 또한 국가의 본질을 구성하는 피라미드 조직으로 구속하기 원한다! 우리가 본 것처럼, 국가의 존재의미는, 개인의 억압에, 모든 자유로운 조직화와 자유로운 창조의 파괴에, 모든 개인적 발기에 대한 증오에 그리고 **유일한** 이념의 (이 유일한 사상은 필연적으로 평범성의 이념이 될 것임에 틀림없다.) 승리에 있다. 그들은 이러한 국가 혹은 메커니즘으로부터 거대한 변화의 실현을 위한 무기를 만들기 원한다! 그들은 명령을 통해, 선출된 다수를 통해 모든 사회적 개혁을 관리하기 원한다! 이 얼마나 유치한 일인가!

우리 문명의 역사에는 두 흐름, 두 적대적인 전통이 있다. 그것은 로마적 전통과 민중적 전통, 황제적 전통과 연방적 전통, 권력의 전통과 자유의 전통이다. 그리고 거대한 사회혁명 전야인 지금도 이 두 전통은 다시 얼굴을 마주하고 있다.

민중적 흐름 혹은 정치적 종교적 지배를 열망하는 통치지향적 소수의 흐름, 서로 싸우는 이 두 흐름 중에서 우리가 어떤 것을 선택해야 할 것인가는 의심의 여지가 없다. 우리의 선택은 이루어졌다. 우리들은 자유로운 합의에, 개인의 자유로운 발기에, 필요한 사람들의 자유로운 연합에 기초한 조직으로 사람들을 이끌었던 그 흐름에 찬성한다. 다른 사람들이 원한다면 교회법과 황제권력의 로마전통을 고집하게 놔두어라!

역사는 유일한, 중단되지 않는 발전과정을 제시하지는 않는다. 때로 발전은 세계의 한 부분에서는 중단되고, 다른 부분에서 재개되기도 한다. 이집트, 아시아, 지중해연안, 중앙유럽은 차례로 역사 발전의 무대였다. 매번 발전은 원시종족으로부터 시작되었다. 그 후에 자유로운 도시들의 시대가 등장했고, 마지막으로 국가의 시대가 왔다. 국가의 시대에 발전은 일정기간 계속하다가 그 후에는 급속히 소멸되었다.

이집트에서 문명은 원시종족 사회에서 시작되어, 마을공동체 단계에 도달하였고, 그 후에 자유도시의 시기를 경험하였으며, 나중에 이르러서는 국가의 형태를 갖게 되었다. 그리고 이 국가는 일시적인 개화 이후에 나라의 멸망을 초래하였다.

발전은 아시리아, 페르시아, 팔레스타인에서 다시 시작되었고, 다시 원시종족, 농촌공동체, 자유도시, 강력한 국가의 단계를 지나 멸망에 이르렀다!

새로운 문명은 그리스에서 발생하였다. 다시 원시종족으로부터 시작하여 점차 농촌공동체를 거쳐, 그리스 문명은 공화도시의 시기로 들어갔다. 이 단계에서 그리스 문명은 완전히 개화하게 되었다. 그러나 동쪽으로부터 동방 전제전통의 독을 품은 바람이 불어왔다. 전쟁과 승리는 알렉산드로스의 마케도니아 제국을 창조하였다. 국가가 수립되어 문명으로부터 생명의 즙을 빨아들이기 시작하였다. 국가의 끝, 즉 죽음이 도래할 때까지!

그때 문명은 로마로 옮겨갔다. 이곳에서 우리는 다시 원시종족으로부터의 태동을 만나게 된다. 그 다음에는 농촌공동체와 자유도시가 뒤를 잇는다. 다시 이 단계에서 로마 문명은 절정에 이른다. 그러나 다음에 국가, 제국이 등장하고 이와 더불어 끝, 죽음이 왔다!

로마 제국의 폐허 위에서 문명은 켈트족, 게르만족, 슬라브족, 스칸디나비아족 사이에서 다시 태어났다. 농촌공동체를 형성하기 전까지 원시종족은 천천히 자신들의 제도를 만들어갔다. 그들은 12세기까지 이 단계를 살았다. 그때 공화적 자유도시들이 생겼다. 이 도시들은 인류 지혜의 찬란한 개화를 실현하였다. 이에 대해 증명하고 있는 것은 건축가들의 기념물, 예술의 발전, 우리의 자연과학의 토대를 놓은 발견들이다. 그러나 그 후에 국가가 무대에 등장하였다. 다시 죽음이 왔을까? 그렇다, 그것은 죽음 혹은 재생이라 할 수 있다! 우리가 자유롭고 반국가적인 토대 위에 사회를 재건할 수 없다면 그것은 죽음이다.

둘 중의 하나. 국가는 폐지되어야 하고, 그러한 경우에 정력적인, 개인적인 그리고 집단적인 주도권에 기초한 수천의 중심에서 새로운 삶이 시작될 것이다. 혹은 국가는 개인과 지방적 삶을 압살할 것이다. 국가는 인간 활동의 모든 영역을 지배하고, 권력 장악을 위한 전쟁과 내적인 투쟁을 수행하고, 폭군들을 교체하기만 하는 피상적 혁명을 일으킬 것이다. 그리고 피할 수 없는 끝, 죽음이 온다!

스스로 선택하라!

정의와 도덕

정의와 도덕[1]

〈안코츠(Ancoats) 형제회〉와 〈런던윤리학회〉에서 행한 공개강연

편집위원회 서문

편집위원회는 П.А.크로포트킨의 강연문 「정의와 도덕」을 출판하면서 이 기회를 통해 몇 가지 사항을 언급해야 한다고 생각했다.

크로포트킨의 서문에서 알 수 있듯이, 이 소책자는 강연원고였다. 그는 1888년(혹은 1889년) 맨체스터의 〈안코츠 형제회〉에서 첫 번째 강연을, 다음에 약간 보완하여 〈런던윤리학회〉에서 두 번째 강연을 하였다.

이 강연과 여기에 서술된 사상은 향후 크로포트킨의 모든 윤리학 연구의 출발점이 되었다. 또한 이 강연 이후 크로포트킨은 다른 연구들과 함께 도덕의 문제를 연구하였으며, 1904-1905년 사이에 이 주제를 다룬 두 편의 영어논문을 ― 「현대의 윤리적 빈곤(The Ethical Need of the Present Day)」, 「자연의 도덕(The Morality of Nature)」 ― 썼다. 두 논문은 영국의 월간학술지 『19세기(Nineteenth Century)』(1904년 8월호와 1905년 3월호)에 발표되었다.

크로포트킨은 건강과 여러 다른 절박한 작업들 그리고 갑작스런

1) 역주-1888년과 1889년 영국 맨체스터에서 행한 강연원고로 작성되었다. 크로포트킨은 1920년 이 강연원고를 기초로 출판을 위해 러시아어로 원고를 다시 정리하였다. 우리말 번역을 위한 텍스트로는 「Кропоткин П.А., Справедливость и нравственность, Пб.-М., 1921」을 사용하였다.

제 1차 세계대전과 러시아 혁명 때문에 도덕의 문제에 전념할 수 없었다. 비로소 1918년 여름 드미트로프시로 이사한 후에야 크로포트킨은 다시 도덕의 기원과 발전 그리고 인간 삶에서 도덕의 의미에 대한 이론 연구에 매진하게 되었다.

이 문제와 관련된 자료들을 검토하던 중 크로포트킨은 안코츠 강연 요약문과 〈런던윤리학회〉에서 행한 강연 원고를 발견하고, 이 원고를 인쇄원고로 다듬어 독립된 소책자 형태로, 더 큰 규모의 윤리연구서 발행에 앞서 출판하기로 결심하였다. 이러한 목적으로 그는 영어로 된 강연원고를 러시아어로 번역하였고, '드미트로프, 1920년 1월.'이라 표기된 길지 않은 서문을 썼다.

크로포트킨은 1920년 내내 주로 '윤리학'을 연구하였으며, 사망하기 몇 달 전인 1920년 말에는 「정의와 도덕」을 한 번 더 출판하려 하였다. 그는 이 목적을 위해 원고를 다시 읽고 수정하였고, 이후 원고 표지에 '출판할 것'과 '1920년 12-15 사이에 최종 검토함'이라고 기록했다.

이렇게 크로포트킨은 최종적으로 이 소책자를 출판할 수 있게 준비하였다. 편집위원회는 고(故) 크로포트킨의 의지를 즉각 실현하고, 러시아 독자들이 위대한 혁명가이자 휴머니스트의 저작과 접할 수 있게 하는 것을 우리의 도덕적 의무라 생각한다.

더구나 현재의 매우 열악한 출판 상황 때문에 크로포트킨의 마지막 대작인 『도덕의 기원과 발전(Нравственность, ее про-исхождение и развитие)』 1권이 조만간 빛을 볼 가능성이 거의 없음을 고려할 때 더욱더 그러하다. 크로포트킨은 『도덕의 기원과 발전』에서 자신의 윤리학을 상세하게 서술하고 그에 대한 근거를 밝히고 있다. 「정의와 도덕」은 크로포트킨 윤리학의 주요 요소들에 대한 압축적이며 평이한 설명이다.

저자 서문

나는 맨체스터의 〈안코츠 형제회〉에서 처음으로 「정의와 도덕」에 대해 강연하였다. 청중은 주로 노동자들이었고, 노동운동에 참여하고 있는 사람들도 몇몇 있었다. 이 형제회에서는 매년 겨울이면 일요일마다 내용이 충실한 강연회가 개최되곤 하였다. 그 결과 이들 청중 앞에서는 대중적인 설명을 유지하면서도 가장 진지한 문제들을 고찰할 수 있었다.

이 강연을 언제했는지 정확하게 기억나지는 않는다. 내가 지금 알고 있는 것은, 나의 강연 직전에 유명한 다윈주의자인 헉슬리(T.Huxley) 교수가 1888년 초 옥스퍼드 대학에서 모든 동료들을 경악하게 만든 강연을 했다는 것이다. 그는 영국에서 다윈주의를 확산시킨 장본인이었다. 이 강연에서 다윈과는 반대로 그는, 인간의 도덕은 자연적인 기원을 가질 수 없으며 자연은 인간에게 악덕만을 가르친다는 것을 증명하였기 때문이었다.

헉슬리의 강연은 전반적인 놀라움을 야기하였고, 그에 대한 인상은 내가 도덕의 자연적 기원에 대한 강연을 준비할 때에도 여전히 남아 있었다. 그의 강연내용은 『19세기』 1888년 2월호에 게재되었고, 그 직후에 소책자로 출판되었다.

이년 혹은 삼년 후 나는 정의에 대해 언급한 부분을 약간 보완하여 〈런던 윤리학회〉에서 같은 내용의 강연을 하였다.

영어로 썼던 상세한 강연 요약문, 그리고 안코츠 강연 원고의 몇 부분, 그리고 또 윤리학회 강연을 위해 보완한 내용이 남아있기 때문에, 나는 그것을 러시아어로 정리하여 이제 출판하게 되었다. 지난 30년 동안 나는 중단했을 때도 있지만, 늘 도덕이론 강연에서 언급한 견해들 중에서 몇몇을 과감하게 발전시킬 수 있었다. 그러나 나는 강연문을 안코츠의 청중을 위해 준비한 그대로 유지하기로 결심하였다. 다만 〈런던윤리학회〉에서의 강연을 위해 작성했던 내용으로 〈안코츠 형제회〉 강연문을 보완하였다.

П. 크로포트킨
드미트로프
1920년 1월

친구 그리고 동료 여러분!

「정의와 도덕」을 우리 대화의 주제로 정했을 때, 물론 나는 여러분에게 도덕적인 설교를 하겠다는 생각을 하지 않았습니다. 나의 목적은 완전히 다릅니다. 나는 여러분 앞에서, 지금 사람들이 인류의 도덕개념의 기원, 그 개념의 참된 근거와 지속적인 발전을 어떻게 이해하기 시작했는가를 분석하고, 이 도덕개념들의 지속적인 발전에 기여할 수 있는 것을 탐구하기 원합니다.

그런 연구는 특히 오늘날 필요합니다. 아마 여러분들 자신도, 우리들이 사회관계의 체계에서 어떤 새로운 것이 요구되는 시대에 살고 있음을 느끼고 있을 것입니다. 선진 민족들 사이에 최근 실현된, 지식과 산업의 빠른 발전은 가장 중요한 사회적 문제들의 해결을 지연시킬 수 없게 만들고 있습니다. 새롭고 더 정의로운 원리 위에서 삶을 개조할 요구가 감지되고 있습니다. 사회에서 그런 요구가 성숙된다면, 도덕의 기본개념들을 재검토할 수밖에 없다는 것이 옳다고 생각될 것입니다.

다른 가능성은 있을 수 없습니다. 왜냐하면 한 시기의 사회 제도, 관습, 습관과 같은 사회체제는 고유의 도덕 체계를 사회 속에 유지합니다. 그리고 서로 다른 사회계층들 사이의 관계에서 발생하는 모든 본질적 변화는 이에 상응하게 기존 도덕개념들을 변화시킵니다.

서로 다른 발전단계에 있는 민족들의 삶을 보도록 합시다. 오늘날의 유목민들을 예로 들어 보겠습니다. 몽골족, 퉁구스족 그리고 우리가 야만족이라고 부르는 종족들이 있습니다. 그들이 양을 도살하여 고기를 먹을 때, 모든 마을 사람들을 공동식탁에 초대하지 않으면, 수치스런 행동으로 간주될 것입니다. 나는 시베리아 오지와 사얀 산맥의 탐사여행을 통해 얻은, 개인적인 경험을 토대로 그것을 알게 되었습니다. 남아프리카의 아주 가난한 야만인들인 호텐토트족을 예로 들어 봅시다. 그들 중 하나가 숲에서 음식을 먹을 때 "나와 식사를 함께할 사람은 없습니까?"라고 세 번 크게 외치지 않으면, 얼마 전까지만 해도 그들 사이에서 범죄로 생각되었습니다. 다윈도 파타고니아[2]의 가장 낮은 발전단계의 야만인들 사이에서 그런 특성을 발견하고 놀란 사례가 있습니다. 다윈이 그들 중 하나에게 아주 작은 음식 조각을 주었는데, 그들은 똑같은 크기로 음식을 서로 나누어 먹었던 것입니다. 그뿐만이 아닙니다. 북아시아와 중앙아시아 모든 곳에서, 유목민들 사이에는 법의 역할을 하는 관습들이 있습니다. 가령 누군가 나그네에게 잠자리 제공을 거부해서 그가 배고픔과 추위로 죽게 되었다고 합시다. 사망자의 가족들은 잠자리 제공을 거부한 자를 살인자로서 추적하여, 그에게 혹은 그의 가족들에게 살인의 경우에 관습이 부과하는 벌금을 요구할 권리를 갖습니다.

도덕에 대한 이런 여러 개념들은 씨족제도에서 마련되었습니다. 우리의 경우 이 관습들은 국가로 살기 시작한 이후 사라지고 말았습니다. 우리의 도시나 마을에서는 순경이나 경찰이 집 없는 유랑객을 보살피고, 길거리에서 얼어 죽을 수 있는 경우에는 그를 관할시설로, 수용소 혹은 노동자 숙소로 데려갈 의무를 갖습니다. 물론 우리들 중 어느 누구도 지나는 사람에게 잠자리를 **제공할 수 있습니다.** 즉 이것은 금지되어 있지 않습니다. 그러나 누구도 이렇게 하는 것을 **의무로** 여기지 않습니다. 깊은 겨울 밤 집 없는 행려자가 배고픔과 추위로 안코츠 거리 중 한곳에서 사망하는 경우에는 그의 가족들 중 누구도 여러분들을 살인자로 추적하겠다는 생각을 하지 않을 것입니다. 뿐만

2) 역주-파타고니아(Patagonia). 아르헨티나 남부에 있는 지방. 건조한 초원으로 목양(牧羊)이 활발하였다.

아니라, 행려자에게는 가족이 없을 수도 있습니다. 씨족사회에서는 있을 수 없는 일입니다. 왜냐하면 모든 씨족은 가족들로 구성되기 때문입니다.

여기에서 나는 씨족제도와 국가의 장점들을 비교하려는 것이 아닙니다. 단지 나는 인간의 도덕개념들이 살고 있는 사회체제에 따라 변한다는 것을 보여주기 원합니다. 특정 시기 특정 민족의 사회체제와 도덕은 서로 밀접하게 연결되어 있습니다.

바로 이것이 사람들 사이의 관계를 재정립할 필요성이 사회에 생길 때마다, 도덕 문제에 대한 활기찬 검토가 시작될 수밖에 없는 이유입니다. 그리고 통용되는 도덕 개념들에 대한 고민 없이, 사회체제의 개혁에 대해 말하는 것은 극도로 가벼운 처사일 것입니다.

본질적으로, 정치와 경제 문제에 대한 우리의 모든 논의의 토대에는 도덕 문제가 놓여있습니다. 공산주의에 대해 논의하는 경제학자를 예로 들어 봅시다. 그는 이렇게 말합니다. "공산주의 사회에서는 어느 누구도 일하지 않을 것입니다. 왜냐하면 아무도 기아의 위협을 느끼지 않을 것이기 때문이지요." 공산주의자는 이렇게 대답할 것입니다. "왜 아니지요? 일하기를 중단한다면 총체적인 굶주림에 빠진다는 것을 사람들이 이해하지 못할까요? 모든 것은 어떤 공산주의를 도입하는가에 달려있습니다." 도로포장, 거리조명, 전차, 도시교육시설 등의 형태로, 유럽과 미합중국의 도시 생활에 얼마나 많은 도시공산주의가 도입되었는지 보기 바랍니다.

여러분은 순수 경제적인 문제가 어떻게 인간의 도덕적 본성에 대한 논의로 귀결되는지를 보고 있습니다. 인간은 공산주의 체제에서 살 능력이 있는가를 묻습니다. 문제는 경제영역으로부터 도덕영역으로 이동합니다.

아니면 사회생활에서의 새로운 제도에 대해, 예를 들어 아나키즘 이론 혹은 전제국가에서 입헌국가로의 이행에 대해 논의하는 두 정치가들을 보도록 합시다.

이미 수립된 권력을 옹호하는 학자는 말합니다. "무슨 그런 말을. 사람들에게 재갈을 물릴 강력한 손이 없으면, 모두가 강도가 될 것입니다." 그에게 다른 학자가 대답합니다. "그렇다면, 감옥의 공포가 없다면, 당신도 강도가 될 것이라는 결론을 내려야 하겠군요?" 결국 사회의 정치체제에 대한 문제는 인간의 도덕적 성격에 대한 제도의 영향이란 문제로 귀결됩니다.

바로 이것이 오늘날 도덕문제에 대한 관심이 활발하게 일어나는 이유입니다. 또한, 내가 여러분과 함께 윤리에 대해, 즉 인간의 도덕개념의 기초와 기원에 대해 고찰하려고 결심한 이유입니다.

최근에 매우 중요한 이 질문과 관련된 연구들이 적지 않게 나타났습니다. 그러나 그것들 중에서 나는 얼마 전 저명한 다윈주의자이자 교수인 헉슬리가 옥스퍼드 대학에서 행한 강연 「진화와 도덕」만을 자세하게 다루도록 하겠습니다. 나는 이 강연을 알고 나서 많은 것을 배울 수 있었습니다. 왜냐하면 헉슬리는 강연에서 **도덕의 기원**에 대한 문제를 아주 충분히 분석하였기 때문입니다.[3]

헉슬리의 강연은 언론에서 일종의 다윈주의 성명서로, 현대과학이 도덕의 토대와 기원에 대해 말할 수 있는 결론으로 받아 들여졌습니다. 그것은 고대 그리스에서부터 우리시대에 이르는 거의 모든 사상

---

3) 헉슬리의 강연내용은 강연 직후인 1888년 2월 『19세기(Nineteenth Century)』에 발표되었다. 그리고 몇 개월 후 긴 주석을 추가하여 소책자로 출판되었다. 강연문은 추가된 서문과 함께 헉슬리의 『논문선집(Collected Essay)』에, 또 맥 밀란(Mac Millan's)사의 보급판 논문집 『윤리와 정치(Ethical and Political)』에도 수록되었다. 러시아어 번역판은 1893년 『러시아 사상(русская мысль)』에 발표되었지만, 유감스럽게도 앞에서 언급한 주는 빠졌다.

가들이 연구했던 문제입니다.

이 강연이 특별한 의미를 갖는 것은, 강연이 저명한 학자이자 다윈 진화이론의 중심 해석자들 중 하나의 견해를 보여주기 때문입니다. 또한 저자는 강연에 멋진 문학형식을 가미하였으므로, 사람들은 최고의 영국 산문 작품을 대하듯이 이 강연에 반응하였습니다. 주된 의미는, 유감스럽게도 강연이 요즘 지식인 계급 사이에 만연된 견해들을 표현하고 있으며, 따라서 이 견해들을 이 계급 대부분의 종교라고 부를 수 있다는 것입니다.

헉슬리가 강연에서 끊임없이 반복하는 핵심사상은 다음과 같습니다. 그에 따르면, 세계에는 두 종류의 현상이 완성되고 있으며, 자연의 우주적 과정 그리고 윤리적, 즉 도덕적 과정이 진행되고 있다는 것입니다.

'우주적 과정'은 식물, 동물 그리고 인간을 포함하는 생명적인 그리고 비생명적인 자연의 모든 삶입니다. 이 과정은 바로 "이와 발톱을 드러낸 혈투"라고 헉슬리는 주장합니다. 이것은 "생존을 위한, 모든 도덕원리들을 부정하는, 필사적인 경쟁"이란 것입니다. "고통은 감정을 소유한 모든 생물의 운명이다. 고통은 우주적 과정의 본질적 부분을 이룬다."고 합니다. 호랑이와 원숭이가 갖고 있는 생존경쟁 방법들은 이 과정의 참되고 특징적 성격이라고 할 수 있습니다. 인간에게서도 자기주장, 빼앗을 수 있는 것 모두를 빼앗는 비양심적 강탈, 자신의 것으로 할 수 있는 모든 것의 집요한 소유가 가장 적합한 경쟁수단이 됩니다. 이 소유는 생존경쟁의 정수를 이룹니다.

우리가 자연에서 얻는 교훈은 결국 '유기적 악이란 교훈'입니다. 자연이 도덕과 관련이 없다고, 즉 자연은 도덕을 알지 못하며 도덕적 질문에 대해 어떤 답도 제공하지 않는다고 말해서는 안 된다는 것입니다. 자연은 명백히 비도덕적이라는 것입니다. 즉 "우주적 자연은 절대로 도덕의 학교가 아니다. 반대로 자연은 모든 도덕에 적대적인 것들의 총사령부다."(소책자로 출판된 헉슬리의 첫 번째 강연문 27쪽)란 것입니다. 때문에 자연에서 어떤 가르침도 끌어내서는 안 되며, 자연은 "때문에 우리가 선이라고 부르는 것보다 우리가 악이라고 부르는 것을 선호한다."(31쪽)고 합니다. 결국 "도덕적 관점에서 더 좋은 것, 우리가 덕 혹은 덕행이라 부르는 것을 실현하기 원할 때, 우리는 모든 관계에서 원시적 행동노선을, 우주적 생존경쟁에서 성공으로 안내하는 행동노선을 따르도록 강요받는다."(33쪽)는 것입니다. 헉슬리의 견해에 따르면, 인간이 자연의 삶으로부터 끌어낼 수 있는 가르침은 바로 이러합니다.

그러나 그 다음에는 사람들이 유기적 사회를 이루어 살기만 하면 어디서인지 모르지만, 뜻밖에도 사람들 사이에 '윤리적 과정'이 나타난다고 합니다. 이러한 '윤리적 과정'은 자연에서 배운 모든 것과 무조건 대립합니다. 이 과정의 목적은 모든 존재조건들의 관점에서 가장 적자인 사람들의 생존이 아니라, "도덕적 관점에서 최상인"(33쪽) 사람들의 생존이라는 것입니다. 이 새로운 과정은 기원은 알 수 없지만 **자연으로부터 유래하지는 않습니다.** 이 과정은 이제 법과 관습을 통해 발전하기 시작하고, 그것으로부터 우리의 도덕이 만들어진다고 합니다.

그러나 이 도덕적 과정은 어디로부터 탄생했을까요?

인간의 도덕 원리들은 입법자에 의해서 부여되었다는 홉스[4]의 견해를 반복하는 것은 아무런 답을 하지 않는 것과 같습니다. 왜냐하면

4) 매우 보수적인 영국 사상가로서, 1639-1648년 영국 혁명 직후에 집필하였다.

헉슬리는, 입법자는 **자연의 관찰로부터 그런 생각을 차용할 수 없었다**고 주장하기 때문입니다. 즉 "인간 이전의 동물사회에도, 원시인들에게도 윤리적 과정은 없었다."는 것입니다. 헉슬리가 옳다면 이것으로부터 윤리적 과정, 즉 인간의 도덕원리는 절대로 자연적 기원을 가질 수 없다는 결론이 나옵니다. 기원의 출현에 대한 유일하게 가능한 설명으로는 결국 초자연적 기원만이 남습니다. 가령 선행, 우정, 상부상조, 충동과 욕망의 자제(自制)와 희생과 같은 도덕적 습관들이 절대로 인간 이전의 혹은 원시적 군집상태로부터 발전할 수 없었다면, 남는 것은 하나입니다. 그것은 기원을 초자연적인, 신적인 계시로 설명하는 것입니다. 다윈주의자이며 자연과학자인 헉슬리의 결론은 그를 불가지론자로, 즉 무신론자로 알고 있는 사람들 모두에게 놀라움을 주었습니다. 그러나 그런 결론은 불가피합니다. 헉슬리가 자연의 삶으로부터 인간은 어떤 경우에도 도덕적 가르침을 이끌어낼 수 없다고 주장했을 때, 남는 것은 하나였습니다. 즉 도덕의 초자연적 기원을 인정하는 것뿐입니다. 때문에 독실한 천주교 신자이며 동시에 저명한 자연과학자인 조르쉬 미바르트(George Mivart)는 헉슬리의 강연문 출판 이후 즉시 『19세기』에 논문 「헉슬리씨의 진화」를 게재하였습니다. 여기에서 그는 강연자가 교회의 가르침으로 귀환한 것을 환영하였습니다.

미바르트는 전적으로 옳습니다. 사실은 둘 중의 하나입니다. '윤리적 과정'이 자연에 없다고 주장하는 헉슬리가 옳든지, 아니면 다윈이 옳을 것입니다. 자신의 두 번째 저서인 『인간의 유래』[5)]에서 다윈은

5) 역주-1871년 발표되었으며, 원래 제목은 『인간의 유래와 성적 선택(The Descent of Man, and Selection in Relation to Sex)』이다. 우리말 번역으로는 『인간의 유래』(찰스 다윈 지음, 김관선 옮김 한길사, 2006)가 있다.

베이컨(F.Bacon)과 오귀스트 콩트(A.Comte)를 따라, **동물의 무리에서는 군집생활의 결과로 사회적 본능이 강하게 발전하며, 그 결과 본능은 가장 지속적인 속성이 되고, 이 본능은 자기보존의 본능을 압도할 정도로 강력하다**는 것을 인정하였습니다.[6] 샤프츠베리를 따라 다윈이 보여준 것처럼, 이 본능은 원시인의 경우에도 강력했습니다. 또한 원시인에게서 이 본능은 언어, 전승, 습득된 관습덕분에 더욱 더 발전하게 되었습니다. 이 관점이 옳다면, **인간의 도덕원리는 거의 모든 생물의 속성이며 모든 살아있는 자연에서 관찰되는 사회성의 본능이 지속적으로 발전된 바로 그것**이라는 사실은 명백합니다.

인간에게서 이 본능은 이성, 지식 그리고 그에 상응하는 관습의 발전과 함께 점점 더 발전합니다. 그리고 언어능력과 그 결과인 예술과 문자사용은 인간이 생활의 경험을 축적하고 상호부조와 연대의 관습을, 즉 모든 사회구성원의 상호의존의 관습을 더욱 발전시킬 수 있게 많은 도움을 주었습니다. 인간의 의무감이 어디로부터 오는지 이렇게 해서 분명해집니다. 칸트는 의무감을 절묘한 문장으로 서술한 바 있습니다. 그러나 이 문제에 대해 골몰하면서도 자연법칙에 맞는 설명을 발견하지는 못하였습니다.

자연을 가깝게 알고 있던 다윈은 도덕 감정을 그렇게 설명하였습니다. 그러나 물론 자연의 참된 삶을 보지 않고, 박물관의 박제를 통해서만 동물의 세계를 연구하며, 우리의 암울한 분위기에 따라 그것에 대해 서술한다면, 그때 우리에게 남는 것은 어떤 비밀스런 힘 속에서 도덕 감정의 해명을 구하는 것 뿐입니다.

---

6) 인간 혹은 동물의 습관이 **유전될** 정도로 강력할 때, 그 습관을 본능이라 부를 수 있다. 예를 들면, 인공부화실의 알에서 부화된 병아리들은 어미가 없어도, 껍질을 깨고 나오자마자, 모든 암탉과 수탉이 하듯이, 발로 땅을 헤집기 시작한다.

실제로 헉슬리는 그런 상황에 처하고 말았던 것입니다. 그러나 참 이상한 일이지만, 강연 후 몇 주가 지나 강연문의 소책자를 발행하면서 헉슬리는 보충설명을 했는데, 이것은 서로 대립하는 자연적인 그리고 도덕적인 두 '과정'이라는 기본개념을 완전히 부정하는 것이었습니다. 이 보충설명에서 그는, **동물사회에서 실천되는 상호부조 속에서, '윤리적 과정'의 원리를 관찰할 수 있다는 것**을 인정하였습니다. 그러나 그는 강연에서는 이 원리의 존재를 열렬히 부정했었습니다.

헉슬리가 왜 몇 주 전에 했던 강의의 본질을 전면 반박하는 보충설명을 하게 되었는지 우리는 모릅니다. 다만 가정할 수 있는 것은, 개인적으로 그의 친구인 옥스퍼드대 로마니스(G.Romanes) 교수의 영향 때문일 것이란 사실입니다. 알려진 바에 따르면, 로마니스 교수는 당시 동물의 도덕에 관한 연구 자료를 준비 중이었고, 헉슬리는 위원장으로서 옥스퍼드 대학에서 '로마니스' 강연을 했었습니다. 이러한 흐름 속에서 그의 친구들 중의 누군가가 영향력을 행사했을 수도 있습니다. 그러나 나는 그런 놀라운 변화의 원인을 분석하지는 않겠습니다. 훗날 헉슬리의 전기작가가 이것을 연구할 것입니다.

우리에게 중요한 것은 다음과 같습니다. 자연에서 도덕의 발단에 대한 문제를 진지하게 연구하는 사람은 누구든지, 사회를 이루며 사는 거의 대부분의 동물들 사이에서 사회적 삶은 그들을 본능의, 즉 유전된 습관들 그리고 도덕적 성격의 필연적 발생과 발전에 이르게 합니다.

그런 습관들이 없다면 사회적 삶은 불가능하게 될 것입니다. 때문에 우리는 새 그리고 보다 고등동물인 포유류에서 도덕개념의 발단을 찾았습니다.(곤충류의 발전에서 우위를 점하는 개미, 땅벌, 꿀벌에 대해서는 더 이상 말하지 않겠습니다.) 그것들에게서 우리는 이미 필수적인 것이 되어 버린, 사회를 이루며 사는 습관과 또 다른 습관을 찾고 있습니다. 두 번째 습관은 **'남들이 너에게 행하기를 원하지 않는 것을 너희는 남에게도 행하지 말라.'**는 것입니다. 우리는 또한 사회의 이익을 위한 자기희생을 그들 사이에서 아주 자주 발견할 수 있습니다.

앵무새 무리 속에서 젊은 앵무새가 다른 앵무새 둥지에서 새끼 암컷들을 끌어내면, 다른 앵무새들이 그 놈을 공격합니다. 봄에 아프리카에서 우리나라로 돌아온 제비가 지난해에 남의 것이었던 둥지를 차지하는 경우, 그 장소의 다른 제비들이 그놈을 둥지에서 던져 버립니다. 한 무리의 펠리컨이 다른 무리의 물고기 사냥 지역에 침입할 경우에 후자는 전자를 쫓아 버립니다. 그리고 또 여러 가지 사례가 있습니다.

지난 세기에 동물학의 위대한 창립자들과 현대의 많은 관찰자들은 유사한 사실들을 다수 확인시켜 주었습니다. 그런 사실을 모르는 사람은 한 번도 자유로운 자연 속에서 연구하지 않은 동물학자들 뿐입니다.[7)]

때문에 사회성과 상호부조의 관습은 동물세계에서 만들어졌으며, 원시인들은 동물의 삶에 나타난 이 특징을 이미 아주 잘 알고 있었다고(가장 원시적인 민족들의 전설과 신앙에서 분명하게 알 수 있듯이) 단언할 수 있습니다.[8)] 지금까지 남아있는 원시 인간사회들을 연구할 때 우리는 그들 속에서 사회성의 관습이 지속적으로 발전하고 있음

---

7) 참조. 이에 대해 나의 책 『활동력으로서의 상호부조(Взаимная помощь как деятельная сила)』. 이 책에 출처가 표시되어 있다.

8) 잡지 『19세기』(1905년 3월)에 수록된 논문 「자연에서의 도덕(нравственность в природе)」에서 원시인들이 동물에게서 도덕규칙들을 차용하는 것에 대한 문제에 몇 쪽을 할애하였다.

을 발견합니다. 나아가 연구정도에 따라 우리는 개인의 횡포를 억제하고 평등의 원리를 확립하는 일련의 풍속과 관습을 밝혀내고 있습니다.

평등은 씨족관습의 핵심 토대를 이루고 있습니다. 예를 들어 누군가와 싸우다 씨족의 다른 구성원이 피를 흘리게 만들면, 그도 동일한 양의 피를 흘려야만 합니다. 그가 같은 씨족 혹은 다른 씨족의 누군가에게 상처를 입히면 다친 사람의 친척들 중 하나는 가해자에게 혹은 가해자의 씨족 중의 하나에게 동일한 크기의 상처를 가할 권리를 갖거나, 심지어 그렇게 해야 할 의무를 갖습니다. 성서의 규칙인 "눈에는 눈, 이에는 이, 상처에는 상처, 생명에는 생명, 그러나 그 이상은 아니다."는[9] 여전히 씨족제도 속에 살고 있는 모든 민족들에게서 지금까지도 성스럽게 준수되는 규칙입니다. '이에는 눈' 혹은 '가벼운 상처에는 치명적인 상처'는 평등과 정의에 대한 통용되는 표상을 거스르는 것입니다. 이런 개념은 많은 원시종족의 의식 속에 아주 뿌리 깊게 박혀 있고, 그 결과 사냥꾼이 인간과 유사한 곰과 같은 동물의 피를 흘리게 만들면, 사냥에서 집으로 돌아오는 길에 곰의 정의를 위해 동료들의 도움을 받아 자기 피를 조금 흐르게 합니다. 그런 많은 관습들은 문명사회에도 높은 도덕 규칙들과 나란히 과거의 유산으로 남아 있습니다.[10] 그러나 씨족 제도에서 다른 개념들도 조금씩 발전

9) 역주-참고. "그런 자는 애처롭게 여기지 말라. 목숨은 목숨으로, 눈은 눈으로, 이는 이로, 손은 손으로, 발은 발로 갚아라."신명기 19장 21절.(공동번역)

10) 물론 가장 초기단계부터 씨족제도에서는 평등을 훼손하는 관습들이 나타나기 시작한다. 샤만, 예언자 그리고 군사지도자가 씨족 내에서 상당한 영향력을 획득하여, 그 결과 조금씩 (비밀결사의 방법을 통해) 씨족 내에서 특권을 획득한 마법사, 신관, 샤만, 무사 계급이 만들어진다. 그 다음에, 씨족 내에 특별 가문이 - 이 가문은 다른 씨족과의 전쟁에서 포로로, 그리고 후에는 납치로 여성 배우자를 얻는다. - 만들어지는 정도에 따라, 이 새로운 제도가 씨족 내에 발전하는 정도에 따라, 불평등이 창조되고, 이것은 개별 가문의 다른 가문에 대한 우월성을 - 이것은 이제 우연적인 것이 아니라, 지속적인 것이 된다. - 제공한다. 그러나 늘 씨족은 불평등을 제한할 모든 수단들을 이용하였고 지

합니다. 모욕을 가한 사람은 이제 중재를 모색해야 하고, 그의 친척들은 중재자로서 나서야 합니다.

정의, 즉 평등에 대한 원시적 표상을 좀 더 자세히 들여다보면 결국 그 표상은, 네가 그런 대접을 바라지 않는 것처럼, 너도 씨족의 구성원에게 절대로 그런 대접을 하지 말라는 바로 그 의무를 표현하고 있음을 알게 될 것입니다. 이것이야말로 바로 모든 도덕의 그리고 도덕에 대한 모든 학문 즉 윤리학의 제 1기본원리를 구성하는 것입니다.

그러나 이것으로 충분하지는 않습니다. 가장 오래된 원시종족들 속에서 이미 우리들은 훨씬 더 높은 원리를 찾고 있습니다. 알류트[11]를 예로 들어 봅시다. 이들은 가장 오랜 원시종족인 에스키모 족의 한 분파입니다. 탁월한 인물인 베냐민 선교사의 업적 덕분에 우리는 이들을 잘 알고 있습니다.[12] 우리는 이 규칙들을 빙하기 이후 형성된 인간의 도덕개념 모델로 생각할 수 있습니다. 나아가 유사한 규칙들을 우리는 다른 원시종족들에게서도 발견합니다. 이들 규칙에는 단순한 정의의 경계를 벗어나는 어떤 것이 있습니다.

실제로 알류트에게는 두 종류의 규칙이 있습니다. 의무규정과 단순한 조언입니다. 내가 이 강연의 서두에서 상기시켰던 규칙들처럼, 첫 번째 범주는 모든 사람을 동등하게 대하는 것, 즉 정의·평등권의 원리에 기초합니다. 여기에 속하는 것은 다음과 같은 요구사항들입니다. 어떤 경우에도 씨족의 구성원을 살해하거나 상해를 입혀서는 안 됩니다. 어떤 경우에도 곤궁에 빠진 씨족의 구성원을 돕고 한 조각

금까지도 이용하고 있다. 예를 들어 노르만인들 사이에서 친위대원을 살해한 전쟁 지휘관(왕)은 피살자의 가족에게 용서를 받아야 하는 벌에 처해짐을 우리는 알고 있다. 가족이 용서하는 경우, 그는 통상적인 벌금을 지불하였다. (이에 대해 더 자세히 나의 저서 『상호부조』를 참조할 것.)

11) 역주-Aleut. 알류샨 열도 지역에 거주하는 에스키모족의 한 갈래.

12) 그보다 앞선 인물로는 모스크바의 이노켄티 주교가 있다.

음식도 그들과 나누어야 합니다. 모든 공격으로부터 그를 방어해야 합니다. 씨족의 신을 존중해야 합니다. 이와같은 규칙들은 환기시킬 필요도 없는 것으로 간주됩니다. 그것들은 씨족 생활의 토대를 이루기 때문입니다.

그러나 이런 엄격한 규칙과 함께 알류트와 에스키모들에게는 사전에 규정되지 않고, 단지 조언으로만 존재하는 일정한 도덕개념이 있습니다. 이것들은 '~을 해야만 한다.'와 같은 표현형식으로 표현되지 않습니다. **'~이 행해져야 한다.'**는 의미를 갖는 그리스 표현형식(den)[13]도 적합하지 않습니다. **조언들이** 이 범주에 들어옵니다.

알류트는 "무엇을 하지 않는 것은 부끄러운 일이다."라 말합니다. 모든 구성원들이 어느 정도 굶주린 사냥에서, 충분히 강하지 않고 나약해지는 것은 부끄러운 일인 것입니다.

강한 바람이 불 때 바다로 나가기를 두려워하거나 부둣가의 배에서 내동댕이쳐지는 것을 두려워하는 것은 부끄러운 일입니다. 바꿔 말하면, 겁쟁이가 되는 것, 솜씨 없는 것, 바람과 싸울 줄 모르는 것은 부끄러운 일인 것입니다.

동료와 사냥할 때, 그에게 더 좋은 몫을 챙겨주지 않는 것은, 바꿔 말해서 욕심을 보이는 것은 부끄러운 일입니다. 남들이 있는 곳에서 아내에게 애정을 표하는 것은 부끄러운 일입니다. 물건을 교환할 때 물건에 가격을 매기는 것은 아주 부끄러운 일입니다. 정직한 판매자는 구매자가 제안하는 가격에 동의합니다. 이것은 적어도 알래스카의 알류트들, 북동 시베리아의 추크치[14] 족 뿐만 아니라 태평양 군도의

---

13) 역주-이것은 그리스어로 'deon'이라는 표현형식으로 'it is needful~ '과 같은 구문으로 이루어진다.
14) 역주-시베리아 북동쪽 끝 추코트 반도에 사는 소수민족. 북부 몽골로이드에 속하며 바다짐승 사냥을 생업으로 하는 바다 추크치와, 툰드라 지역에서 순록을 기르는 토나카이 추크치가 있다.

원주민들 사이에서도 공통되는 규칙입니다.

'다른 사람들처럼 강하고, 솜씨 있고, 관대하지 못하는 것은 부끄러운 일이다.'라고 말하는 알류트들의 의도는 분명합니다. 그들은 '약한 것은 부끄러운 일이다. 즉 지혜 그리고 육체와 관련해서 대부분의 다른 사람들과 동등하지 않은 것은 부끄러운 일이다.'라고 말하고 싶은 것입니다. 바꿔 말하면, 그들은 바람직한 평등의 원리에 혹은 적어도 종족의 모든 남성들 사이에 바람직한 것으로 생각되는 등가의 원리에 적합하지 않은 사람들을 평가하는 것입니다. '나약함을 보이지 말라. 나약함은 너에게 관용을 베풀어주기를 요구한다.'는 것입니다.

그러한 소망은 에스키모 여인들이 긴 북방의 밤에 어린 아이들에게 불러주는 노래에도 표현되어 있습니다. 노래는 위에서 서술한 사례에서 요구되는 수준을 보여주지 못하는 남자들, 혹은 충분한 근거 없이 화를 내는 남자들, 대체로 다른 사람들과 쉽게 사귀지 못하고 비웃음을 당하는 남자들을 조롱합니다.15)

그렇게 단순한 평등 혹은 평등권의 표현인 정의 원리를 보완하기 위해 알류트들은 일정한 소망, 일정한 이상을 제시하고 있음을 알 수 있습니다. 그들은 씨족의 모든 구성원들이 가장 강한 자, 가장 현명한 자, 가장 덜 말썽 일으키는 자, 가장 관대한 자와 동등하게 되기를 바란다는 소망을 표현합니다. 아직 규칙은 아니지만 이러한 행동방식은 단순한 평등권보다 더 높은 무엇을 제시합니다. 그것은 도덕적 완성에 대한 열망을 드러내 보여줍니다. 어떤 경우에도 우리들은 모든 원시종족들에게서 이런 특징을 만나게 됩니다. 그들은 쉽게 접할 수 있는 동물들 사이에서 가장 강한 수컷이 때로 자신을 희생하면서라

15) 1886년 그린랜드 동쪽 해변에서 겨울을 지낸 덴마크 원정대의 보고서를 참조할 것. 이것은 란케박사의 에스키모인에 대한 연구에 수록되어 있다.

도, 암컷들과 새끼들을 보호하기 위해 몸을 던진다는 것을 알고 있습니다. 그들은 생활환경에서 나온 이야기와 노래에서 종종 목숨을 무릅쓰고 자연 혹은 적과 싸워 종족을 구해낸 사람들을 찬양합니다. 그들은 용기, 사랑, 솜씨, 기지, 민첩한 행동에서 탁월한 능력을 보여준 사람들에 대한 긴 노래를 만들어 부릅니다. 이들은 아무런 대가도 바라지 않으면서도, 다른 사람의 행복을 위해 헌신하였기 때문입니다.

이렇게 헉슬리가 말한 '윤리적 과정'은 동물세계에서 시작되어 인간에게로 이동하였습니다. 여기서 그것은 전설, 시, 예술 덕분에 점점 발전하여 인류의 개별 '영웅들' 속에서 그리고 인류의 몇몇 스승들 속에서 최상의 수준에 도달하였음은 명백합니다. 동족의 이익을 위해 목숨을 내놓을 수 있는 태도는 모든 민족의 시에서 찬양을 받았고, 후에 고대의 종교로 변하였습니다. 씨족의 의무적인 복수 대신에 원수에 대한 용서가 추가되어 이 태도는 불교와 기독교의 토대가 되었고, 무엇보다 기독교가 국가종교가 되기 전까지, 기독교가 다른 종교들과 구별시켜주는 이 기본 입장을 거부하기 전까지 기독교의 성공에 영향을 주었습니다.

그렇게 도덕개념들은 전체 자연에서 그리고 후에는 인류에게서 발전하였습니다.

고대에서 오늘날까지, 사상가들의 저술에 나타난 발전에 대해 여러분께 짧게 설명하고 싶은 마음이 간절합니다. 그러나 오늘은 단념해야 하겠습니다. 한 번의 강의로는 그것을 다 할 수 없기 때문입니다. 19세기까지 인간의 도덕성에 대한 자연과학적 설명은 여전히 불가능했다는 점을 지적하고자 합니다. 물론 스피노자(B.Spinoza)가 그에 접근했고, 이미 베이컨 역시 명료하게 말했었습니다. 대신 이제 우리는 잘 검증된 자료들을 근거로 다음과 같은 사실들을 확신할 수 있습니다. 즉 도덕개념들은 생물들의 존재 자체와 깊은 관련이 있으며, 그것이 없다면 생물들은 생존경쟁에서 살아남지 못할 것입니다. 그리고 모든 진보적 발전 혹은 단순 유기체로부터 인간에 이르는 진화처럼 그러한 개념의 발전은 불가피합니다. 대부분의 동물들이 군집성, 사회성 또 필요한 경우에는 자기희생의 단초를 갖지 않았다면 이 발전은 완성될 수 없었을 것입니다.

우리는 이런 주장의 증명에 필요한 자료들을 아주 많이 갖고 있습니다. 예를 들어, 다윈은 도덕의 기원에 대한 논문에서, 『인간의 유래』[16]라는 저서에서 카라반의 개 두 마리와 이집트의 개코원숭이 무리 사이의 싸움에 대한 이야기를 소개하였습니다.(이 싸움은 동물학자인 브렘[A.Brehm]이 보고한 것입니다.[17]) 카라반이 접근하자 원숭이 무리는 산의 가파른 바위 위 가장 높은 곳으로 올라갔습니다. 그러나 위험을 벗어나 바위 위에 있었음에도 불구하고, 나이든 수컷들은 개를 발견하자 밀집대형을 이루어 내려와 개들에게 맹렬히 달려들었습니다. 개들은 놀라 주인에게로 도망가고 말았습니다. 다시 원숭이를 공격하라고 독려를 받은 개들은 무리와 떨어져 바위에 앉아있던 반년 된 새끼 원숭이에게 달려들었습니다. 그때 늙은 수컷이 혼자 천천히 새끼에게로 가서, 개를 위협해서 쫓아 버리고 새끼의 등을 쓰다듬고 천천히 자신의 무리에게로 돌아갔습니다.

나이든 수컷들은 이 경우에 어떤 원리 혹은 명령에 따라 그렇게 행동해야 했는지를 자문하지 않았습니다. 그들은 모든 군집 동물들 사이에 수천 년에 걸쳐 만들어진 동정 때문에, 군집성과 사회성의 감정에 따라 그리고 마지막으로 자신의 힘과 자신의 용기에 대한 의식

16) 러시아어 번역이 있다.

17) А. Брем, Жизнь животных, 2-е издание Черкесова, в четырёх томах, 1875, т.I, стр.75.

때문에 동료들을 구하러 갔던 것입니다. 매우 전도유망한 자연과학자인 세인츠베리(Saintsbury)도 그런 사례를 보고하였습니다. 그는 어느 날 노쇠한 눈먼 펠리컨을 발견했는데, 다른 펠리컨들이 물고기를 물고 먹이를 주러 날아오는 것이었습니다. 다윈도 이 사실을 확인하였습니다. 같은 종의 이익을 위해 동물들이 희생한다는 사실은 지금 많이 알려져 있습니다. 개미, 알프스 산양, 초원의 말, 모든 새 등이 그렇습니다. 우리의 탁월한 자연연구자들이 많은 사례를 제공하였으며, 그 결과 자연연구에서 이제 우리는 도덕감정과 개념의 출현과 발전을 논의하기 위한 확고한 토대를 확보하게 되었습니다.

여기서 우리들은 세 기본요소, 도덕의 세 구성부분을 쉽게 구분할 수 있습니다. 첫째는 **사회성의 본능**입니다. 이로부터 다음 단계의 습관과 풍속이 발전합니다. 둘째는 **정의에 대한 개념**입니다. 이 둘을 토대로 도덕의 세 번째 요소가 발전합니다. 이것은 전적으로 옳지는 않지만, 우리가 **헌신** 혹은 **자기희생, 이타주의, 관용**이라 부르는 감정입니다. 이것은 이성에 의해 확인되는 감정으로, 본질상 **도덕감정**이라 불러야 마땅한 것을 구성합니다. 모든 인간 사회에서 전적으로 자연스럽게 발전하는 이 세 요소들로부터 도덕이 수립됩니다.

인간이 파괴한 개미총으로부터 개미들이 서로 도와 유충을 구출할 때, 작은 새들이 맹금을 쫓기 위해 날아들 때, 철새들이 출발하기 며칠 전부터 저녁마다 일정한 장소에 모여 나는 연습을 할 때, 수천마리의 산양 혹은 사슴이 함께 이동하기 위해 넓은 지역으로부터 모여들 때, 한마디로 말해서 자연과의 투쟁에서 심지어 열악한 조건에서도 살아남을 수 있게 하는 습관과 관습이 동물들 사이에 나타날 때, 이 모든 경우에 **발전된 본능이 필연적으로, 불가피하게** 드러납니다. 이러한 발전된 본능이 없다면 어떤 종류의 동물들은 멸종되었을 것입니다. 사회성은 생존경쟁에서 필수적인 기본 형식이었고, 지금도 그렇습니다. 그런데 다윈주의자들 대부분은 바로 이런 자연의 법칙을 간과하였습니다. 아마 다윈 자신이 첫 번째 저서인 『종의 기원』에서 이 문제를 충분히 다루지 않았고, 두 번째 저서인 『인간의 유래』에서만 언급했기 때문일 것입니다. 그렇지만 우리는 이 본능 속에 **도덕의 제1원리**가 있다고 생각합니다. 인간의 모든 고상한 감정과 충동은 바로 이로부터 유래하여 발전되었습니다.

사회를 이루어 살았기 때문에, 인간 사이에서 사회성의 본능은 발전을 계속하였습니다. 자연 속에 살면서 최초의 원시인들은 협력하는 사회를 이루며 사는 동물들이 자연과의 투쟁에서 더 잘 살아남는 것을 보았습니다. 그들은 동물들의 사회적 삶이 자연과의 투쟁을 쉽게 해준다는 것을 알게 되었습니다. 나중에 그들의 관찰은 속담, 민담, 노래, 종교 그리고 몇몇 사회적 동물들의 신격화로 구비전승 속에 남아있습니다. 이렇게 사회성의 본능은 씨족에게서 씨족으로 전승되었고, 법으로 강화되었습니다.

그러나 내가 강연의 서두에서 언급했던 씨족 제도의 규칙들을 만들기 위해서 사회성의 본능 하나만으로는 충분하지 않았을 것입니다. 실제로 원시인들에게서 더 의식적이고 더 고상한 새로운 개념들이 조금씩 발전하였습니다. 그것은 정의에 대한 개념으로, 도덕의 계속적인 개발을 위해 기본적이며 필수적인 것이 되었습니다.

'네가 원하지 않는 것을 다른 사람에게도 하지 말라.'라고 말할 때, 우리는 정의를 요구합니다. 정의의 본질은 모든 사회 구성원의 **평등한 가치,** 그 결과로 나오는 그들의 **평등권,** 그들이 다른 사회 구성원들에게 요구함에 있어서의 **평등**을 인정하는 것입니다. 이와 함께 그러한 평등의 인정은 자신을 다른 사람보다 우위에 두려는 요구의 거부를 포함합니다.

그런 평등개념이 없다면 도덕은 불가능했을 것입니다. 프랑스어와 영어에서 정의와 평등은 동일한 어원의 단어로 표현됩니다. 그것은 équité(정의)와 égalité(평등), equity(정의)와 equality(평등)입니다. 그런데 이 개념은 언제 어디에서 생겼을까요?

발단을 보면, 이 개념은 이미 군집 동물들에게서 나타났습니다. 수컷의 지배가 몇몇 동물군에서 보이기도 합니다. 그러나 그 외의 다른 동물들에게는 이것이 없습니다. 반대로 우리가 칼 그로스(K.Groos)의 저서 『동물의 유희』를 통해 알고 있는 것처럼 대부분의 동물군에서는 젊은 세대의 놀이가 강하게 발전했습니다. 새끼염소들과 다른 동물들의 놀이를 관찰할 때 확인할 수 있는 것처럼 이 놀이에서 평등권의 엄격한 준수가 언제나 요구되었습니다. 어느 누구도 어미의 관심을 더 많이 갖지 못하게 하는 어린 동물새끼들에게서도 같은 것이 발견됩니다. 우리가 보듯이, 정의의 감정은 철새들에게서도 관찰됩니다. 철새들은 각자가 지난해 만들었던 자신의 둥지로 돌아갑니다. 그러한 사례들을 많이 제시할 수 있습니다.

각 지역의 권력자들이 등장하기 전까지 인간들 사이에, 심지어 가장 초기 원시인들 사이에서도 정의에 대한 개념은 더욱 발전하게 되었습니다. 나는 이미 두세 가지 예를 들었고, 이제 한 가지만 덧붙이려고 합니다. 학자들은 씨족사회를 연구하기 시작하였으며, 이제는 중앙 아프리카에서 지금도 볼 수 있는 것과 유사한 원시왕조를 더 이상 씨족사회와 혼돈하지 않게 되었습니다. 그래서 원시종족의 평등권에 대한 사실들을 모아 여러 권의 책을 쓸 수도 있게 되었습니다.

사람들을 이렇게 반박할 수도 있습니다. 하지만 최초의 원시종족들에게도 어느 정도 권력을 가진 군인, 지도자, 마법사와 샤먼들이 있었다고 말입니다. 실제로 인간사회에서 특정권한을 소유하려는 열망은 아주 일찍부터 나타났습니다. 그런데 학교에서 가르치는 역사는 '최고 권력'을 찬미하려는 목적으로 그런 사실들만 강조합니다. 때문에 학교에서 가르치는 역사는 불평등이 어떻게 창조되었는가에 대한 이야기라고 부를 수 있습니다. 그러나 동시에 사람들은 태동하던 권리의 불평등과 모든 곳에서 완강하게 싸웠습니다. 때문에 옳은 역사는, 개별적인 사람들이 보통 수준보다 더 높은 계급을 만들기 위해 어떤 노력을 했는지에 대한, 그리고 어떻게 대중들이 이런 시도에 저항하여 평등권을 지켜냈는지에 대한 이야기가 될 것입니다. 씨족사회의 모든 제도들은 평등권을 수립하려는 목적을 가졌습니다. 그러나 유감스럽게도 역사가들은 이러한 점에 대해서 별로 아는 것이 없습니다. 왜냐하면 인간과 인간사회의 형식에 대한 두 새로운 학문인 인류학과 인종학이 만들어지기 시작했던 19세기 중반까지, 인간의 원시 제도들은 별다른 주목을 받지 못했기 때문입니다.

씨족사회에 대한 많은 사실들을 수집한 지금, 정의에 대한 기본개념은 최초의 원시인들에게서 이미 찾아 볼 수 있으며, 최초의 원시사회인 씨족 체제의 규범이 되었음을 알 수 있습니다.

그러나 이것으로 충분하지 않습니다. 이미 우리는 더 나아갈 수 있습니다. 나는 과학에 이런 질문을 제기하려 합니다. "정의의 기초는 인간의 본성 자체에 있지 않은가? 그렇다면 정의는 우리 사유의 생리학적 특성을 표상하는 것이 아닌가?"

형이상학의 언어로 말하면, 정의에 대한 개념은 기본 '범주' 즉 우리 이성의 기본 능력을 표상하는 것이 아닌가라고 물을 수 있습니다. 우리 이성이 평등권을 찾는 이유는 **우리의 사유기관들이 그렇게 하도록 만들어졌음**을 보여주는 것이 아닌가라고 물을 수 있습니다. 두

반구로 구성된 뇌가 그렇다고 할 수 있습니다. 우리가 연구하면 이 문제에 대한 긍정적인 답이 나올 것이라고 나는 생각합니다.

우리의 사유가 수학에서 등식이라 알려진 형식 속에서 지속적으로 완성된다는 사실은, 즉 이 형식 속에서 우리가 발견한 물리적 법칙들이 표현된다는 사실은 나의 제안에 상당한 신빙성을 제공합니다. 우리가 어떤 결론에 도달하기 전에 우리의 이성 속에서 일종의 대화가 일어난다는 사실도 알려져 있습니다. 이 대화에서 찬과 반에 대한 결론이 내려진다고 합니다. 그리고 몇몇 생리학자들은 여기에서 우리 뇌 구조의 대칭성은 아니라고 해도, 여하튼 그것의 복잡한 구성의 발현을 봅니다.[18)]

아무튼 정의의 생리학적 개념에 대한 나의 제안이 옳은가 혹은 그른가 하는 것은 부차적인 문제입니다. 중요한 것은, 정의는 도덕성의 기본개념을 이룬다는 것입니다. 모두에 대한 동등한 관계, 즉 정의 없이는 도덕도 있을 수 없기 때문입니다. 지금까지 윤리학에 대해 집필한 사상가들 사이에 놀라운 견해차가 지배하고 있다면, 사상가들 대부분이 정의를 도덕의 제1근거로 인정하기를 원하지 않았다는 데에 그 원인이 있습니다. 그러한 인정은 인간의 정치적, 사회적 평등권의 인정이 될 것이고, 그 결과 그것은 계급적 구분을 거부하게 될 것입니다. 그러나 도덕에 대해 쓰는 대부분의 사상가들은 이러한 사실에 승복하려 하지 않습니다.

바람직한 사회체제에 대한 저서에서 노예제도를 유지한 플라톤에서 시작하여, 바울 사도에 이어 18세기와 19세기의 많은 저자들에 이르기까지, 그들 모두가 불평등을 옹호하지는 않았지만, 그렇다고

18) 내가 나중에 확인한 바에 따르면, 저명한 실증주의자인 리트르(E.Littre)도 『실증주의 철학(Philosophie Positive)』에 발표한 도덕에 관한 논문에서 대략 이런 가정에 도달하였음을 덧붙인다.

그것을 부정하지도 않았습니다. 심지어 프랑스 혁명이 자유와 더불어 평등과 형제애를 기치로 삼은 후에도, 영국의 고드윈(W.Godwin)과 프랑스의 프루동(P.-J.Proudhon)이 정의를 도덕적, 사회적 체제의 초석으로 여겼습니다. 하지만 지금까지 그들은 예외적인 위치를 점하고 있습니다.[19)]

그러나 여전히 정의는 도덕의 모든 것을 대변하지 않습니다. 왜냐하면 정의는 서비스의 교환에서의 평등일 뿐이며, 이러한 의미에서 이것은 상업적 부채나 신용과 별반 다르지 않습니다. 그것이 도덕의 구성에서 결정적인 의미를 갖는다는 것은 의심의 여지가 없습니다. 이 때문에, 정의 그리고 그것의 필연적 결과인 평등권이 사회체제의 기초가 될 때, 모든 인간 삶에서 심오한 변혁이 완성될 것입니다. 실제로, 율리우스 카이사르 시대에 유대인들에게서 시작되어 기독교의 형태로 나타난 민중운동, 그 다음으로 종교개혁 시기의 민중운동들, 마지막으로 프랑스 대혁명, 이 셋은 모두 평등권과 평등을 추구하였습니다.

입법을 통해 사회 모든 구성원의 평등권이 선포된 것은 18세기 말 프랑스 혁명에서였습니다. 그러나 지금 우리에게서도 사회생활에서의 평등권 원리의 실현은 여전히 아득히 멀리 있습니다. 지금까지도 각각의 민족은 계급으로 나뉘어 있으며, 한 계층이 다른 계층 위에 존재합니다. 러시아에서 1861년까지, 북미에서 1864년까지 존속했던 노예제도를 생각해 보십시오. 영국에서 1797년까지 존속했던 광부들과 관련된 농노법을 생각해 보십시오. 영국에서 '구빈원(救貧院)의 도제

---

19) 고드윈의 저서인 『정치적 정의(Political justice)』 1권은 1792년, 2권은 1793년에 각각 출판되었다.(2권은 검열 때문에 축소되었다.) 프루동의 저서로는 『혁명과 교회에서의 정의에 대하여(De la justice dans la révolution et dans l'Eglise)』이 있다.

들(workhouse apprentices)'이라 불리는 극빈 아동들을 생각해 보십시오. 18세기 말까지 특수 에이전트들은 영국 전역을 돌면서 극빈 아동들을 모집하여 헐값으로 랭커셔(Lancashire)의 면직공장 노동에 투입하였습니다.[20] 마지막으로, 교육받은 사람들이 '하급 인종'이라 부르는 사람들에 대한 추악한 태도를 생각해 보기 바랍니다.

도덕발전에서 앞으로 나아가기 위한 첫걸음은 결국 **정의의 인정**, 즉 모든 인간들에 대한 관계에서 평등의 인정일 것입니다.

이렇게 하지 않는다면, 사회도덕은 현 상태로 즉 위선적인 상태로 머물게 될 것입니다. 이 위선은 현대 개인 도덕의 자양분이 되고 있는 이중성을 유지시킬 것입니다.

그럼에도 불구하고 사회성과 정의가 도덕성의 모든 것을 구성하지는 않습니다. 제3의 구성요소가 추가되어야 합니다. 더 적절한 표현이 없기 때문에 그것을 **자기희생, 관용의 정신**이라 부를 수 있습니다.

실증주의자들은 이 감정을 **이타주의**라고 부릅니다. 이것은 에고이즘(egoism), 즉 **이기주의**에 반대되는 것으로 타인에게 이익을 주는 능력입니다. 이런 식으로 그들은 기독교의 이웃사랑 개념을 피해갑니다. 그들이 기독교의 개념을 피하는 이유는, **'이웃 사랑'**의 개념이 타인의 이익을 위해 자신의 직접적인 이익을 희생하도록 인간을 움직이는 감정을 제대로 표현하지 못하기 때문입니다. 실제로 대부분의 경우 그렇게 행동하는 사람은 희생에 대해 생각하지 않고, 이 '타인들'에 대한 어떤 특별한 **사랑**도 절대 품지 않습니다. 대부분의 경우에 그는 이 타인들을 알지도 못합니다. 그러나 **'자기희생'**처럼 **'이타주의'**도 그런 종류의 행동의 성격을 제대로 표현하지 못합니다. 왜냐

20) 오랫동안 가난과 싸우다 구빈원에 - 본질상 이곳은 강제노동이 있는 감옥이었다. - 입소한 이들을 극빈아동이라 불렀다. 이들 중에서 어린 아이들을 선발하여 공장주들에게 넘겼다.

하면 그런 행동들은 **자연적**일 때에만, 위로부터의 강제나 현재 혹은 미래의 삶에서 받을 포상의 약속 때문에 실현되는 것이 아닐 때에만 좋기 때문입니다. 즉 그런 행위들의 사회적 유용성 혹은 약속된 개인적 행복에 대한 고려 때문이 아니라, 거부할 수 없는 내적 충동에 의한 것일 때에만 좋은 것입니다. 그럴 때에만 그 행동들은 진정으로 도덕의 범위에 속합니다. 본질상 그것들만이 '도덕적'이라 불릴 자격이 있습니다.

언제나 모든 인류사회는 가장 처음부터 그런 종류의 행동 경향을 발전시키려 노력했습니다. 교육, 민요, 전설, 도덕시, 예술, 종교는 이런 흐름 속에서 기능하였습니다. 그런 행동들은 **의무**로 격상되었고, **'의무감'**은 다양하게 발전을 추구했습니다. 그러나 유감스럽게도, 그런 행동에 대한 현세 혹은 내세에서의 상을 약속할 때, 사람들은 자신 혹은 동포를 타락시키는 결과를 낳았습니다. 정의, 즉 평등권이 사회생활의 기초로 여겨지는 사회에서는 자기희생을 위해 어떤 유혹적 제안도 요구되지 않는다는 생각은 지금에서야 널리 퍼지게 되었습니다. 뿐만 아니라, '자기희생'이란 용어 자체가 그런 행동들의 본질을 적절하게 표현하지는 않습니다. 왜냐하면 대부분의 경우, 인간은 자신의 힘을 모든 사람들을 위해 나누어주면서, 반대급부로 그 사람들이 자신에게 무엇을 줄 것인가를 묻지 않기 때문입니다. 그는 바로 그렇게 행동합니다. 왜냐하면 그의 본성이 그렇게 요구하기 때문입니다. 왜냐하면, 개들로부터 새끼를 구출하기 위해 나섰던 개코원숭이처럼, 그는 다른 식으로 행동할 수 없기 때문입니다. 종교에 대해서도, 칸트의 명령에 대해서도 들어본 적이 없고, 온갖 실용적인 의도도 없었던 원숭이처럼 말입니다.

'의무감'이 도덕적 힘이라는 것은 논쟁의 여지가 없습니다. 그러나 그것은 두 자연적 욕망이 서로 대립하고 우리가 어떻게 행동할까 망설일 때, 이런 어려운 경우에만 나타나야 할 것입니다. 거의 대부분의 경우 소위 '희생적인' 사람들은 의무감을 상기시키지 않아도 잘 해나가고 있습니다.

너무 일찍 사망한 매우 공감이 가는 프랑스 사상가 마리-장 기오(Marie-Jean Guyau)는 내가 도덕의 세 번째 구성요소라고 칭한 것의 참된 성격을, 내가 틀리지 않다면 최초로 완전히 이해했고 설명하였습니다. 그는 세 번째 구성요소의 본질은 다름이 아니라 바로 **자신의 힘에 대한 인간의 의식, 즉 행동으로 표현되기 원하는 에너지의 잉여, 힘의 잉여**란 것을 이해하였습니다.

그가 기록한 바에 따르면, 우리는 우리 자신을 위해 필요한 것보다 더 많은 생각을 갖고 있으며, 우리는 다른 사람들과 그 생각을 나누어야 합니다. 왜냐하면 우리는 달리 행동할 수 없기 때문입니다.

우리는 우리에게 필요한 것보다 더 많은 눈물 혹은 즐거움을 갖고 있습니다. 그래서 우리는 아까워하지 않고 그것을 타인들에게 나누어 줍니다.

그리고 마지막으로 우리 중 많은 이들은 개인생활에 필요한 것보다 더 많은 의지와 에너지를 갖고 있습니다. 때로 이 의지의 잉여는 협소한 이성의 지배를 받아 침략자를 만들기도 합니다. 그러나 그것이 사회성이란 정신 속에서 발전된, 폭넓은 이성과 감정의 지도를 받는다면, 때로 그것은 새로운 종교 혹은 사회의 개혁을 완성시키는, 새로운 사회운동의 창시자를 만듭니다.

그러나 이 모든 경우에 우리를 주관하는 것은 주로 자기 힘에 대한 의식 그리고 그 힘을 사용하려는 욕구입니다.

그 외에, 감정이 이성에 의해 정당성을 획득한다면, **이미 감정은**

어떤 다른 상급의 제재, 동의 그리고 그렇게 행동한다는 외부로부터 부과된 어떤 약속도 요구하지 않습니다.[21] 그 자체가 이미 약속입니다. 왜냐하면 그 순간에 그 사람은 달리 행동할 수 없기 때문입니다. 다른 사람에게 혹은 인간 전체에게 무엇인가를 할 수 있는 가능성과 힘을 느끼는 것 그리고 그와 더불어 그런 행동은 이성에 의해 정당화됨을 아는 것, 바로 그것 자체가 이미 그렇게 행동해야 한다는 약속입니다. 우리는 그것을 '의무'라고 부르기도 합니다.

기오는 계속 이렇게 말합니다. 물론 이러저러하게 행동하기 전에 우리 내부에서는 자주 투쟁이 발생합니다. 인간은 한 덩어리로 주조된 완전한 어떤 것을 제시하지 않습니다. 반대로 우리들 개개인 속에는 어느 정도의 개성과 어느 정도의 성격이 결합되어 있습니다. 동경하는 것과 마음이 끌리는 것이 부조화 상태에 있어 걸을때마다 서로 모순된다면, 그때 삶은 견딜 수 없는 것이 되고 말 것입니다. 어느 것도, 심지어 죽음도 지속적인 분열과 영원한 광기로 이끄는 충돌보다 낫습니다. 때문에 인간은 이러저러한 편에서 이러저러한 결정을 내립니다.

우리의 양심과 이성이 취해진 결정을 부정직한, 소심한, 속물적인 것으로 여기고, 이에 분노할 때가 종종 있습니다. 그때 보통 사람은 어떤 궤변, 즉 정당화를 위한 자기기만을 고안해 냅니다. 그러나 대부분의 경우에, 특히 정직하고 강한 성격의 경우에 궤변은 불가능합니다. 비록 무의식적이지만, 내적인 존재의 요구가 우위를 갖게 됩니다. 그때 우리가 양심이라 부르는 것과 이성의 일치가 새롭게 확립되고, 조화가 이루어집니다. 이 조화는 인간에게 완전한 삶을 살 수 있

21) 기오, 『의무와 제재 없는 도덕에 관한 시론(Esquisse d'une morale sans obligation ni sanction)』(1884), 러시아 어 번역, 페테르부르그 1899.

는 가능성을 제공합니다. 그것은 현격하게 강력해진, 즉 완전하고 즐거운 삶, 그 앞에서 있을 수 있는 고통들은 힘을 잃게 되는 삶입니다.

그런 삶을 이해하고, 그런 삶을 사는 사람은 그 삶을 보잘 것 없는 무위도식과 바꾸지 않습니다.

그런 경우 그 사람이 우리가 '희생'이라 부르는 것을 행한다면, 그의 눈에 이것은 전혀 희생이 아닙니다. 기오가 기록한 것처럼, 개화한 후에 필연적으로 죽음이 찾아와도, 식물은 꽃을 피워야 합니다. 바로 그와 같이 사람은 사람들의 고통에 대해 넘치는 동정을 느끼거나 지적인 생산성 혹은 창조적 능력의 욕구를 느낄 때, 다음에 어떤 일이 일어나는가에 상관없이 자신의 힘을 자유롭게 제공합니다.

보통 그런 행동들을 자기희생, 자기부정, 헌신, 이타주의라고 부릅니다. 그러나 이 모든 명칭들은 신빙성이 부족합니다. 왜냐하면 그런 행동을 하는 사람은 자주 스스로 육체적 혹은 심지어 도덕적 고통을 스스로에게 부과함에도 불구하고, 이 고통 대신에 동물적 무관심을 선택하지는 않을 것이기 때문입니다. 나아가 자신이 완성해야 한다고 여기는 것의 실현에 필요한 의지의 부족을 선택하지도 않을 것이기 때문입니다.

여러 가지 중의 한 예를 소개하겠습니다.

한때 나는 영국 남쪽 해변의 작은 마을에 살았습니다. 그곳에 해상재난구조 기지가 있었습니다. 나는 해안경비대원들과 대화를 나누었습니다. 한 대원이 지난 겨울 오렌지를 적재한 작은 스페인 배의 선원들을 구출한 이야기를 우리에게 해 주었습니다. 강한 눈 폭풍이 불던 날, 그 배는 마을에서 멀리 떨어지지 않은 얕은 곳으로 밀려와 좌초되고 말았습니다. 어마어마한 파도가 배를 덮쳤고, 성인 다섯과 어린아이 하나로 이루어진 승무원들은 활대에 몸을 묶고 큰 소리로 도움을 청했습니다. 그러나 얕은 해안에서 구조선은 바다로 나갈 수 없었습니다. 파도가 배를 해변으로 다시 밀어냈기 때문이었습니다.

선원은 이렇게 말했습니다. "그렇게 우리 모두는 아침부터 해변에서 있었습니다. 아무것도 할 수 없었어요. 오후 3시가 되자 어두워지기 시작했습니다. 2월이었거든요. 돛대에 몸을 묶은 어린 아이의 절망적인 비명이 들려왔습니다. 우리는 더 이상 견딜 수 없었습니다. 바다로 나가는 것은 미친 짓이고 절대 바다로 나갈 수 없다고 주장했던 사람들이 먼저 한번 해보자고 말했습니다. 우리는 구조선을 다시 띄웠습니다. 한참을 파도와 싸운 후에 우리는 드디어 바다로 나갔습니다. 그때 파도가 구조선을 덮쳤습니다. 우리들 중 둘은 익사했습니다. 조는 불쌍하게 뱃전의 밧줄에 감겨, 우리 눈앞에서 파도에 허우적거렸습니다… 끔직해서 차마 볼 수 없었습니다… 결국 엄청난 파도가 우리 모두를 구조선에서 해변으로 던져 버렸습니다. 나는 다음날 여기서 2km정도 떨어진 눈더미 속에서 발견되었지요. 스페인 선원들은 덴게니스에서 온 대형 구조선에 의해 구출되었습니다."

아니면, 여러분은 물론 론다 계곡의 광부들을 기억하실 것입니다. 그들은 폭발로 막힌 지하갱도를 이틀 동안 뚫었습니다. 붕괴된 갱도에 갇힌 동료들을 구하기 위해서였습니다. 매순간 반복되는 폭발 때문에 그들은 죽을 수도 있었고, 아니면 새로운 붕괴로 매몰될 수도 있었습니다. "폭발은 계속되었습니다. 하지만 매몰지역 반대쪽에서는 동료들이 두드리는 소리가 들렸습니다. 동료들이 보내는 아직 살아있다는 신호였습니다… 우리는 돌 더미를 뚫고 그들에게로 갔습니다."

크고 작은, 진정으로 이타적인 행동들에 대한 이야기는 모두 그렇습니다. 자신과 주변 사람들을 동일화할 수 있게 교육받은 사람, 내부에 감정, 지혜, 의지의 힘을 느끼는 사람은 타인을 돕기 위해 자유롭게 그것을 제공하고, 이승에서의 혹은 미지의 저승에서의 어떤 보상도 구하지 않습니다. 무엇보다 그에게는 타인의 감정을 이해하는 능력이 있습니다. 그 자신이 그들의 삶을 함께 느낍니다. 이것으로 충분합니다. 그는 타인들과 기쁨과 아픔을 나눕니다. 그는 그들을 도와 삶의 어려운 시간을 견딜 수 있게 합니다. 그는 자신의 힘을 의식하고, 타인을 사랑하고 그들에게 영감을 주고, 그들에게 더 좋은 미래에 대한 믿음을 불어넣어 주는 능력을 마음껏 사용합니다. 그는 미래를 위한 일에 그들을 초대합니다. 어떤 일이 닥쳐도, 그는 이 속에서 고통이 아니라 생명추구의 완성을 봅니다. 허약한 무위의 삶과 바꿀 수 없는 삶의 충만을 봅니다. 자기 몫의 고통을 짊어져야 할 때, 그는 레르몬토프의 므찌리(Мцыри)[22]처럼 말할 것입니다.

> ... 나의 삶은
> 이 행복한 3일이 없었다면,
> 슬프고 음울한
> 그대의 무기력한 노년 같았을 것을...

극단적 개인주의가 말과 행동으로 설교되는 지금도, 상호부조는 인류 삶에서 여전히 가장 본질적인 부분을 이루고 있습니다. 삶 속에서 자선의 형태가 아니라, 우리 안에서 발전하고 있는 전 인류적인 감정을 향한 자연적인 출발의 형태로 상호부조에 더욱 더 많은 의미를 부여하는 것은 외부의 힘이 아니라 우리 내부의 힘에 달려있습니다.

이제 결론으로 도덕적 감정이라고 하는 것이, 제가 발전시킨 관점에서, 우리에게 어떻게 제시되고 있는가를 보도록 합시다.

---

22) 역주-『므찌리(Мцыри)』는 러시아의 낭만주의 작가 레르몬토프가 1840년에 발표한 서사시다. 주인공 므찌리는 부자유의 삶을 상징하는 수도원에서 절대 자유를 상징하는 고향을 찾아 떠난다. 그러나 그는 도중에 표범과 싸워 죽게 된다. 비록 그는 고향에 도달하지는 못했지만, 고향을 향해가는 3일간의 삶은 완전한 자유를 경험했던 가장 소중한 순간으로 기억된다.

도덕에 대해 쓴 거의 모든 사람들은 도덕을 위로부터의 계시, 타고한 자연적 감정 혹은 개인적, 합리적으로 이해한 개인적 혹은 사회적 이익과 같은 어떤 **하나의** 원리로 수렴시키려고 노력합니다.

사실, 도덕은 인류 안에서 서서히 발전했고 여전히 발전하고 있는 복잡한 감정과 개념 시스템인 것 같습니다. 이 시스템에서 적어도 세 가지 구성성분을 구별해야 합니다. **1) 본능**, 즉 유전된 습관, **사회성.** 2) 우리 이성의 **개념 - 정의.** 3) **이성에 의해 고무된 감정**입니다. 이것을 **자기희생** 혹은 **헌신**으로 부를 수 있을 것입니다. 이 감정 안에 희생과 헌신이 없고, 대신 본성의 꾸며낸 위압적 요구만이 충족될 때, 이 감정이 가장 완전하게 표현될 수는 없습니다. 관용이라는 단어로도 이 감정을 완전하고 올바르게 표현할 수 없습니다. '관용'이란 단어가 인간 자신의 행동에 대한 최상의 자기평가를 전제하고 있기 때문입니다. 그런데 도덕적인 인간은 그러한 평가를 거부합니다. 바로 여기에 도덕의 참다운 힘이 있습니다.

모든 사람들은 자신의 도덕 충동을 초자연적인 영감 때문이라고 생각하기를 좋아합니다. 대부분의 사상가들도 이 유혹을 이기지 못하였습니다. 게다가 다른 사람들처럼 공리주의자들도 올바로 이해한 이익의 발전으로 도덕을 설명하려 하였습니다. 이렇게 해서 서로 대립하는 두 학파가 나타났습니다. 그러나 우리 중에서 인간의 삶을 이해하고 교회의 편견에서 해방된 사람들은 광범위하게 발전된 상호부조, 정의에 대한 합리적 판단, - 기오가 기록한 것처럼 - 강력한 지혜와 감정을 소유한 사람들의 사심 없는 충동이 과거 그리고 지금까지도 얼마나 중요한가를 이해할 것입니다. 그리고 그들은 인간 본성의 이 세 특징 속에서 도덕에 대한 설명을 찾아야 함을 이해할 것입니다.

극단적 개인주의, 즉 '자기 자신을 우선 염려하는' 행동방식이 말과 행동으로 설파되고 있는 지금도, 상호부조와 사회에 대한 사심 없는 헌신은 사회생활과 사회의 지속적 발전의 본질적 부분을 구성합니다. 그 결과 인류는 그것이 없다면 몇 십 년조차도 살아 남을 수 없을 것입니다. 유감스럽게도 도덕의 본질과 발전에 대한 이런 사상은 현대 과학연구가들의 생각 속에서 충분한 반향을 얻지 못하고 있습니다. 헉슬리는 다윈의 올바른 해석자로 인정받고 있으며, '생존경쟁'과 새로운 종의 선택에서 생존경쟁의 의미를 해설하는 작업을 진행하였습니다. 그러나 다윈이 인간의 도덕개념을 사람과 동물 모두에게 한가지로 존재하는 본능(사회성)의 결과라고 설명했을 때, 헉슬리는 자신의 위대한 선생을 따르지 않았습니다. 도덕성을 자연과학적으로 설명하는 대신, 한때 열성적 자연과학자였던 헉슬리는 신학과 자연과학 사이에서 어정쩡한 태도를 취하고 말았습니다.

허버트 스펜서(Herbert Spencer)는 발전이론 위에 세운 합리철학 연구에 평생을 바쳤고, 여러 해 동안 도덕성의 문제를 연구하였습니다. 그러나 그는 도덕적 본능에 대한 설명에서 완전히 다윈을 따르지는 않았습니다. 그는 동물들 사이에서의 상호부조를 뒤늦게 인정하였습니다. 그는 1888년 잡지 『19세기』에 발표된 글에서, 동물들 중 몇몇 종류에게 도덕 감정의 단초가 있다는 것을 인정하였습니다. 그 후에도 『윤리학 원리(Principles of Ethics)』에 대한 부록에서, 여전히 스펜서는 원시인은 '사회계약을 체결하고' 어디선가 모셔온 현명한 입법자들에게 종속될 때까지는 도덕 감정이 없었다고 하는 홉즈를 옹호하였습니다. 말년에 스펜서는 약간의 양보를 하기도 했지만, 그럼에도 불구하고 헉슬리처럼 그에게 원시인은 여전히 싸움을 좋아하는 동물, 강제, 법 그리고 부분적으로 이기적인 판단을 통해서만 이웃에 대한 도덕적 관계의 몇몇 개념들을 획득한 동물이었습니다.

그러나 과학은 이미 오래전에 자연의 빛이 흐릿한 색유리를 통해 비치는 파우스트의 서재에서 빠져나와야 했습니다.

학자들은 먼지가 쌓인 서가에서가 아니라, 자유로운 평원과 산에서, 태양의 밝은 빛 속에서 자연을 연구해야 할 때입니다. 19세기에 아메리카의 인적 없는 광활한 스텝에서 과학적 동물학의 위대한 창시자들이 했던 것처럼, 자신의 믿음으로 개종시키려는 목적이 아니라 원시인들의 관습과 습관 그리고 도덕적 심성을 연구하려는 목적으로 그들과 함께 살았던 참된 인류학의 창시자들이 했던 것처럼 말입니다.

그때 그들은 도덕성이 자연과 관계없는 것이 절대 아님을 알게 될 것입니다. 모든 동물의 세계에서 어미는 새끼들을 보호하기 위해 목숨을 겁니다. 군서동물들은 힘을 합쳐 맹수들을 물리치고, 먹이를 찾아 서식지를 옮길 때는 거대한 무리를 이룹니다. 원시인들은 동물들로부터 도덕적 교훈을 얻습니다. 이런 모든 것을 확인한 후에야 스스로 신의 대리인이라고 생각하는 우리 학자들은 신학자들이 그토록 자랑스럽게 생각하는 그것이 어디에서 유래했는가를 이해하게 될 것입니다. "자연에는 도덕이 없다."는 말을 반복하는 대신 그들은, 선과 악에 대한 그들의 개념이 무엇이든지, **그 개념은 자연이 그들에게 처음으로 주었고, 나중에는 인류의 점진적 발전과정이 제공한 것을 표현한 것에** 다름 아니란 사실을 이해하게 될 것입니다.

최고의 사람들이 도달한 최상의 도덕적 이상은 동물의 세계에서, 원시인들에게서 그리고 오늘날 문명사회에서 우리가 때때로 발견하는 바로 그것입니다. 그것은 그들이 동료를 지키기 위해 혹은 미래 세대의 행복을 위해 자신의 생명을 바칠때 발현됩니다. 이보다 더 높은 단계에 이른 사람은 아무도 없고, 없을 것입니다.

아나키즘의 도덕적 기초

아나키즘의 도덕적 기초[1)]

1

인류의 사상사(思想史)는 시계추의 진동을 연상시킨다. 이 진동의 주기는 수세기에 이른다. 긴 수면(睡眠)의 시기가 지나면 각성의 계기가 찾아온다. 그때 사상은 정부, 교회, 법 등 모든 이해당사자들이 채운 정교한 족쇄로부터 해방되어 그들을 물리친다. 사상은 자신을 가르쳤던 모든 것을 엄격히 비판한다. 사상은 종교적, 정치적, 법률적 그리고 사회적 편견들의 품에서 성장했지만, 그 편견들을 폭로한다. 사상은 새로운 모색을 위해 미지의 길로 나아가고, 기대하지 않은 발견을 통해 우리의 인식을 풍요롭게 하고 새로운 과학을 창조한다.

그러나 사상의 뿌리 깊은 적들인 정부, 법, 종교는 곧 패배에서 회복한다. 그들은 조금씩 흩어진 세력을 결집하고, 자신들의 믿음, 법을 해방시키고, 새로운 요구에 맞게 적응시킨다. 자신들이 배양한 노예적 순종을 이용하고, 일시적인 사회혼란을 이용하고, 안정에 대한 열망과 부에 대한 욕망 그리고 기만적인 희망을 특히, 이 기만적 희망을 악용한다. 그들은 다시 조금씩 자신들의 과업에 착수하여 우선 어린이의 교육을 장악한다.

어린이의 이성은 아주 나약해서 쉽게 공포에 순종하도록 길들여진

1) 역주 - 프랑스어로 작성되어 『아나키스트의 도덕(La morale anarchiste)』이란 제목으로 처음 출판되었다. 우리말 번역을 위한 텍스트로 「Кропоткин П.А., Нравственные начала анархизма, М., 1918」을 사용하였다.

다. 그들은 바로 이것을 이용한다. 그들은 어린이들에게 두려움을 심어주고, 그 다음에는 지옥의 고통에 대해 이야기해준다. 또한, 지옥에서 영혼이 수난당하는 장면을 그들에게 보여준다. 다음 단계에서 그들은 어린이들에게 혁명의 무서움에 대해 말하고, 혁명의 특수하고 극단적인 사례를 악용하여 어린이들을 '체제의 친구'로 만든다. 성직자는 어린이들에게 법사상을 가르쳐 신의 법에 쉽게 복종하게 만든다. 법률가는 어린이가 시민법에 쉽게 복종하게 만들기 위해 신의 법에 대해 말할 것이다. 이렇게 미래 세대의 생각은 종교적 흔적을 갖게 된다. 동시에 이것은 사유에 나타난 절대주의와 노예제도의 흔적이기도 하다. 왜냐하면 절대주의와 노예제도는 손에 손을 잡고 굴종의 습관을 지향하기 때문이다. 동시대인들 속에서 이 굴종의 습관을 연구할 기회는 충분히 많다. 도덕의 문제는 이 수면의 시기에 자주 논의되지 않는다. 또한 도덕의 문제는 종교적 관습과 법적 위선으로 슬쩍 대체된다. 비판은 실종된다. 모두가 관습과 무관심의 힘에 굴복한다. 열렬한 신봉자들은 기존의 도덕률을 비판도 옹호도 하지 않는다. 각자는 겉으로만, 힘닿는 대로 자신의 행동을 도덕률이 설교하는 것에 일치시키려고 노력한다. 사회의 도덕적 수준은 점점 낮아진다. 그렇게 해서 타락한 로마의 윤리, 구제도의 윤리, 자본주의 체제의 종말을 특징짓는 도덕에 이르게 된다.

인간의 선하고, 고상하고, 훌륭하고, 독립적인 모든 것은 조금씩 무디어지고, 오랫동안 사용하지 않고 방치된 칼처럼 녹슨다. 거짓은 덕행이, 속물근성은 의무가 된다. 부를 획득하는 것, 쾌락의 순간을 찾는 것, 지혜와 감정과 에너지의 보고를 멋대로 탕진하는 것, 이 모든 것은 부유한 계급의 슬로건이 될 뿐만 아니라, 부르주아처럼 보이는 것을 이상으로 삼는 대다수 가난한 자들의 슬로건이 된다. 그때

부유한 계급, 재판관, 성직자와 같은 지배계급의 타락은 분노를 일으키게 되고, 시계추가 반대 방향으로 운동하기 시작하는 계기를 제공한다.

젊은이들은 조금씩 해방되어 모든 편견을 던져버린다. 우선 개인적으로 다시 비판이 시작되고, 사유가 넘치게 된다. 각성이 눈에 뜨이지 않게 대중을 사로잡는다. 압력이 발생하고, 혁명이 폭발한다.

그때마다 윤리의 문제가 무대로 돌아온다. "왜 나는 이 위선적 도덕원리를 따라야 하는가?" 이런 질문이 종교적 공포에서 해방된 머리에 떠오른다. "어떤 것이든 도덕은 왜 의무적인 것이 되는가?"

그때 이 도덕적 감정을 명료하게 이해하려는 시도가 나타난다. 도덕적 감정의 본질을 설명할 수는 없지만, 우리는 매번 그것과 부딪친다. 그에 대한 설명은 그것을 인간 본성의 특권으로 생각하지 않을 때, 본질을 이해하기 위해 낮은 단계의 동물과 식물을 연구할 때, 비로소 가능해질 것이다. 현대 과학의 논거와 일치하는 설명을 찾기 위한 노력은 계속된다.

이런 논의가 필요한가? 일상적 도덕의 토대, 더 정확히 말해서, 도덕을 대체한 위선의 토대를 더 많이 허물수록 사회의 도덕적 수준은 더 향상된다. 도덕 감정이 비판을 받고 전면적으로 부정되는 그 시기에, 도덕 감정은 가장 빠르고 성공적인 발전을 이룬다. 즉 그때야 그것은 고양되어, 자라고 완성된다.

이에 대한 예를 18세기에서 찾을 수 있다. 맨더빌(B.Mandeville)은 이미 1723년 『꿀벌의 우화』와 그에 대한 자신의 주해로 영국에서 스캔들을 일으켰다. 그는 도덕이란 미명 아래 횡행하는 사회적 위선을 공개적으로 공격하였다. 그는 소위 일상적 관습의 도덕성이란 것은 위선의 가면일 뿐이며, 일상 도덕률의 억압을 받는 욕망은 제한을 가하면 가할수록 반대로 더욱 더 치명적인 경향을 갖는다는 것을 증명하였다. 푸리에(F.Fourier)처럼, 그는 욕망이 무수한 악덕으로 변형되지 않도록 욕망의 발현에 완전한 해방을 부여할 것을 요구하였다. 그는 동물학에 대한 지식이 동시대에 부족했음을 제대로 인정하였다. 그러면서, 인류의 도덕사상이 이 문제에 이해관계가 있는 사람들 즉, 부모 세대와 지배 계급의 묵인에서 비롯되었음을 밝혔다. 스코틀랜드의 철학자들과 백과전서파가 도덕 사상을 열렬히 비판했던 것은 모두가 알고 있다. 1793년의 아나키스트들도 알려져 있다. 법률학자, 애국주의자, 자코뱅주의자들은 강제의 원리와 절대자의 도덕적 승인을 찬양한다. 그러나 기오(M.-J.Guyau)와 유사하게 무신론자-에베르(Hébert)파 혁명당원[2]들은 강제와 도덕의 승인을 부정한다. 이들 중에서 어느 쪽이 더 발전된 도덕 감정을 주장하는지 모두가 알고 있다.

"왜 나는 도덕적이어야 하는가?" 이것은 12세기의 합리주의자들, 16세기 철학자들, 18세기의 사상가와 혁명가들이 제기한 질문이다. 영국의 공리주의자들인 벤담(J.Bentham)과 밀(J.S.Mill), 뷔히너(L.Büchner)와 같은 독일의 유물론자들, 1860-70년대의 러시아 니힐리스트들, 아나키즘 윤리 그리고 사회도덕에 대한 학문의 젊은 창시자였지만 불행히도 요절한 기오도 다시 이 문제를 다루었다. 그리고 지금 프랑스 아나키스트들도 그런 질문을 던지고 있다.

---

2) 역주-Hebertiste. 프랑스 혁명에서 반기독교주의, 지롱드파와 온건파의 근절을 요구했던 에베르(Jacques-René Hébert, 1755-1794)의 추종자들.

왜 그럴까?

30년 전 러시아 젊은이들도 이 문제에 몰두하였다. "어떤 경우에 나는 비도덕적으로 행동하고, 나는 비도덕적인 것처럼 보인다. 그러나 나는 왜 비도덕적으로 행동해서는 안 되는가? 성서가 이것을 요구하기 때문은 아닌가? 그러나 성서란 것은 바빌론과 유대인의 신화 모음집 이상의 것은 아니다. 이것은 호머의 서사시, 바스크 족의 서사시 혹은 몽골의 전설과 같이 구성된 전통이다! 나는 동방의 반야만족들의 지적 수준으로 돌아가야 하는가? 칸트(I.Kant)가 정언적 명령에 대해, 내 '자아'의 심연에서 발생한 비밀스런 명령에 대해 말하면서, 도덕적이어야 한다고 명령하기 때문에, 나는 비도덕적인 것처럼 보이는 것인가? 그러나 때때로 내게 술에 흠뻑 취하라고 하는 다른 명령보다 이 '정언적 명령'은 내 행위에 대해 왜 더 많은 권한을 갖는가? 모든 일은 단지 **말**에 있다. 단지 말뿐이다! 이것은 섭리 혹은 운명, 즉 우리의 무지를 감추기 위해 고안된 말과 완전히 같지 않은가! 벤담은 강에 빠져 허우적거리는 사람을 바라보기보다는, 그를 구하느라 자신이 물에 빠지는 것이 더 행복할 것이라고 우리에게 말한다. 그렇다면 우리는 벤담을 만족시키기 위해 도덕적이어야 하는가?

혹은 다른 교육이 아니라 그렇게 교육받았기 때문인가? 내 어머니가 내게 도덕을 가르쳤기 때문인가? 그렇다면, 나는 그리스도 혹은 마돈나의 성상 앞에 넙죽 엎드리고, 왕 혹은 황제를 존경하고, 내가 사기꾼이라 여기는 재판관에게 경의를 표할 필요가 없단 말인가? 단지 이 모든 것은 나의 어머니 그리고 우리들의 어머니가 아주 선량하지만 아주 무지하며, 우리에게 온갖 어리석은 것을 가르쳤기 때문이란 말인가?

이 모든 것은 모든 다른 것들처럼 편견일 뿐이며, 나는 그것들로부터 벗어나기 위해 일할 것이다. 어린 시절 공포를 일으키던 어둠, 무덤, 환영과 시체를 두려워하지 않기 위해 애썼던 것처럼, 내 의지에 반하여 내가 비도덕적이어야 한다면, 나는 그렇게 되지 않게 나 자신을 강제할 것이다. 나는 종교가 사용하는 무기를 파괴하기 위해 이렇게 할 것이다. 나는 위선에 대항하기 위해 그렇게 할 것이다. 위선은 말을 수단으로 우리를 강제하고, 사람들은 말을 수단으로 도덕에 세례를 베풀기 때문이다."

구시대의 편견과 결별하고 니힐리즘(허무주의)[3] 혹은, 더 진실하게 말하면, 아나키즘 철학의 깃발을 올릴 당시에, 러시아 젊은이들은 다음과 같이 생각하고 있었다. "아무리 높은 것이라도 어떤 권위에도 굴복하지 말 것, 이성에 의해 검증될 때까지는 어떤 원리도 추종하지 말 것."

도덕에 대한 아버지들의 가르침을 쓰레기통에 던져버리고 모든 도덕 체계를 태워버린 후, 젊은 니힐리스트들은 도덕 **행위**의 싹을, 즉 복음, '양심', '정언명령' 혹은 공리주의의 '이성적으로 이해된 이익'의 비호 아래 아버지들이 실천했던 모든 것보다 무한히 고귀한 싹을 자신 속에 키웠다.

그러나 무엇보다도 다음과 같은 질문에 답해야 한다. "왜 나는 도덕적이어야 하는가?" 그러나 우리는 질문 자체가 올바르게 제기되었는지 고찰하고, 인간 행위의 동기를 분석하고자 한다.

---

3) нигилизм / nihilism. 기존의 가치, 이상, 도덕규범, 문화, 국가를 부정하는 사상적 경향으로, 러시아 작가인 투르게네프의 소설 『아버지와 아들』에서 처음 사용되었다. 기존의 가치를 부정한다는 점에서 니힐리즘과 아나키즘 사이에는 공통점이 있다. 니힐리즘을 따르는 사람들을 니힐리스트라 한다.

2

어떤 자극이 인간으로 하여금 이러저러하게 행동하도록 만드는가를 명료하게 하기 원할 때, 우리 조상들은 아주 간단하게 결론에 도달하곤 하였다. 조상들이 이 문제를 설명하는 수단을 묘사한 가톨릭 성화가 지금도 남아있다.

한 사람이 들판을 걸어간다. 그는 왼쪽 어깨에는 악마가 오른쪽 어깨에는 천사가 앉아 있다는 것을 모른다. 악마는 악행을 행하는 쪽으로 그를 밀치고, 천사는 그렇게 하지 않도록 그를 붙든다.

천사가 우위를 점하고 그 사람이 선량함을 유지하면, 다른 세 천사가 손으로 잡아 그를 하늘로 데려한다. 그렇게 모든 것은 성화에 그려진 대로 설명된다.

이런 점을 아주 잘 알고 있는 우리 늙은 유모들은 아기를 침대에 누일 때, 꼭 옷깃의 단추를 풀어야 한다고 말한다. 수호천사가 머물 수 있도록 얼굴 바로 아래 쪽 따뜻한 장소를 열어 두어야 한다. 그렇지 않으면 잠 잘 때 악마가 아이를 괴롭힐 것이라는 것이다.

이런 순진한 생각은 사라졌다. 그러나 낡은 용어들이 더 이상 존재하지 않는다고 해도 본질은 여전히 그대로 남아 있다.

계몽된 사람들은 더 이상 악마를 믿지 않는다. 그러나 그들의 생각은 우리 늙은 유모들의 미신보다 더 이성적이지 않다. 그들은 현학적 수사로 악마와 천사를 은폐하고, 그것에 철학이란 이름으로 경의를 표한다. 그들은 위선적이다. 그들은 이제 '악마' 대신에 '욕망의 육체'를 말한다. '천사'는 '양심'과 '영혼' 혹은 프리메이슨이 말하는 것처럼 '창조주 혹은 위대한 조물주의 기획의 반영'이란 말들로 대체된다. 그러나 인간들의 행위는 전처럼 두 적대적인 요소들 사이의 투쟁으로 묘사된다. 그래서 영혼 혹은 양심이 육체 혹은 욕망보다 우세할 때, 인간은 여전히 선하다고 인정된다.

영국 철학자들 그리고 후에 백과전서파는 악마와 천사는 인간의 행위와 전혀 관련 없으며, 인간의 모든 행위는 좋거나 나쁘거나, 유익하거나 해롭거나 하는 쾌락의 추구라는 한 가지 동기에서만 유래한다고 주장하였다. 원시적 개념을 부정하는 이런 주장 때문에 우리 조상들이 꽤나 놀랐으리란 것은 어렵지 않게 이해할 수 있다.

특히 온갖 종교단체들과 수많은 바리새인들은 이런 주장이 비도덕적이라고 성토하였다. 사상가들에게 온갖 욕설을 퍼붓고, 그들을 저주하였다. 그러나 시간이 어느 정도 지난 금세기에 벤담, 존 스튜어드 밀, 체르니셉스키(Н.Г.Чернышевский) 그리고 많은 사람들이 다시 이 사상으로 돌아갔고, 사상가들은 에고이즘 혹은 쾌락의 추구가 모든 행위의 동기라는 것을 주장하고 증명하였다. 그러자 훨씬 더 강력한 저주가 다시 살아나게 되었다.

그렇다면 이런 입장보다 더 정의로운 것이 있을까?

여기 한 사람이 있다. 그는 어린아이의 마지막 남은 빵 조각을 빼앗는다. 그는 무지막지한 이기주의자이며, 전적으로 이기주의의 지배를 받는다고 모든 사람들은 한 목소리로 주장할 것이다.

그러나 여기 다른 한 사람이 있다. 모두가 그를 선하다고 생각한다. 그는 마지막 남은 빵 한 조각을 배고픈 사람과 나눈다. 그는 자기 옷을 벗어 헐벗은 사람에게 준다. 늘 종교용어를 사용하는 도덕주의자들은, 그는 자신의 이익을 포기할 정도로 이웃 사랑의 원리를 실천하고 있으며, 그를 지배하는 것은 이기주의와 아무 관계없는 감정이라고 서둘러 선언한다.

그런데 조금만 신중히 생각하면, 두 행동의 결과는 완전히 다르지만, 쾌락의 추구라는 행위의 **동기는** 동일하다는 사실이 즉시 분명해진다. 자신의 마지막 옷을 내어주는 사람이 그 행위에서 쾌락을 얻지 못한다면 그는 그런 행위를 하지 않았을 것이다. 반면에 만족을 얻을 수 있다면 그는 어린아이의 빵을 빼앗았을 것이다. 그러나 그는 그런 행동을 싫어하고, 남에게 베푸는 것이 그에게 쾌락을 주기 때문에 그는 베풀뿐이다.

이미 일정한 의미를 갖고 있는 단어들을 새로운 의미로 사용할 때 개념의 혼동이 발생할 수 있다. 그런 혼동의 위험이 존재하지 않는다면, 이기주의가 모든 인간 행동을 위한 자극제라고 말할 수 있을 것이다.

어떤 사람들은 실제로 그렇게 말했다. 위에서 언급한 두 행동이 서로 다른 동기의 지배를 받는다는 망상과 신화를 깨뜨림으로써, 자신의 생각을 명료하게 드러내고, 사상을 더 섬세하게 공식화하기 위한 것이었다. 동기는 하나다. 그것은 쾌락의 추구이거나, 결국 같은 말이지만, 고통을 피하려는 욕망이다.

3만 5천의 파리주민을 학살한 티에르(L.-A.Thiers)같은 악인을 예로 들어 보자. 음란한 생활을 위해 전 가족을 살해한 살인자가 있다고 하자. 그 순간에 명예욕 혹은 돈 욕심이 다른 열망보다 우세했기 때문에 그들은 그렇게 행한다. 그 순간에 불쌍히 여기는 마음, 나아가 동정심은 다른 감정, 다른 욕망에 의해 완전히 압도당한다. **자기 본성의 욕구들 중 하나를 충족시키기 위해서** 그들은 거의 자동기계처럼 행동한다.

거창한 욕심은 제쳐두고 천박한 인간을 예로 들어 보라. 아니면 허풍으로 혹은 꾀를 부려 친구들을 속이고, 술값을 뜯어내기 위해 틈만

나면 거짓말을 하는 사람이 있다. 아내 혹은 정부에게 다이아몬드를 사주기 위해 노동자의 푼돈을 도둑질하는 부르주아가 있다고 하자. 자잘한 사기꾼을 예로 들수도 있다. 그도 또한 자신의 성벽에 복종할 뿐이다. 그는 욕구의 만족을 추구하고, 자신에게 고통을 야기하는 것을 피하려고 한다.

마치 러시아의 니힐리스트(허무주의자)들처럼 억압받는 자들을 해방하기 위하여 자신의 생명을 희생하고 교수대로 향하는 영웅들과 위와 같은 자잘한 사기꾼을 비교하는 것이 불편한 느낌을 줄 수도 있다. 전자는 아주 매력적이고, 후자는 혐오스럽다. 그렇다면 순교자를, 지금 교수대 앞에 선 한 여인을 생각해 보자. 그녀는 이 순간 교수대에 오를 준비가 되어 있으며, 자신의 생명을, 박해받은 동물의 생명을, 심지어 자신의 죽음을 노동자에게서 훔친 돈으로 살고 있는 자잘한 사기꾼의 생명과 바꾸지 않겠다고 말한다. 그녀는 자신의 삶 속에서, 강력한 괴물과의 투쟁 속에서 **자신을** 위한 최고의 쾌락을 발견한다.

그녀는 이 투쟁의 틀에서 벗어난 것을, 부르주아적 삶의 지엽적인 기쁨과 비애를 빈한하고 가엾은 것으로 여긴다. 즉 “당신들은 사는 것이 아니고, 무위도식하고 있습니다. 그러나 나는 살았습니다!”라고 그녀는 당신들에게 대답할 것이다.

당연히 지금 우리는 인간의 의도된, 의식적 행위에 대해 말하고 있다. 우리 삶의 대부분을 채우는 많은 양의 무의식적, 거의 기계적인 행위에 대해서는 나중에 언급할 것이다. 그렇게 의식적이고 이성적인 행위에서 언제나 인간은 쾌락을 제공하는 것을 얻으려는 열망의 지배를 받는다.

어떤 사람은 동물과 같은 지경에 이를 때까지 매일 술을 마신다. 자신의 신경시스템에서 얻을 수 없는 신경의 각성을 술 속에서 찾기 때문이다. 또 어떤 사람은 술이 만족을 제공함에도 불구하고 술을 마시지 않고 거절한다. 왜냐하면 술보다 더 선호하는 다른 기쁨을 즐기기 원하기 때문이다. 그의 행동은 미식가가 - 화려한 음식 메뉴를 훑어본 후 - 더 좋아하는 다른 음식을 실컷 먹기 위해서 좋아하는 음식을 거절하는 것과 같지 않을까?

어떤 일을 하든지 인간은 언제나 쾌락을 추구하거나 고통을 피하려 한다.

어떤 부인이 적선하기 위해 마지막 빵 조각을 먹지 않고, 추위에 떠는 여자에게 자신의 마지막 옷을 벗어 주고 자신은 배 갑판 위에서 추위에 떤다. 이 부인이 그렇게 행동하는 이유는, 추워 떠는 사람과 배고픈 사람을 보는 것이 자신이 추위와 배고픔으로 고생하는 것보다 훨씬 더 고통스럽기 때문이다. 그녀는 고통을 피하고, 그 고통의 아픔은 그것을 경험한 사람만이 알고 있다.

기오가 예로 든 오스트레일리아 사람은 친척을 살해한 자에게 복수하지 못했다는 생각 때문에 자책하고, 겁쟁이란 생각에 괴로워하며 쇠약해진다. 복수를 실행했을 때에만 그의 건강은 회복된다. 자신을 학대하는 감정과 단절하고 다시 최고의 쾌락인 내적 만족을 얻기 위하여, 그는 자주 영웅적으로 행동한다.

원숭이 무리는 총탄에 쓰러진 동료를 보면, 무기의 위협에도 불구하고, 사냥꾼의 천막을 에워싸고 시체의 반환을 요구한다. 드디어 무리의 지휘자가 용감하게 천막으로 들어가 우선 사냥꾼을 위협하고, 다음에는 그에게 간청을 하여 시체를 돌려주게 만든다. 그러면 모든 무리가 소리를 지르며 시체를 숲으로 옮긴다. 이때 원숭이들은 동점심이란 본능에 따르며, 동정심은 개인적 안정에 대한 생각을 압도한다. 그들에게서 이 감정은 모든 다른 감정들보다 우위를 점한다. 자신들의 동료를 삶으로 되돌릴 수 있다고 생각하는 동안, 원숭이들은 목숨을 건다. 이 감정은 매우 괴로운 것이어서, 가엾은 동물들은 이 감정을 떨어내기 위해 모든 위험을 감수한다.

몹쓸 동물인 인간이 개미총에 불을 놓으면, 수천 마리의 개미들은 개미총으로 몰려가 수백 마리씩 죽어가며 유충을 구출한다. 이때 개미들도 자신의 후세를 보호하려는 요구에 따라 행동하는 것이다. 만족을 얻기 위해 개미들은 부르주아 어머니가 자기 아이들을 양육하는 것보다 더 많은 수고를 들여 기른 유충을 꺼내는 모험을 감수한다.

마지막으로 섬모충은 너무 강한 빛을 피하기 위해 더 적당한 온도를 찾아 이동한다. 식물은 태양을 향해 꽃의 방향을 바꾸고, 밤이 되면 나무는 잎을 늘어뜨린다. 이때 모든 생물은 고통을 피하려는 요구에 따라 움직이며, 쾌락을 추구한다. 즉 개미는 오스트레일리아인, 기독교의 순교자, 그리고 순교자·아나키스트와 똑같은 것이다.

쾌락을 추구하고 고통을 피하는 것은 유기적 생명의 보편적 동인이다.(어떤 사람들은 이것을 **법칙**이라고 부르기도 한다.) 여기에 생명의 정수가 포함되어 있다. 만족의 추구가 없다면, 생명 자체는 불가능하게 된다. 조직된 물질은 와해되고, 생명은 중단될 것이다.

그래서, 인간의 행위가 어떠하든지, 행위의 방향이 어떠하든지, **인간은 행동에서 언제나 자기 본성의 명령에 복종한다.** 가장 혐오스런 행위들이나, 불편부당한 행위들, 가장 매력적 행위들도 모두 마찬가지로 개체의 요구에 지배를 받는다. 다양하게 행위하지만, 개체는 행위의 결과로 쾌락을 예상하는가 혹은 고통을 피할 수 있는가에 준하여 행동한다.

이것은 전적으로 확정된 사실이다.

바로 이것이 소위 이기주의 이론의 본질을 구성한다.

이제 다음과 같이 질문할 수 있다. 이러한 보편적 결론이 우리를 더욱 발전하게 만든단 말인가?

그렇다. 물론 발전하게 만든다. 우리들은 싸워 진실을 찾고, 모든 편견들의 뿌리에 놓인 편견을 파괴하였다. 이 결론에는 인간과 관련된 모든 유물론 철학들이 결합되어 있다. 그러나 이 결론으로부터 모든 인간의 행위는 불편부당하다고 서둘러 추론할 수 있는가? 이제 이것에 대해 고찰하겠다.

3

모든 인간의 행위들은 공통의 기원을 갖는다는 것을 우리는 이미 보았다. 이성적인 즉 의식적인 행위들이다. 무의식적 습관들에 대해서는 나중에 언급하겠다. 악덕이라고 일컫는 것처럼 선하다고 하는 행위들, 천박한 사기처럼 위대한 자기희생, 혐오스런 행동처럼 호감을 주는 행위도, 모든 것은 하나의 원천으로부터 유래한다. 이 모든 것은 인간의 자연적 요구를 충족하기 위해 창조되고, 모든 것은 쾌락을 추구하고 고통을 피하려는 목적을 갖는다. 증거로 채택된 많은 사실들로부터 나온 짧은 결론인 앞 장에서 우리는 이미 이것을 살펴보았다.

여전히 종교 원리에 젖어있는 사람들이 그러한 설명에 대해 항의할 것이라는 것은 이해할 수 있다. 이 설명에는 초자연적인 것을 위한 자리는 없다. 여기에서 영혼 불멸의 사상은 완전히 제외된다. 인간의 행위가 본성의 요구만을 따르고, 인간이 소위 '의식하는 자동기계'라면, 불멸의 영혼은 사라지고 말 것이다. 불멸, 이것은 기쁨은 적게 그러나 고통은 지나치게 많이 겪고, 저승에서의 보상을 꿈꾸는 사람들의 마지막 도피처다. 편견에 따라 교육받은 사람들, 과학이 자신들을 기만한다는 이유로 과학을 나쁘게 생각하는 사람들, 이성보다는 감정에 이끌리는 사람들은 자신들의 마지막 희망을 앗아가는 이 해석을 외면하였다.

그러나 지난 세기 초부터 오늘날까지, 인간 행위에 대한 자연적 설명을(원한다면 이것을 이기주의 이론이라고 하자) 들을 때면, 언제든지 앞에서 젊은 니힐리스트가 내렸던 것과 같은 결론을 서둘러 내리는 사람들이 있다. 이들에 대해서 무슨 말을 할 수 있을까? "도덕을 타도하라!"고 외치는 사람들이 있다. 이들에 대해서 무슨 말을 할 수 있을까?

인간은 자신의 자연적 욕구를 충족시키기 위해서 이러저러하게 행동한다고 확신하면서 **인간의 모든 행위는 불편부당하며,** 선과 악은 아무 곳에도 존재하지 않고, 목숨을 걸고 물에 빠진 사람을 구하는 것이나 시계를 빼앗으려고 그를 익사시키는 것은 불편부당하다고 서둘러 결론을 내리는 사람들이 있다. 모든 행동은 전적으로 동일하며, 인간해방운동을 이유로 교수형 당하는 순교자와 동료들을 등쳐먹은 사기꾼은, 쾌락을 추구한다는 점에서 동등하다고 서둘러 결론을 내리는 사람들이 있다. 이들에 대해서 무슨 말을 할 수 있을까?

추가로 그들은, 향기와 악취도, 장미의 향기와 고무나무의 악취도 존재할 수 없으며, 좋은 맛도 나쁜 맛도 존재하지 않으며, 아름다움도, 신체적 추악함도, 우둔함도, 이성도 존재하지 않는다고 말할 수 있다. 왜냐하면 모든 냄새는 분자의 움직임일 뿐이고, 키니네의 쓴맛과 망고스틴의 단맛도 분자의 진동이기 때문이다. 또한, 미와 추, 이상과 우둔은 유기체의 세포내부에서 일어나는 화학적, 생리학적 움직임의 결과이기 때문이다. 만일 그렇다면 그들이 실없는 소리를 하는 것이지만, 그래도 그들은 우자(愚者)의 논리를 따르고 있다고 말할 수 있을 것이다.

그러나 그들이 이렇게는 말하지 않는다 해도, 우리는 이것에서 어떤 결론을 이끌어 낼 수 있을까?

우리 대답은 매우 간단하다. 1723년 『꿀벌의 우화』에서 이 문제를 다루었던 맨더빌, 1860-70년대의 러시아의 니힐리스트, 오늘날 파리의 아나키스트도 그렇게 판단한다. 왜냐하면 분명하게 이해하지 못한 채 그들은 자신들이 받은 기독교 교육의 편견에 빠져있기 때문이다. 스스로를 아나키스트, 유물론자, 무신론자라고 생각함에도 불구하고 그들은 전적으로 교부들 혹은 불교창시자들처럼 판단한다.

실제로 이 선량한 노인들은 우리에게 이렇게 말했다. 육체에 대한 정신의 승리라면 그 행동은 **좋다.** 그런반면, 육체가 정신에 대해 승리한다면 그 행동은 **나쁘다.** 또한 육체와 정신 중에서 어느 것도 승리하지 못한다면 그 행동은 **불편부당하다.** 바로 우리의 젊은 친구들은 기독교의 교부들과 불교 승려들의 예를 따랐던 것이다. 즉 **이것이 좋은 행동과 나쁜 행동의 평가를 위한 유일한 범주가 되었다.** "동물들을 보라. 그들에겐 불멸의 영혼이 없다. 그들은 단순히 자연적 욕구의 충족을 위해 행동한다. 바로 **이것이** 동물들의 행위가 좋을 수도 나쁠 수도 없는 **이유**다. 그들의 행위는 언제나 불편부당하고, 이 때문에 동물들에게는 천국도 지옥도, 상도 벌도 준비되어 있지 않다."

우리 친구들은 또 다시 아우구스티누스(Augustinus)와 석가모니의 말을 되풀이하고 있다. 그들은 이렇게 말한다. "인간은 동물 이상이 아니다. 인간의 행위는 단지 자연적 욕구의 충족만을 추구하며, 결과적으로 인간에게는 좋은 혹은 나쁜 행위가 존재할 수 없다. 모든 행위는 불편부당하다."

언제나 이 저주받을 벌과 보복에 대한 생각이 이성을 가로 막는다. 행동이 초자연적 영감에서 비롯되면 좋은 것이며, 이 초자연적 동기가 부재하면 불편부당한 것이라고 종교교육은 설교한다. 종교교육의 이 어리석은 유산은 영원하다. 오른쪽 어깨에는 천사가 왼쪽 어깨에는 악마가 있다는 것은 어느 누구보다 이 편견을 비웃은 사람들에게도 변함없이 남아 있다. "악마와 천사를 쫓아 보내면, 난 어떤 행동이 좋은지 나쁜지 말할 수 없습니다. 왜냐하면 내겐 그것을 평가할 범주가 없기 때문입니다." 이 말에서 악마 그리고 천사와 더불어 성직자를 느낄 수 있다. 유물론적 지식으로 껍데기를 덧칠했지만, 그 윤기만으로 성직자를 감추기에는 불충분하다. 더 나쁜 것은 한편으로는 채찍질을 하고, 다른 한편으로는 상을 수여하는 재판관이 살아있다는 것이다. 심지어 아나키즘의 원리들도 상과 벌에 대한 생각을 뿌리 뽑기에는 충분하지 않은 것처럼 보인다.

우리는 성직자도, 재판관도 원하지 않는다. 우리는 단순히 이렇게 말한다. "고무나무가 악취를 풍기고, 뱀이 우리를 물며, 거짓말쟁이가 허풍을 떨 때, 식물도 동물도 인간도 모두가 자신들의 본성의 욕구에 복종한다는 것인가? 그렇다고 하자! 나도 나의 본성에 복종한다. 즉 나는 악취를 내는 식물을 싫어하고, 독으로 날 죽이는 동물을 싫어하며, 동물보다 더 독살스런 인간을 싫어한다! 지금까지도 존재를 모르는 악마와, 혹은 뱀보다 훨씬 혐오하는 재판관과도 비교하지 않는다. 하지만 나는 엄격히 이에 상응하게 행동할 것이다. 나와 미움을 공유하는 모든 사람과 나, 우리 모두는 자신의 본성의 욕구에 복종한다. 그래도 남는 문제는 이성이 그리고 결국 힘이 어느 편에 있는가이다."

이제 우리들은 이 문제를 다루려고 한다. 분명한 것은, 성 아우구스티누스에게는 선과 악을 구별하기 위한 다른 근거가 없었다. 그러나 동물의 세계에는 훨씬 더 확고한 근거가 늘 존재했다는 것이다. 곤충에서 시작하여 인간에 이르는 동물의 세계는 성경이나 철학에 묻지 않고도 선과 악이 존재한다는 것을 훌륭하게 이해한다. 그 이유는 그들 본성의 욕구 속에, 즉 종의 보존 속에, 궁극적으로는 개별적 개체에게 가능한 존재의 총계 속에 있다.

4

성서학자, 불교신자, 기독교인, 이슬람 교도들은 신적인 영감에 의지하여 선과 악의 경계를 결정한다. 그들은, 즉 야만인과 문명인, 문맹인과 학자, 타락한 사람과 선량하고 정직한 사람들 모두는 좋은 행동 혹은 나쁜 행동을 언제나 알고 있다는 것을 잘 이해했다. 특히 나쁘게 행동하면서도 이 사실에 대해 설명하지 못할 때, 그들은 그 행동에 종교적 순간이 있다고 보았다. 나름대로 철학자·수학자들은 의식에 대하여, 그 어떤 신비적인 명령에 대하여 우리에게 말하지만, 그것은 본질상 이 말을 저 말로 바꾼 것일 뿐이다. 그러나 사회를 이루어 사는 동물들이 '선'과 '악'의 개념을 인간만큼이나 잘 파악한다는 단순하고도 놀라운 사실을 그들 중 누구도 확인할 수 없었다. 더구나 선과 악에 대한 동물들의 개념은 인간의 개념과 완전히 같다. 심지어 곤충, 어류, 조류, 포유류와 같은 개별 유(類)사이에서 이에 대한 개념은 동일하다.

18세기의 사상가들이 훌륭하게 이것을 찾아냈다. 그러나 그 이후로 이 관찰은 잊혀 졌고, 이 사실의 중요성을 강조해야 할 의무는 우리의 몫이 되고 말았다.

타의 추종을 불허하는 개미연구자인 포렐(A.H. Forel)은 수많은 관찰과 사실을 증거로, 배에 꿀을 가득채운 개미와 배가 빈 개미가 만날 때, 배고픈 개미는 즉각 동료에게 양식을 요구한다는 것을 증명하였다. 이 작은 곤충들 사이에서 배부른 개미는 배고픈 동료들이 실컷 먹을 수 있도록 자신의 꿀을 토해내는 것을 의무라고 여긴다. 자기의 몫을 받고나서 개미집의 다른 개미에게 양식을 나눠주기를 거부하는 것이 좋은 일인지 개미들에게 물어 보라. 개미들은 몸짓으로 당신에게 대답할 것이다. 그 몸짓의 의미는 분명하다. 그들은 그것은 나쁘다고 대답할 것이다. 개미들은 다른 종의 적들에게 하는 것 보다 훨씬 더 엄격하게 그런 이기주의자를 대한다. 서로 다른 두 종류의 개미들이 싸우는 중에 이런 일이 일어난다면, 그들은 이기주의자를 벌하기 위해 전쟁을 중단할 것이다. 이것은 실험을 통해 증명된 사실이며, 이에 대해서는 의심할 것이 전혀 없다.

당신의 정원에 살고 있는 참새들에게 물어 보라. 당신의 창문에서 빵 조각 몇 개가 정원에 날아들었다는 사실을 알려서, 모든 참새들이 식사에 참여할 수 있도록 하는 것이 좋은 것인지를 그들에게 물어 보라. 스스로 수고하는 대신 이웃 둥지에서 다른 참새가 모은 지푸라기를 훔치는 것이 올바른 행동인지를? 참새들은 그것이 아주 나쁜 짓이라고 답하고, 모두 함께 도둑에게 달려들어 부리로 쪼아댈 것이다.

또 영토내의 다른 들쥐들이 지하 곳간에 접근하는 것을 막는 것이 좋은 것인지를 들쥐에게 물어보라. 그것은 아주 나쁜 것이라고 대답하고, 그들은 모든 방법을 동원하여 구두쇠를 벌할 것이다.

그리고 마지막으로 원시종족인 추크치인[4]에게 종족 중 하나가 주인이 없는 천막에서 음식을 가져가는 것이 좋은 것인지를 물어 보라. 이 사람이 스스로 양식을 구할 수 있다면 그것은 아주 나쁜 것이라고 대답할 것이다. 그러나 지치고 굶주리고 있다면, 그는 식량을 발견한 그곳에서 음식을 가져갈 권리를 갖는다. 그러나 그런 경우에 사냥을 나갔던 주인이 돌아와 부랑자가 아니라 동료가 방문했었다는 것을 알 수 있도록, 그는 천막에 모자, 칼 혹은 매듭이 있는 끈 조각을 남겨두어야 한다.

그런 예방책은 주인이 천막 근처에 도둑이 들었다고 생각할 때 생길 수도 있는 수고를 덜어줄 것이다.

수천 가지 유사한 예를 더 들 수 있다. 인간과 동물에게서 선과 악의 개념은 동일하다는 것을 보여주기 위해서 여러 권의 책을 쓸 수도 있을 것이다.

개미, 새, 들쥐, 추크치인은 모두 칸트도, 성스런 교부들도, 심지어 모세도 읽지 않았다. 그러나 그들 모두에게 선과 악에 대한 표상은 동일하다. 이들 개념의 토대에 놓여 있는 것에 대해 여러분이 조금만 생각해 본다면, 개미, 들쥐, 기독교도 혹은 무신론자 도덕주의자들 모두는 종의 보존에 이로운 것을 좋은 것으로, 해로운 것을 나쁜 것으로 인정한다는 사실이 명백해 질 것이다. 벤담 혹은 밀이 주장하듯이 개체에게 이롭거나 불리한 것이 아니라, 종 전체에 이로운가 아니면 불리한가가 기준이 된다.

4) 역주-러시아연방에 속한 민족. 추코트 자치구의 원주민이다.

이렇게 선과 악에 대한 개념은 종교 혹은 신비주의적 의식과 아무 관련이 없다. 그것은 동물류의 자연적 욕구다. 종교 창시자, 철학자, 도덕론자들이 우리에게 신적이고 신비적인 본질에 대해 언급할 때, 그들은 개미, 참새들 각각이 그들의 작은 사회에서 실천하는 그것을 되새김질 할 뿐이다. 즉 "이것이 사회를 위해 이로운 것인가? 그런 경우에 이것은 **좋다.**"

"이것이 사회에 해로운가? 그런 경우에 이것은 **나쁘다.**"

낮은 등급의 동물들에 한정된 이 개념은 점차 동물의 왕국에서 높은 단계로 확장된다. 하지만 그것의 본질은 언제나 동일하게 유지된다. 개미의 경우에 그것은 개미총의 경계를 벗어나지 않는다. 연대(連帶)의 관습과 공동거주의 모든 규칙들은 개미총의 개체들에게 똑같이 적용된다. 어떤 경우에도 자신이 지닌 양식을 개미총의 다른 동료들에게 꼭 나누어 주어야 한다. 두 개미총이 한 가족으로 합치는 일은 재난이 두 집단을 위협할 경우에 한정된다. 마찬가지로 룩셈부르크 공원의 참새들도 서로 놀라운 연대를 보여준다. 하지만, 몽그(Monge) 거리의 참새들이 영역을 침범할 때에는 격렬한 싸움을 감행한다. 추크치인은 다른 종족들을 자기 종족의 관습이 적용되지 않는 인간으로 여긴다. 심지어 그에게 물건을 파는 것도 허용된다. 언제나 판매한다는 것은, 어느 정도, 구매자에게서 훔친다는 것을 의미한다. 즉 양쪽 중 누군가는 즉, 판매자 혹은 구매자든지 언제나 속임을 당한다는 것이다. 같은 종의 구성원에게 무엇인가를 판매한다는 것은 범죄다. 그들은 절대로 계산하지 않고 **준다.**

자신과 파푸아인 사이에 존재하는 얼핏 보아서 잘 파악되지 않는 밀접한 관계를 이해한 후 문명인은 자신의 연대 원리를 모든 종의 인간에게 심지어는 가축들에게도 전파한다. 개념은 자라지만 본질은 언제나 동일하게 유지된다.

다른 한편, 선과 악에 대한 개념들은 문명화 수준과 지식의 확산에 따라 변한다.

이들 개념은 불변성을 갖지 않는다. 늙은 부모가 공동체에 부담이 되고, 그 부담이 매우 극단적일 때 원시인은 그들을 먹는 것이 **매우 좋다고 생각한다.** 즉 종족에게 유리하다고 보았을 수 있다. 어머니들이 세 살까지 아이들에게 젖을 먹이고 충분히 양육할 기회를 갖기 위해서, 원시인은 가족 당 둘 혹은 세 명만 남기고 나머지 신생아들을 살해하는 것이 좋다고, 즉 공동체를 위해 유리하다고 생각한다. 지금은 새로운 개념들이 나타났다. 존재 수단들이 석기시대의 그것과 달라졌기 때문이다. 원시가족은 늙은 부모를 먹을 것인가 아니면 반쯤 굶주리며 살다가 곧 늙은 부모도 어린 식구들도 먹여 살릴 수 없는 상태에 처할 것인가의 두가지 악중에서 선택해야했다. 문명인은 그들과 비교하여 다른 조건들 속에 존재한다. 상상만으로 그때의 모습을 그려내기가 어렵겠지만 당시의 조건에서 반야만인들의 판단이 충분히 옳았다는 것을 이해하기 위해서는 그 시대로 돌아가 생각할 줄 알아야 한다. 선교사들의 노력으로 원주민들이 부모와 적들을 먹지 않게 된 이후로, 오세아니아의 주민들이 괴혈병에 희생되었다는 것을 사실 우리들은 제대로 보지 못하고 있다.[5]

종의 보존을 위해 무엇이 이롭고 해로운 것인가에 대한 개념도 변하고, 판단도 변한다. 그러나 본질은 변함없이 유지된다. 동물 왕국의 모든 철학을 한 문장으로 요약한다면, 개미, 새, 들쥐, 인간 모두는

5) 미클루호 - 마클라이가 이것을 확인하였고, 알려진 것처럼 그의 관찰은 신뢰할 수 있다.

한 점에서 만날 것이다. 기독교인들은 말한다. “이웃이 너희에게 행하기를 원하지 않는 것을 너희도 이웃에게 **행하지 말라.**” 그리고 여기에 덧붙인다. “그렇지 않으면 너는 지옥에 떨어질 것이다.” 동물세계와 훨씬 더 높은 체제의 관습에 대한 연구로부터 나온 도덕은 다음과 같이 요약된다. “남에게 대접받기 원하는대로, 너희도 남을 대접하라.” 여기에 덧붙인다. “이것은 충고 이상의 것이 아님을 잘 기억하라” 그러나 이 충고는 인간을 포함한 사회적 동물에 대한 오랜 연구의 열매다. 이 원리에 따라 행동하는 것은 이미 **습관**이 되었다. 이 원리가 없다면 사회의 존재 자체가 불가능하다. 어떤 민족도 그들이 싸워야 하는 자연적 장애들을 이길 수 없었을 것이다.

사회적 동물의 세계와 인간 사회의 관습에 대한 연구에서 나온 이토록 단순한 원리가 현실 속으로 흘러들어 갈 것인가? 이 원리는 그것에 추가되어야 하지 않는가? 계속 발전함에 따라 어떻게 그 원리는 서서히 습관으로 변하는가? 이제 우리는 이 문제를 다루도록 하겠다.

5

인간에게는 선과 악에 대한 개념이 있다. 아주 높은 수준의 지식 발전 단계에 있건, 반대로 편견과 이기적 이해 때문에 생각이 안개에 덮여 있건, **인간은 대체로 자신이 살고 있는 사회에 이로운 것을 좋게 여기고, 사회에 해로운 것을 나쁘게 여긴다.**

이 추론은 감정과 거의 구별되지 않을 정도로 불명료하다. 그러나 그런 추론은 어디로부터 나오는가?

예를 들어 유(類)로서의 인간에 대해 사유할 생각을 한 번도 하지 않았던 수백만의 인간이 있다고 하자. 유(類)로서의 인간에 대한 그들의 개념은 대부분의 경우 씨족에 제한된다. 민족으로 제한되는 경우는 드물고, 인류로 제한되는 경우는 더 드물다. 그들이 협소한 이기주의를 거부하고 인류에게 이로운 것을 선으로 여기는 것, 또 그들이 자신의 씨족 내에서 연대감을 성취하는 것은 어떻게 가능할까?

모든 시대의 사상가들은 오랫동안 이 문제를 연구하였고, 지금도 여전히 연구하고 있으며, 매년 이 주제에 대해 수많은 책들이 집필되고 있다.

이제 이 문제에 대한 우리의 관점을 피력하도록 하겠다. 그리고 설명을 달리하는 경우에도 사실 자체는 논쟁의 여지가 없으며, 우리의 해설이 신빙성 없고 불완전한 경우에도 사실 자체는 그로부터 도출된 모든 결론과 함께 현존한다는 것을 짧게 언급한다.

태양의 주변을 돌고 있는 행성의 기원에 대해 우리는 정확하게 알 수 없다. 그럼에도 불구하고 행성들은 계속 회전하고, 그들 중 하나가 우리를 공간 속으로 이끈다.

종교가 이 문제에 대해 설명한 것을 우리는 이미 말했다. 교부들에 따르면, 다만 신이 개념을 불어 넣어 주었기 때문에 인간은 선과 악을 구별한다. 이롭거나 해로운 것은 인간이 상관할 바가 아니며, 인간에게는 창조주의 생각을 따르는 일만 남았다. 야만인의 공포와 무지의 결과인 이런 설명에 머물지 말고, 다음으로 넘어가도록 하자.

다른 사람들은(홉스와 같이) **법**에서 설명을 찾으려고 하였다. 그들에 따르면, **법**은 인간이 **정의와 불의, 선과 악**의 감정을 발전시킬 수 있게 한다.

우리의 독자들은 이 설명에 대해 적합한 평가를 내릴 수 있다. 소수의 착취자들에 대항하여 사람들은 봉기를 일으킨다. 그러나 착취자들에게 유리하도록 개념들을 주입시키기 위하여, **법**은 인간의 사회적 본능을 단순히 이용한다. 독자들은 이 사실을 잘 알고 있다. 법은 정의의 발전을 촉진하는 대신에 정의감을 왜곡하였다. 계속해서 다음으로 넘어가도록 하자.

공리주의자들에 대한 심의에만 머물지는 않도록 하자. 인간은 개인적인 이익 때문에 도덕적으로 행동한다고 그들은 주장하고, 인류와의 연대 감정을 표명한다. 이 감정의 기원을 어떻게 설명하는가와 상관없이, 연대감은 늘 존재하고 있다. 그들의 주장에는 진실의 일부가 담겨져 있다. 그러나 이것도 아직은 진실과는 거리가 멀다. 계속해서 다음으로 넘어가도록 하자.

부분적임에도 불구하고 도덕 감정의 원천에 대한 규명은 유일하게 18세기 사상가들의 공적이다.

아담 스미스(Adam Smith)는 자신의 탁월한 저서[6]에서 도덕 감정의 참다운 기원을 상당히 해명하였다. 그는 종교 혹은 신비주의적 감정에서 그것을 찾지 않고, 동정심이란 단순한 요소에서 찾았다. 그러나 성직자들은 이 저서에 대해 깊이 침묵하고 있으며, 무신론적 사상가 대부분도 이 저서를 실제로 잘 모르고 있다.

예를 들어, 어른이 아이를 때리는 것을 보았다고 하자. 당신들은 구타가 아이에게 고통을 야기함을 알고 있다. 상상만으로 여러분은 아이에게 가해진 악을 생생하게 느낄 수 있다. 혹은 아이의 울음, 이 작은 얼굴에 나타난 고통의 표현은 여러분에게 악을 웅변한다. 겁쟁이가 아니라면 여러분은 가해자에게 즉시 달려들어 이 짐승에게서

---

6) 역주-아담 스미스를 도덕철학자로 유명하게 만든 『도덕감정론(Theory of Moral Sentiments)』(1759)이다.

아이를 빼앗을 것이다.

모든 도덕 감정을 설명하기 위해 이 하나의 사례만으로도 충분하다. 여러분의 상상력이 풍부하게 될수록 여러분은 고통을 강요당한 아이의 감정을 더 잘 떠올릴 수 있으며, 여러분의 도덕 감정은 더 강력하고 더 섬세하게 될 것이다. 다른 사람의 입장에서 생각하는 능력이 발전할수록 그에게 모욕감을 일으키는 악을, 그리고 아이를 피해자로 만드는 불의를 당신은 더 생생하게 느끼고, 악, 모욕 혹은 불의에 저항하는 성향은 더욱 강해진다. 환경이나 주변 사람들의 영향을 받아, 혹은 강력한 상상력과 사유 덕분에 여러분은 상상과 사유가 이끄는 방향으로 행동하는데 더욱 익숙해질 것이다. 그와 더불어 여러분 안의 도덕 감정도 더욱 더 성장하고 강해지며, 더욱 많은 습관의 힘을 획득할 수 있을 것이다.

바로 이것이 아담 스미스가 많은 양의 사례를 제시하면서 발전시킨 사상의 내용이다. 이 책을 쓸 무렵 그는 젊었지만, 그것은 그가 나이 들어 집필한 '정치경제학'보다 비교할 수 없을 정도로 높은 가치를 갖는다. 모든 종교적 편견에서 자유로운 아담 스미스는 인간본성의 물리적 현상에서 도덕성의 설명을 찾으려하였다. 바로 이것이 한 세기 동안 교회와 세속의 종교적 편견이 이 책을 금지한 이유다.

아담 스미스는 동정심의 요소가 인간에게서처럼 동물들에게도 존재한다는 사실을 이해하지 못했다. 이것이 그의 유일한 오류였다.

다윈(Darwin) 류의 통속적인 풍속해설자들은 맬서스(T.R. Malthus)에서 차용한 것이 아니면 모든 것을 부정한다. 그러므로 그들이 나쁘게 받아들이지 않기를 바란다. 그러나 연대감은 사회를 이루며 사는 모든 동물들의 지배적인 특징이다. 실제로, 독수리는 참새를 먹이로 삼고, 늑대는 들쥐를 공격한다. 그러나 독수리도 늑대도 사냥을 할 때는 서로 돕고, 참새와 들쥐는 서로 연대하여 육식동물들을 방어한다. 얼빠진 것들만이 이들의 발톱에 걸려든다. 어떤 동물의 사회에서도 연대는 자연의 법칙이며, 악명 높은 '존재를 위한 투쟁'보다도 자본주의자들이 결국 우리를 멍청하게 만들기 위해 한 목소리로 찬미하는 덕행보다도 훨씬 중요하다.

우리는 동물의 세계를 연구하고, 각각의 생물체가 불리한 환경조건과 적들에 대항하여 수행하는 존재를 위한 투쟁을 규명하려 한다. 이때 우리는 일정한 동물사회에서 평등과 연대의 원리들이 발전하고 그 원리들이 변하여 그들의 습관이 될수록, 그 사회는 더 큰 생존의 기회를 갖게 되며, 불리한 환경과 적과의 싸움에서 승자가 될 기회가 더욱 증가한다는 것을 확인하게 된다. 사회의 각 구성원이 다른 구성원들과의 연대를 더욱 생생하게 의식할수록, 사회의 모든 구성원들 속에 승리와 진보의 주요 결정요소인 두 가지 특성이 더욱 더 발전한다. 하나는 용기이고, 다른 하나는 자유로운 개인적 주도권이다. 반대로 일정한 동물사회 혹은 작은 집단에서 연대감이 줄어들수록 다른 두 결정요소의 강도도 낮아지고, 결국에는 사라진다. 그때 해체 직전에 이른 사회는 적에 의해 붕괴될 수밖에 없다. 연대감의 감소는 절대적 풍요에서 비롯된다.

상호 신뢰가 없다면 투쟁은 불가능하게 되고, 용기, 주도권, 연대가 없다면 승리는 존재하지 않는다. 패배는 불가피하다.

결국 이 질문으로 돌아가서, 동물과 인간의 세계에서 연대의 법칙은 진보의 법칙이며, 용기와 이로부터 나오는 개인적 주도권처럼 상호부조의 원리는 이 원리들을 적용하는 법을 배운 종에게 승리를 보장한다. 우리는 이것을 많은 예를 통해 증명할 수 있다. 이제 우리는 이 사실을 충분히 검증하였다. 우리의 관심을 끌고 있는 질문을 위해 이 사실이 매우 중요함을 독자들도 충분히 이해할 수 있을 것이다.

지상에 나타난 동물의 첫 배아로부터 시작하여, 이 연대감이 수백만 세기 동안 활동하고 있음을 이제 상상해 보라. 이 감정은 조금씩 습관으로 변하고, 유전을 통해 가장 단순한 미세 조직으로부터 곤충, 조류, 파충류, 포유류, 인간이라는 더 높은 단계의 생물로 전달되었음을 상상해 보라. 이런 것들을 상상해보면, 여러분은 도덕감정의 기원을 이해하게 될 것이다. 먹이와 그것을 소화하는 소화기관이 필요한 것처럼 도덕감정도 동물에게 **필수적이다.**

더 낮은 단계의 동물세계는 살펴보지 않겠다. 왜냐하면 가장 단순한 미세 조직들의 군체로 이루어진 복잡한 조직에 대해 언급해야 하기 때문이다. 그러나 우리는 바로 연대감에 도덕감정의 기원이 있음을 알 수 있다. 우리는 이 광범위한 질문을 몇 쪽에 아주 간단하게 기술해야 한다. 그러나 도덕감정의 기원에는 신비적인 것도 감상적인 것도 전혀 없다는 것을 보여주기 위해서는 이것으로도 충분하다. 개체와 유의 연대감이 없었다면 동물세계는 발전할 수도 완성될 수도 없었을 것이다. 물속을 헤엄치고 현미경으로만 볼 수 있는 원형질 조각은 지금 지구에서 가장 완전한 생물체일 지도 모른다. 그것이 앞으로도 존재할 수 있다면, 그것은 최초의 세포덩어리가 투쟁에서 연합했다는 사실 때문이다.

6

자, 우리는 이익을 쫓는 부르주아로서가 아니라 단순한 이성적 연구자로서 동물의 사회를 관찰하려고 한다. 우리는 이 관찰에서 "비슷한 경우에 남에게 대접 받기 원한다면, 너희도 남과의 관계에서 그렇게 대접하라."는 원리는 사회가 존재하는 모든 곳에서 발견됨을 확인해야 한다.

동물세계의 발전 혹은 진화를 면밀하게 연구한다면, 여러분도 동물학자 케슬레르(K.Ф.Кесслер)와 경제학자 체르니셉스키처럼 동물세계의 발전에서 '연대성'의 원리가 그 어떤 적응력보다도 훨씬 더 중요한 역할을 하였음을 발견할 것이다. 연대성과 달리 적응력은 개체들 사이에서 개별적 이익 때문에 발생한 투쟁의 결과이기 때문이다.

명백한 사실은 연대의 원리가 여전히 인간사회에서도 더 자주 실천되고 있다는 것이다.

동물의 발전단계에서 가장 높은 곳에 있는 유인원 사회는 연대성의 원리를 실천적으로 적용하는 탁월한 사례를 제공한다. 인간은 여전히 이 길을 가고 있다. 이것만이 적대적 환경의 모든 불리한 조건들로부터 인간이 보잘 것 없는 종을 보존하고 지적 능력을 발전시킬 수 있게 한다.

지금까지도 석기시대의 발전 수준에 있는 원시사회를 연구하면, 이들 작은 사회에서 연대성의 원리는 공동체의 모든 구성원과의 관계에서 최고의 수준으로 실천되고 있음을 알게 된다.

이것이 역사적으로 가장 암울한 시대에도 연대감과 그것의 실천적 적용이 결코 사라지지 않았던 이유다. 일정기간 이 원리를 배척했던 폭정, 노예제도, 착취의 시대가 있었다. 그러나 그 기간에 조차도 이 원리는 언제나 다수의 생각을 지배했고, 그 속에 깊게 뿌리내렸다. 그 결과 불만족스런 체제에 대한 봉기와 혁명을 야기하였다. 그러나 이것이 없다면 사회는 틀림없이 붕괴하고 말았을 것이다.

대부분의 동물과 사람들에게서 이 감정은 습득된 습관의 형태로 남아있고, 남아야 한다. 이것은 우리가 의식하지 않고 행동할 때에도 늘 현존하는 원리다. 전체적으로 우리도 동물세계의 진화의 일부라고 말할 수 있다. 진화는 아주 오래, 수억 년 동안 진행되었다.

우리가 그것을 어깨에서 벗어버리려 해도 가능하지 않다. 인간은 도덕심과 결별하기보다는 네발로 기는 것을 더 쉽게 배울 수 있을 것이다. 동물진화의 역사에서 도덕심은 인간의 직립보행보다 앞선 것이다.

우리의 도덕심은 후각이나 촉각처럼 전적으로 타고난 능력이다.

법과 종교도 이 원리를 설교한다. 그러나 전자는 자신의 상품을, 즉 승리자, 착취자, 사제의 이익을 고려한 규정을 합리화하기 위해 그것을 기만적으로 사용한다. 우리는 이것을 잘 알고 있다. 연대성의 정당성은 보편적으로 인정된다. 이런 상황에서 연대성의 원리 없이 어떻게 이성에 영향력을 행사할 수 있겠는가?

종교도 법도 이 원리로 위장하였다. 마치 권력이 강자와 대립하고 있는 약자의 후견인 역할을 하면서, 자신의 권위를 강요하는데 성공하였던 것처럼 말이다.

종교, 법 그리고 권력을 버리고 난 후에, 인류는 빼앗겼던 도덕원리를 다시 찾게 될 것이다. 그리고 왜곡된 도덕원리를 비판함으로써, 도덕원리를 왜곡으로부터 정화시킬 것이다. 왜냐하면 성직자, 재판관 그리고 지배자는 왜곡으로 도덕원리를 병들게 만들었고, 여전히 병들게 만들고 있기 때문이다.

그러나 교회와 법이 악용했다는 이유로 도덕원리를 거부하는 것은 합리적이지 못하다. 그것은 코란이 매일 청결의무를 요구한다고 해서 우리가 씻지 않고, 모세가 유대인들에게 돼지고기를 금했다고 해서 섬모충이 있는 돼지를 음식으로 사용하지 않으며, 샤리아(꾸란을 바탕으로 만들어진 이슬람의 종교법)가 3년 동안 경작되지 않은 모든 토지는 공동체 소유가 된다고 규정했다고 해서 토지에 대한 공산주의적 소유를 부정하는 것이 합리적이지 않은 것과 같다.

게다가 '남에게 대접 받기 원하는 대로 너희도 남을 대접하라'고 명령하는 원리가 아나키즘의 토대에 놓인 평등의 원리와 본질상 다르단 말인가? 아나키즘의 원리를 삶 속에 실천하지 않으면서 어떻게 자신을 아나키스트라고 생각할 수 있단 말인가?

우리는 우리를 지배하는 권력을 원하지 않는다. 이렇게 해서 우리는, 우리 자신도 아무도 지배하기를 원하지 않는다고 선언한다. 우리는 남들이 기만하는 것을 원하지 않고, 우리에게 늘 하나의 진실만을 말하기를 원한다. 그리고 이렇게 해서 우리는, 아무도 기만하기를 원하지 않고 언제나 하나의 진실만을 그리고 나아가 모든 진실만을 말할 의무를 스스로 진다고 선언한다. 우리는 노동의 결과를 우리에게서 빼앗아가는 것을 원하지 않는다. 그리고 이렇게 해서 우리는 타인의 노동의 산물에 대한 불가침성을 존중한다고 선언한다.

진실로, 어떤 근거로 우리가 자신에 대한 일정한 태도를 요구하면서, 남에게 완전히 다른 태도를 보일 권리를 주장할 수 있겠는가?

우리는 그 어떤 우연에 따라 하고 싶은 대로 남을 다룰 권리를 가진 키르기즈 인들의 '흰 뼈'(특권층)가 되어가고 있는 것이 아닌가? 가장 원초적인 평등의 감정은 이런 생각에 대해 크게 항의한다. 상호관계에서의 평등과 이로부터 나오는 연대성, 이 둘은 존재를 위한 투쟁에서 동물세계의 가장 강력한 무기다. 평등, 이것은 정의다. 우리는 아나키스트임을 자임하며, 남에게 대접 받기 원하는 것과 다르게 남을 대접하지 않겠다고 미리 선언한다. 우리는 어느 누구에게도 분명히 우리 자신들이 공감하지 않은 방향으로 폭력, 간교와 술책을 행사할 가능성을 주는 불평등을 용납하지 않을 것이다. 정의와 동의어인 평등은 아나키즘의 본질을 이룬다. 잘 믿는 이웃을 기만할 권리를 갖는다고 하는 '흰 뼈'는 사라져야 한다. 우리는 그것을 원하지 않으며, 기회가 되면 근절시킬 것이다. 우리는 법, 종교, 권력으로 나타나는 빗나간 삼위일체에게만 전쟁을 선포하지는 않는다. 우리는 수많은 거짓, 간교, 착취, 음란과 타락, 한마디로 모든 사람의 마음을 채우고 있는 불평등에 대하여 전쟁을 선포한다. 우리들은 그러한 모든 행동, 그러한 모든 사유에 대하여 전쟁을 선언한다. 신민(臣民), 기만당한 사람, 착취당한 사람, 매춘부 등은 무엇보다도 우리의 정의감을 부끄럽게 만든다. 더 이상 우리는 매춘부도, 착취당한 사람도, 기만당한 사람도, 충성스런 신민도 원하지 않는다.

이미 여러 번 반복되었던 것처럼, 아마 사람들은 우리에게 이렇게 말할 것이다. "남에게 대접받기 원하는 대로, 언제나 남과의 관계에서 당신들도 대접해야 한다고 전제한다면, 당신은 무슨 권리로 특정한 상황에서 물리력을 사용할 수 있는가? 당신은 무슨 권리로 나라를 침범한 문명인 혹은 야만인을 향해 대포를 발사할 수 있다고 하는가? 당신은 무슨 권리로 착취자의 소유물을 박탈할 수 있다고 하는가? 무슨 권리로 폭군뿐만 아니라 심지어 독사를 죽일 수 있다고 하는가?"

무슨 권리로? 법에서 차용한 이 이상스런 용어를 당신은 어떻게 이해하고 있는가? 당신이 행동을 했을 때 당신은 그 행동이 좋다는 의식이 당신 안에 존재하는가에 대한 문제에 깊이 생각하는가? 아니면 당신은 당신이 존경하는 사람들이 그 행위를 좋게 여기는가에 대한 문제에 깊이 생각하는가? 당신이 이 문제에 관심을 갖는다면, 그 경우 우리의 답변은 매우 간단하다.

그렇다. 물론 우리는 힘에 의존할 권리를 갖는다. 왜냐하면 이 경우, 전혀 해를 끼치지 않은 통킹 시나 줄루 족을 우리가 공격한다면, 독사를 죽이듯이 우리를 죽이기를 우리 자신이 요구하고 있기 때문이다. 즉 "우리가 언젠가 공격자의 편에 서게 된다면 우리를 죽여라."라고 우리는 자식들에게, 동료들에게 말한다. 우리가 언젠가 자신의 원칙을 배반하고, 동포를 착취하기 위해 상속권을 갖는다면 그것이 하늘에서 떨어진 것이라 해도 그것은 우리 자신들을 착취하라고 요구하는 것이다.

또한 모든 고결한 인간은 자신이 독사로 변하는 경우에 자신을 죽여주기를 미리 요구한다. 그리고 자신이 왕좌에서 밀려난 폭군의 자리에 서게 되는 경우에 칼로 심장을 찌를 것을 요구한다.

아내와 아이를 가진 사람 백 명 중 90명은 자신에게 광기(행동에 대한 의식의 통제력 상실)가 나타날 것을 확신하게 되면, 사랑하는 사람들에게 해를 끼칠 수 있다는 두려움 때문에 자살을 택할 것이다. 고결한 사람들은 사랑하는 사람들에게 위험이 된다는 것을 느끼는 순간 이 위험이 현실화되기 전에 죽을 준비가 되어 있다.

언젠가 이르쿠츠크에서 미친개가 폴란드 의사와 사진사를 물었다. 사진사는 달궈진 쇠로 상처를 지졌다. 의사는 부식성 약품을 바르는 것으로 그쳤다. 그는 젊고, 착하고, 활력이 넘쳤다. 그는 최근에 강제 노동에서 돌아왔다. 민중을 위해 희생적으로 봉사했다는 이유로 정부가 그를 유형에 처했던 것이다. 그는 많은 지식과 지혜를 갖고 치유의 기적을 이루어냈다. 환자들은 그를 숭배하였다. 6주 후 그는 물린 손가락이 부어오르는 것을 발견했다. 의사가 실수할 리 없었다. 그것은 광견병의 징후였다. 그는 자신처럼 의사이고 추방객인 동료에게 달려갔다. "즉시 스트리크닌을[7] 줘, 부탁이야, 제발. 이 손을 봐. 이게 무엇을 의미하는지 알지? 몇 시간 지나면, 아니 그보다 일찍 광견병 발작이 일어날 거야. 그러면 난 나 자신과 친구들을 물어뜯으려고 할 거야. 시간이 없어. 빨리 스트리크닌을. 난 죽어야 해."

독사로 변할 것을 느끼고 그는 자신을 죽여줄 것을 요구하였다. 동료는 망설였다. 그는 광견병을 치료하기 위해 모든 방법을 시도해보고 싶었다. 그는 용감한 여인과 함께 그를 간호했다. 두 시간 후 의사는 입에 거품을 물고 달려들어 물어뜯으려 했다. 그에게 다시 정신이 돌아왔다. 그는 스트리크닌을 요구하였다. 그는 다시 발작을 일으켰다. 그는 무섭게 경련하면서 죽어갔다. 우리 연구자들이 확인한 유사한 사례를 우리는 더 많이 제시할 수 있다! 고결한 인간은 남에게 고통을 주기보다는 죽음을 택한다. 바로 이것이 독사 혹은 폭군을 죽일 때, 자신이 올바르게 행동한다는 의식이 발생하는 원천이다. 그가 존경하는 사람들의 동의는 행동의 정당성을 보증한다.

페롭스카야(С.Л.Перовская)와 그의 동료들은 러시아 황제를 암살하였다. 유혈을 싫어하고, 농노를 해방시킨 황제에게 호감을 갖고 있었음에도 불구하고, 모든 사람들은 그들이 그렇게 행동할 권리를 갖고 있음을 인정하였다.

왜 그랬을까? 이 행위가 이롭다는 인정을 받았기 때문은 아니었다. 여전히 인류의 4분의 3은 그 행위가 이롭다고 생각하지 않는다. 대신 모든 사람들은, 페롭스카야와 그의 동료들이 세상의 그 어떤 금은보화를 준다 해도 폭군이 되는 것에 동의하지 않았을 것이라고 느꼈

---

7) 역주-스트리크닌(strychnine), 마전의 씨에 함유되어 있는 알칼로이드. 백색결정으로 매우 유독하다.

기 때문이었다. 심지어 이 사건 전체를 알지 못하는 사람들도 이 행동에는 젊은이들의 무모함, 궁정혁명 혹은 권력찬탈 시도가 아니라 폭정에 대한 증오가 있었으며, 그 때문에 페롭스카야와 동료들은 자기희생과 죽음의 길을 택했다고 확신하고 있다. 루이자 미쉘에 대해 "그녀는 빼앗을 권리를 가졌다."고 말하는 것처럼, 사람들은 "그들은 살인할 권리를 획득하였다."고 말한다. 혹은 헤르손 재정국에서 백만 심지어 이백만을 훔치면서도, 자신들은 마른 빵을 먹었던 테러리스트들을 상기할 때, 사람들은 "그들은 도둑질할 권리를 가졌다."고 말한다. 이때에도 장전된 총을 들고 금고를 지키던 보초들이 책임을 지지 않도록, 그들은 죽음을 무릅쓰고 모든 예방조치를 취했던 것이다.

인류는 **이 권리를 이미 획득한 사람**들이 바리케이드 혹은 총성이 난무하는 사거리에서 폭력을 사용할 권리를 결코 부정하지 않는다. 그러나 이러한 행동들이 여론에 심오한 영향을 줄 수 있으려면, 이 권리를 필수적으로 획득해야 한다. 그렇지 않은 경우 해로운 행위처럼 이로운 행위도 사상의 진보를 위해 아무런 의미 없는 무모한 행위가 될 뿐이다. 사람들은 그것을 단순히 폭력의 위치이동, 단순히 한 착취자를 다른 착취자로 교체하기로 볼 것이다.

7

지금까지 우리는 인간의 (명료하게 이해하고 행하는) 의식적인 행위에 대해 말했다. 그러나 의식적 삶과 나란히 훨씬 더 광범위한 무의식적 삶이 흘러간다. 이 무의식적 삶은 전에는 아무런 관심을 끌지 못했다.

우리는 지난 밤 단추가 떨어진 사실을 알면서도, 단추를 채우려하거나, 자신이 다른 장소에 옮겨 놓고도 옷을 집으려고 손을 뻗는다. 이런 일은 아침마다 일어난다. 무의식적 삶에 대한 표상을 얻기 위해서, 그것이 우리의 삶에서 수행하는 큰 역할을 이해하기 위해서 이런 습관을 관찰하는 것으로 충분하다.

타인에 대한 관계의 4분의 3은 무의식적 행위로 구성된다. 누구나 말하고, 미소 짓고, 찌푸리고, 고민하고 혹은 논쟁할 때도 차분하게 행동하는 자신만의 방식이 있다. 인간 혹은 인간 이전의 선조에게서 물려받은 습관 덕분에(화를 낼 때 인간과 동물의 얼굴표정이 유사하다는 것에 주목하라.) 혹은 의식적인, 무의식적인 방법으로 습득한 간단한 습관 덕분에, 우리는 분명하게 인식하지 않고도 모든 행위를 행한다.

이런 방식으로 주변세계와 관련된 우리의 행동은 습관으로 변한다. 기독교인은 언제나 악마가 그를 악행으로 이끈다고 믿고, 지옥의 고통 혹은 천국의 지복에 의존해서만 악행을 자제할 수 있다. 그러나 많은 양의 좋은 습관을 습득한 사람은 선량한 기독교인 보다 훨씬 더 완전해질 것이다.

남에게 대접 받기 원하는 대로, 남과의 관계에서 그렇게 대접해야 한다. 이것이 인간과 모든 사회적 동물에게서 단순한 **습관**이 되면, 인간은 보통 자신이 어떤 경우에 어떻게 행동해야 할 것인가 하는 문제에 골몰하지 않는다. 그는 깊이 생각하지 않고도 좋게 혹은 나쁘게 행동한다. 상황이 매우 복잡하거나 무분별한 욕망이 밀려드는 예외적인 경우에만 인간은 동요하기 시작한다. 그의 모든 뇌세포들은 서로 간의 싸움에 돌입한다. 이러한 뇌는 극도로 복잡한 기관으로, 그것의 각 부분들은 어느 정도 독립적으로 기능한다. 그때 그는 관련을 맺고 있는 인물의 입장에서 생각해 본다. 그는 사람들이 그 자신을 그러한 방식으로 대접해 주기를 그 자신이 바라고 있는가를 고민한다. 그는 상대방의 장점 혹은 이익을 침해할 준비가 되어 있다. 그러나 이때 그가 상대방과 자신을 성공적으로 동일시하는 정도가 높을수록, 그의 결정은 더욱 더 도덕적이 될 것이다. 혹은 어떤 친구가 개입하여 그에게 이렇게 말할 수도 있다. "상대방의 입장이 되어 보도록 해. 네가 방금 그를 대접한 것처럼, 그가 너를 그렇게 대접하기를 너는 허락하겠니?" 이것으로 완전히 충분하다.

즉, 의심이 생길 때만 평등의 원리에 의존해야 한다. 백 중 아흔아홉 번의 경우에 우리는 습관 덕분에 도덕적으로 행동한다.

지금까지의 서술에서 우리는 절대로 **규정**하지 않고, 인간과 동물 세계에서 일어나는 것을 단순히 묘사했다는 것을 알았을 것이다. 이것은 의심의 여지가 없다.

과거에 교회는 사람들을 도덕적으로 만들기 위해 지옥의 고통으로 위협했다. 그러나 그 결과가 어떠했는지 모두 잘 알고 있다. 교회는 그들을 비도덕적 인간으로 만들고 말았던 것이다. 재판관은 감옥, 채찍, 교수형으로 위협한다. 이 모든 것은 사회성의 원리를 근거로 진행된다. 재판관은 이 원리를 가지고 사회에 사기 치는 것이다. 이렇게 해서 재판관은 사회를 타락시킨다. 재판관이 지구에서 성직자와 함께 사라질 수 있다는 생각만으로도 온갖 종류의 권위자들은 사회가 붕괴될 것이라고 비명을 지를 것이다.

우리로 말하자면, 우리는 재판관과 선고를 거부한다. 우리는 이것을 두려워하지 않는다. 기오가 그런 것처럼 우리는 도덕을 승인하고 강요하는 모든 시도마저도 부정한다. "원하는 것을 하라, 원하는 방식으로 하라."는 것이다. 왜냐하면 대다수의 사람들은 어느 정도 계몽되는가에 따라, 우리 시대의 고삐로부터 얼마나 벗어나는가에 따라, 언제나 일정한 방향으로, 즉 사회의 이익을 위해 행동하고 행위할 것이란 것을 우리는 확신하기 때문이다. 마치, 어린아이의 부모도 그랬다는 이유만으로 기어다니는 어린아이가 언젠가는 두발로 걷게 될 것이라는 것을 우리가 미리 확신하는 것처럼 그렇다.

우리가 유일하게 할 수 있는 것은 충고를 하는 것이다. 충고를 하면서도 우리는 다음과 같은 단서를 붙인다. "이 충고는 경험과 관찰을 통해 그것을 따르는 것이 유리하다고 네 자신이 확신하는 한에만 필요한 것이다."

젊은이가 허리를 구부정하게 굽히고, 그렇게 해서 가슴과 폐를 누르는 것을 볼 때, 우리들은 그에게 몸을 곧게 펴고 머리를 높이 들어, 가슴을 활짝 펴라고 충고한다. 우리는 폐를 확장하려면 가슴에 공기를 흠뻑 들여 마시라고 그에게 충고한다. 왜냐하면 이것이 폐결핵 예방의 가장 좋은 수단이기 때문이다. 그러나 동시에 그가 폐의 기능을 알고, 스스로 최상이라고 생각하는 자세를 찾아낼 수 있도록, 우리는 그에게 생리학을 가르친다.

바로 이것이 정말 우리가 도덕의 영역에서 할 수 있는 모든 것이다. 우리는 충고하고 거기에 다음과 같이 덧붙일 권리만을 갖는다. "그것이 좋다고 생각하면 그것을 따르라."

각자가 좋다고 생각하는대로 행동할 권리를 부여하거나, 누가 어떻게 어떤 반사회적 행동을 하던지 그를 처벌하는 사회의 권리를 전적으로 부정할 때, 그때에도 우리는 좋다고 여기는 것을 사랑하고, 나쁘다고 여기는 것을 증오할 능력을 거부하지 않는다. 증오할 줄 아는 사람만이 사랑할 줄 아는 것처럼, 그렇게 사랑하고 증오한다. 우리는 이 권리를 갖는다. 왜냐하면 동물사회 각각의 도덕 감정이 유지되고 발전되기 위해서는 이 원리 하나만으로도 전적으로 충분하기 때문이다. 나아가 인류의 도덕적 감정을 유지하고 발전시키기 위해서도 충분한 것처럼 보인다.

우리는 한가지만을 요구한다. 그것은 이 두 감정의 자유로운 발전을 가로막는 모든 것, 우리의 판단을 거짓된 길로 이끄는 모든 것, 즉 국가, 교회, 그리고 재판관, 성직자, 정부, 착취자의 착취를 폐지하는 것이다.

살인마 잭(Jack the ripper)은 가난하고 불쌍한 여성 10명을 차례로 살해하였다. 이들은 부르주아 계급의 여자 중 선량한 4분의 3보다 더 도덕적으로 우월하다. 잭을 볼 때 우리의 첫 반응은 혐오감이다.

숙박비로 6수를 요구하는 여성을 난도질하는 잭과 마주치게 된다면, 우리는 즉석에서 그를 총으로 쏘아버릴 것이다. 이때 우리는 총알이 집 소유자의 머리를 향하는 것이 오히려 더 적절할 수도 있다는 것에 대해서는 생각하지 않는다.

그러나 그를 살인에 이르게 한 모든 비열함을 상기할 때, 그가 혐오스런 책들에서 퍼 올린 형상들 혹은 어리석은 책에서 보고들은 관념들에 쫓기며 헤매던 어둠을 상상할 때, 우리의 감정은 둘로 분열된다. 잭이 재판관의 손에 떨어졌다는 것을 우리가 알게 될 때, 잭이 이 냉혹한 정신병자들의 손에 떨어졌음을 알게 될 때, 강도 잭에 대한 우리의 증오는 사라지고 새로운 방향을 갖게 될 것이다. 재판관 자신은 잭과 같은 사람들이 한 것 보다 십 배나 더 많은 인간(남성, 여성, 아이들)의 삶을 냉혹하게 유린하였으며 자신들이 부르주아의 이익을 지킨다는 것을 보여주기 위해 죄 없는 사람들을 유형지로 보내기 때문이다. 증오는 위선적이고 비겁한 사회로, 사회의 누구나 인정하는 대표자들에게로 옮겨간다. 한 강도의 모든 비열함도 법의 이름으로 자행된 수세기 동안의 비열함 앞에서는 사라지고 만다. 우리는 법을 증오하기 시작한다.

이제 우리 감정은 지속적으로 분열된다. 우리는 우리 모두가 많건 적건, 자유의지든 강요된 것이든 간에 이 사회의 공범이라는 것을 이해하게 된다. 우리에게는 더 이상 증오할 권리가 없다. 우리는 사랑할 권리는 갖고 있을까? 착취와 노예제도 위에 건설된 사회에서 인간적 본성은 타락한다.

그러나 노예제도가 사라짐에 따라 우리는 조금씩 자신의 권리를 회복할 것이다. 다시 우리는 사랑하고 증오할 힘을 획득할 것이다. 방금 앞에서 제시한 사례와 같이 아주 복잡한 경우에 꼭 그럴것이다.

우리는 거짓과 폭력 그리고 그와 유사한 것들을 싫어한다. 그 이유는 우리가 도덕법규에 따라 판단하기 때문은 아니다. 우리들은 이 법규를 무시한다. 오히려 그 이유는 인간에게 평등은 빈 말 이상의 것이며, 거짓과 폭력 그리고 그와 유사한 것들이 인간의 평등의 감정을 모욕하기 때문이다. 그러한 것들은 사상과 행동에서 진실한 아나키스트를 특히 분노하게 만든다.

매우 고양된, 즉 도덕론자들이 가르치기 원하는 모든 것을 포괄하는 도덕성을 창조하기 위해, 이 단순하고 자연스러운 그리고 명백한 원리 하나만으로도 충분하다. 다만, 그것을 늘 삶에 적용시킨다면 말이다.

평등의 원리는 도덕론자들의 모든 가르침을 요약한다. 그러나 그 안에는 그 이상의 것이 여전히 포함되어 있다. 개인에 대한 존중이 바로 '그것'이다. 평등의 아나키적 원리들을 선언할 때, 우리는 도덕론자들이 가졌던 권리를, 즉 자신들이 옳다고 생각하는 이상을 위하여 개인을 왜곡하는 권리를 거부한다. 우리는 어느 누구에게도 그런 권리를 인정하지 않으며, 우리 자신을 위해서도 그것을 원하지 않는다.

우리는 개인의 제한 없고 완전한 자유를 인정한다. 개인을 위해 우리는 모든 자질의 자유로운 발전과 존재의 완전성을 원한다. 우리는 개인에게 강요하기를 원하지 않고, 푸리에가 종교적 도덕에 대한 대립 원리로 제시한 것으로 돌아간다. 즉 "인간에게 절대적 자유를 주고, 그를 왜곡하지 말라. 이것은 이미 종교에 의해서 충분히 자행되었다. 인간의 욕망을 두려워하지 말라. 자유로운 사회에서 욕망은 어떤 위험의 소지도 제공하지 않을 것이다. 우리 자신은 스스로의 자유를 거부하지 말고, 다른 사람들이 자신을 노예화하도록 허용하지 않으며, 이러저러한 개인의 강력하고 반사회적인 욕망에 대하여 자기 고유의, 아주 치열한 사회적 감정으로 대항하기만 하면 될 것이다."

우리의 일상적 삶과 관련해서 이미 지금 우리들은 우리의 동정심 혹은 반감에 자유로운 흐름을 제공하여, 주어진 순간마다 이것을 실천하고 있다. 우리 모두는 도덕적 힘을 존중하고 도덕적 나약, 무기력, 비열을 경멸한다. 우리가 좋다고 여기는 사람들의 사회적으로 유익한 행동에 대해 우리는 매 순간 말, 시선, 미소로 만족감을 표시한다. 비열, 사기, 음모, 도덕적 용기의 부족이 야기하는 혐오감을 매 순간 우리는 시선과 말로 표현한다.

우리는 상류사회의, 즉 위선적 '교육'의 영향을 받았기 때문에, 여전히 기만적인 겉모습 아래 이 혐오감을 숨기려 애쓴다. 그러나 그때에도 우리는 혐오감을 완전히 숨길 수는 없다. 기만적인 겉모습은 인간 사이에 평등이 실현됨에 따라 결국 사라질 운명이기 때문이다.

선과 악에 대한 판단의 차원을 상당한 수준으로 높이고, 그 수준을 서로에게 알리기 위해서는 이미 이것으로도 충분하다. 사회에 성직자도 재판관도 더 이상 존재하지 않게 될 때, 이것은 훨씬 더 충분하게 될 것이다. 도덕적 원리들이 강제의 성격을 상실하고, 서로 평등한 사람들의 자연스런 관계로 인식될 때 그것은 더욱 수월하게 될 것이다.

그리고 이 관계들이 정립됨에 따라, 사회에는 높은 차원의 도덕개념이 생긴다. 이제 이것을 분석하도록 하자.

8

지금까지의 분석에서 우리는 평등의 단순한 원리들만을 서술했다. 남이 자신을 대하는 방식을 전혀 원하지 않으면서도, 자신은 남을 그런 방식으로 대할 권리를 갖는 사람들에게 우리는 저항했고 저항할 것을 호소하였다. 남들이 자신을 속이고, 착취하고, 난폭하게 대하며, 매수하기를 원하지 않으면서도, 타인과의 관계에서 자신은 그런 행동을 행하는 자들에 대해서 우리는 분노하였다.

그러한 경우에도 자유는 전혀 여러분을 위협하지 않을 것이다.[8] 우리들은 어떤 이상으로도 개인을 왜곡하기를 거부한다. 즉 우리는 좋게 혹은 나쁘게 생각되는 사람에게 공감과 반감을 공개적으로 표현할 권리만을 갖는다. 어떤 인물이 자기 동료들을 기만할 때, 이 행동에는 그의 의지, 그의 성격이 나타나는가? 그렇게 하도록 내버려 두라. 하지만 **우리의** 성격, **우리의** 의지는 우리가 사기꾼을 경멸하게

---

8) 모든 현대작가들 중에서 이 사상을 누구보다 훌륭하게 정식화한 사람은 입센(H.Ibsen)이다. 그는 영국에서 인정받게 된 것처럼 곧 프랑스에서도 열렬하게 인정받을 것이다. 그는 자신도 모르는 사이에 아나키스트처럼 보이게 된 사람이다.

한다. 우리에게 그런 성격이 있고, 때문에 우리는 당당하게 행동할 것이다. 즉 요즘 하는 것처럼, 우리는 사기꾼을 포옹하지도 않고, 악수를 나누지도 않을 것이다. 그의 공격적인 감정에 우리도 우리 고유의, 그만큼이나 적극적이고 강한 감정으로 대항할 것이다.

바로 이것이 평등의 원리를 사회에 유지하기 위하여 우리가 갖는 권리와 의무의 모든 것이다. 다시 이것은 이 원리를 사회에 적용하는 사례가 된다.[9]

풍속 타락의 가장 심각한 원인들은 자본주의, 종교, 재판, 정부이다. 이것들이 더 이상 존재하지 않을 때, 그때야 비로소 이 모든 것은 완전하게 실현될 것이다.

그런데, 평등의 원리 외에 어떤 다른 원리도 사회에 알려져 있지 않고 돈벌이 중심의 정의 개념에 사로잡혀 자신이 받은 것의 대가로 최소의 것도 주려하지 않는다면, 이것은 사회에 치명적일 것이다. 심지어 우리 관계 속에서 평등의 원리 자체도 사라질 것이다. 왜냐하면 그 원리를 유지하기 위해서는, 단순한 정의보다 훨씬 더 고결하고 강하며 아름다운 어떤 것이 삶 속에 필수적으로 나타나야 하기 때문이다.

'나타나야 할 어떤 것'은 바로 다음과 같다.

지금까지 인류에게 의지와 지혜와 사랑으로 충만한 위대한 영혼이, 아무런 반대급부를 바라지 않고 인류에 봉사하기 위해 모든 지혜의 힘, 모든 활력, 모든 생명을 바친 영혼이 부족한 적은 없었다.

---

9) 이미 다음과 같이 항변하는 소리가 들린다. "살인자 그리고 아이들을 타락시킨 사람은?" 이에 대해서도 우리는 매우 간단한 답을 갖고 있다. 즉 "자신의 내부에서 피에 대한 갈증이 명령한다는 이유만으로 살인을 저지르는 사람은 극도로 드문 현상이다. 이것은 치료하거나 기피해야할 병자다. 방탕한 사람들에 관해서, 우리들은 우선 사회가 우리 아이들의 감정을 타락시키지 않도록 배려할 것이다. 그때 우리는 이런 남자들을 전혀 겁내지 않을 것이다.

사유, 감정 그리고 의지의 결실은 모든 가능한 형식으로 발현된다. 여기 열정적인 진리 탐구자가 있다. 그는 주변의 무지한 자들의 주장에 맞서, 진리와 정의라고 여기는 것을 찾기 위해 삶의 모든 기쁨을 거부한다. 여기 발명가가 있다. 그는 전 세계를 변화시킬 것이라고 생각하는 발명에 몰두하거나, 헌신적인 여인이 어린아이에게 하듯 그에게 먹으라고 다그쳐도 끼니를 잊고 빵에 손도 대지 않고 오늘을 살기도 한다. 여기 열정적인 혁명가가 있다. 그는 가난과 박해에도 불구하고 일하며, 다른 사람들과 나눌 수 없다면 예술, 과학, 가정생활의 행복이 주는 즐거움도 고통이라 생각한다. 여기 젊은이가 있다. 그는 온갖 무시무시한 전쟁 기록물에 등장하는 애국심의 전설을 믿고, 자원병 부대에 등록한다. 그는 눈 속을 전진하고 굶주림으로 고생하고, 결국에는 총탄에 맞아 죽는다. 마지막으로 무수히 많은 헌신의 예들이 있다. 이들은 덜 화려하기 때문에 잘 알려지지 않고 거의 늘 인정받지 못한 채 남겨진다. 이러한 예들은 특히 여성들 사이에서 지속적으로 관찰된다. 우리가 인간본성의 뿌리에 놓여 있는 것을, 지금까지 지배와 착취에도 불구하고 인간본성이 속박으로부터 벗어날 수 있게 도와준 것을 두 눈 크게 뜨고 찾아낸다면 계속 관찰할 수 있을 것이다.

어떤 사람들은 은둔상태에서, 어떤 사람들은 훨씬 넓은 활동무대에서 인류의 진보를 위해 애쓴다. 인류는 이것을 잊지 않는다. 이것이 그들의 삶이 존경받고 신화로 장식되는 이유다. 인류는 그들을 이상화하고, 동화, 노래, 소설의 주인공으로 만든다. 그들의 모습을 보고 인류는 많은 사람들에게 부족한 용기, 선행, 사랑, 헌신에 경의를 표한다. 그들에 대한 기억은 한 세대에서 다른 세대로 전달된다. 활동무대가 가족 혹은 친구들의 작은 범위에 한정된 사람들조차도 인류는 잊지 않는다. 그들에 대한 기억은 가족 전통 속에서 존중된다.

바로 이 사람들이 그 이름의 가치에 맞는 참된 정의의 창조자들이 된다. 남은 모든 것은 단순한 평등관계일 뿐이다. 이 용기와 헌신이 없다면 인류는 자잘한 수지타산의 진흙 구덩이 속에 빠지고 말 것이다. 결국 다른 사람들이 미래의 도덕을 만들고, 그 도덕은 우리 아이들이 **수지타산**에 상관없이 – 에너지, 용기, 사랑은, 가장 생명적인 욕구가 감지되는 그곳에 이 모든 힘들을 투입할 때, 가장 잘 사용될 것이라는 사상에 따라 – 양육될 때 모습을 드러낼 것이다.

이 용기, 이 헌신은 모든 시대에 존재했다. 그것은 모든 사회적 동물들에게서 발견된다. 그것은 심지어 몰락의 시대를 사는 인간에게도 존재한다.

종교는 늘 이 성과를 독식하고, 자신의 이익을 위해 그것을 보급시켰다. 종교가 지금까지 존재할 수 있었던 것은 무지몽매를 제외하면 어떤 시기에나 이 용기와 헌신에 호소한 덕분이다.

이 용기와 헌신의 유래를 설명해야 했을 때, 종교가, 공리주의자 그리고 여러 도덕론자들은 우리가 이미 언급했던 혼돈에 빠지고 말았다.

이 용감한 헌신의 참된 유래를 발견한 영예는 그 어떤 신비주의적 힘도 아니고, 영국학파의 공리주의자들이 독창적으로 고안한 그 어떤 돈 중심의 입장도 아니다. 그 영예는 자신은 그렇게 생각하지 않았지만 아나키스트였던 젊은 철학자 기오의 것이다. 칸트의 철학이 실패하고, 실증주의자들과 진화론자들이 실패한 그 지점에서 아나키스트 철학자들은 계속하여 진실의 길을 갔다. 기오는 말한다. “용기와 헌신은 **자기 고유의 힘에 대한 자각으로부터** 나온다. 이것은 **충만하고 끝없이 솟아오르는 생명 그 자체다**." 인간은 **실현할 수 있다**는 내적인 자각은 **실현해야 한다**는 인식을 향한 첫걸음이다.

모든 인간은 삶 속에서 도덕적 의무감을 알게 되고, 모든 신비적인 수단을 동원하여 그 감정을 설명하려고 했다. 이 의무감은 생명의 잉여이며, 이것은 사용되고 베풀어지기를 모색한다. 이것은 동시에 자기 힘에 대한 자각이다.

축적된 힘은 이 힘을 가로막는 장애물에 압박을 가한다. 행동할 **능력이 있는 사람**은 행동할 **의무를 갖는다.** 악명 높은 도덕적 의무에 대한 개념에서 신비주의를 제거하면 다음과 같은 올바른 결론이 도출된다. 즉 **생명은 확산될 때에만 보존된다.**

"식물은 꽃을 피우지 않을 수 없다. 때로 개화는 죽음을 초래한다. 이 얼마나 큰 불행인가! 그러나 생명의 정수는 전진운동을 계속한다."라고 젊은 아나키스트 철학자는 말한다. 힘과 에너지로 충만할 때, 그와 동일한 현상이 인간에게서도 일어난다. 그의 내부에 힘이 어느 정도 축적되면, 그는 자기 생명의 잉여분을 덜어준다. 그는 계산하지 않고 그것을 내준다. 그렇지 않는다면 그는 살 수 없다. 개화하는 꽃처럼 죽을 운명이라면, 어차피 마찬가지 아닌가? 생명이 과거에는 그의 내부에만 있었지만, 이제 생명은 계속해서 흘러넘친다.

강해지도록 하라. 그대의 열정과 지성의 에너지가 용솟음치게 하라. 그때 그대는 다른 사람들에게 이성, 사랑, 활력을 나누어줄 수 있을 것이다. 바로 이것이 도덕에 대한 위선과 동양적 금욕주의를 씻어낸 가르침이 전체적으로 도달하는 결론이다.

반대급부를 바라지 않고 자신의 이성, 감정, 활력을 나주어 주도록 자극하는 인간의 힘, 삶의 에너지의 잉여, 바로 이것이 참된 도덕적 개인과의 관계에서 희열을 불러일으킨다.

강력한 이성의 인간 속에서는 지적 생명력이 샘처럼 솟아오르고, 그는 생명력이 자연스럽게 넘쳐흐를 수 있도록 노력할 것이다. 다른 사람들과 자신의 생각을 나눌 수 없다면, 그런 사유는 그에게 아무런 만족도 제공하지 않는다. 사상적으로 빈곤한 사람만이 어렵게 얻은 생각을, 그 결과를 자기의 이름으로 도장 찍듯 찍어내기 위해 힘들여 은폐한다. 큰 지성을 소유한 사람의 경우에 생각은 샘처럼 솟는다. 즉 그는 이쪽저쪽 모두 아끼지 않고 나누어준다. 자신의 생각을 함께 나누고, 그것을 모든 방향으로 확산시킬 수 없는 경우, 그는 고통스러워한다. 그의 경우에는 여기에 모든 생명이 있다.

감정의 영역에서도 그런 현상이 발생한다. 우리는 우리 자신에 대해서만 만족할 수는 없다. 즉 "우리의 눈물은 내 고통에 필요한 것보다 훨씬 더 많다. 우리는 존재가 인정한 것보다 더 많은 기쁨을 보유하고 있다." 기오는 도덕의 모든 문제를 이렇게 자연에서 빌려온 몇 줄로 올바로 요약하였다.

고독한 존재가 주변의 사람들과 생각과 감정을 나눌 수 없을 때 그는 고통스러워하고 불안정해진다. 큰 행복을 경험할 때 인간은 주변의 사람들이 그가 존재하고, 사랑하며, 살고, 저항하고 투쟁한다는 것을 알기 원한다.

그는 동시에 자신의 의지, 자신의 적극적 감정을 표현할 욕구를 느낀다. 활동과 노동은 이미 거의 모든 사람들의 욕구가 되었다. 이것이 바로 우리 삶의 맹목적 조건 때문에 유익한 노동을 상실한 모든 남녀가 자신들의 능동적 힘에 맞는 활동의 장을 찾기 위해 공허하고 무의미한 일과 의무를 고안해 내는 이유다. 유익한 일과 유익한 직업에 종사하고 있음을 스스로 확신하기 위해 그들은 무엇인가를, 즉 그 어떤 이론, 종교, '사회적 의무'를 찾아낸다고 한다. 그들에 따르면, 춤을 춘다면 그것은 단지 남을 돕기 위한 것이다. 그들이 옷에 많은 돈을 투자한다면, 그것은 단지 귀족사회에서 체면을 유지하기 위한 것이다. 그들이 전혀 아무 것도 하지 않는다면, 단지 원리만을 위하기 때문이다.

언제나 인간은 이웃을 도우려는, 인류 진보의 거대하고 힘겨운 운동에 기여하려는 욕구를 느낀다.

어떤 경우에도 "모든 사람은 이 과제에 열중한다."고 기오는 말한다. 보편적 사업에 기여하려는 욕구는 매우 커서, 우리는 모든 사회적 동물에게서, 심지어는 가장 낮은 발전 단계에 있는 동물에게서도 그것을 발견한다. 그러나 정치영역에서 결실 없이 낭비되고 있는 이 열광적 활동은 무엇일까? 이것은 역사의 수레바퀴에 힘을 실으려는 욕구 혹은 모두의 합창에 참여하려는 욕구와는 다른것이다.

의심의 여지없이, 감정이 빈곤하고 창조적 능력이 부족할 때, '풍부한 의지'와 활동에 대한 열망은 나폴레옹 1세 혹은 비스마르크같이 역사의 바퀴를 거꾸로 돌리려는 광인들을 탄생시킨다. 다른 한편 풍성하지만 성숙한 동정심이 결여된 사유는, 과학의 진보를 억제하기만 하는 학자들의 경우처럼, 건조한 결실을 맺는다. 마지막으로 폭넓은 이성의 통제를 받지 않는 감정은 거친 짐승 같은 자를 위해 희생하려는, 즉 그에게 모든 사랑을 바치는 여성들을 만들어낸다.

정말로 많은 결실을 얻기 위해서는 삶속에 이성, 감정, 의지가 동시에 풍부하게 존재해야 한다. 그러나 그런 경우에 이 다면적 결실은 **삶 그 자체**이고, 이것만이 유일하게 이런 이름으로 불릴 수 있다. 삶의 빛을 받은 사람은 이러한 삶의 한순간을 얻기 위해 수년간의 무기력한 생활을 포기한다.

이러한 삶의 생생한 샘물을 맛보지 못한 사람은 과거에 속한 노인, 쓸모없는 인간, 개화하지 못하고 시들고 마는 식물일 뿐이다.

"생명이란 이름을 받을 자격이 없는 생명은 시들어가는 이 세대에게(시대의 종언) 주어 버립시다."라고 생명으로 충만한 젊은이들, 살기 원하고 주위에 생명의 씨를 뿌리려는 젊은이들은 외친다. 언제든지 사회가 붕괴되기 시작할 때면, 일치단결하여 돌진하는 젊은 세대가 낡은 경제, 정치, 도덕적 형식을 파괴하고 새로운 생명을 심는다. 뛰어난 개인들이 투쟁에서 죽는다는 것은 큰 불행일 것이다! 그러나 삶의 맥박은 계속 뛴다. 생명은 앞으로 계속 나아간다. 죽은 사람들에게, 어떤 결과들이 그를 위협한다고 해도, 산다는 것은 개화를 의미하였다. 그는 결과에 대해 안타까워하지 않는다.

그러나 우리는 인류 역사의 영웅적 시대에 대해 언급하지 않고, 일상적 삶에 대해서만 평가한다면, 우리의 이상과 반대로 진행되는 삶을 삶이라고 부를 수 있을까?

우리의 동시대인들은 이상에 대해 의심쩍은 투로 말하곤 한다. 그것은 이해할 만하다. 아주 빈번히 사람들은 이상을 불교와 기독교적 이단과 섞어버렸고, 순진한 사람들을 기만하기 위해 이상을 유포시켰다. 때문에 그런 반응은 필연적이고 유익하기도 하다. 우리의 입장에선 그런 오물로 덮인 '이상'이란 단어를 새로운 사상에 더 적합한 다른 단어로 바꾸고 싶기도 하다.

그러나 우리가 어떤 단어를 사용하든지, 사실 자체는 그 자리에 남아 있다. 즉 모든 사람은 이상을 갖고 있다. '불과 칼'이라 표현해서

몹시 기괴하지만, 비스마르크에게도 그가 가진 이상이 있다. 부르주아의 이상은 감베타(Gambetta)의 순금 욕조와 요리사 그리고 많은 노예들이다. 여기서 노예는 순금 욕조와 요리사 비용을 마련하기 위해 꼭 필요한 것이다.

그러나 그들과 나란히 더 높은 이상을 가진 사람들이 존재한다. 더 이상 그들은 순수하게 동물적인 존재양식으로 만족하지 않는다. 그들은 노예상태, 거짓, 정직성의 결핍, 인간관계에서의 음모에 대해 분노한다. 어떻게 그들이 거짓말쟁이, 노예, 폭군, 박해자가 될 수 있단 말인가! 인간들 사이에 더 좋은 관계가 수립된다면, 삶은 훨씬 더 아름다워질 것이란 것을 그들은 알고 있다. 길에서 만나는 사람들과 매번 더 좋은 관계를 수립하기 위해 필요한 힘이 자신에게 있음을 그들은 느끼고 있다. 그들은 이상이라 불리는 그것을 성취할 것이다.

이런 이상은 어디에서 오는가? 이상은 어떤 방식으로 형성되는가? 유전을 통해서인가, 생활에서 받은 인상에 의해서인가? 이에 대해서 우리는 아는 것이 없다. 우리는 이상의 발전에 대한 어느 정도 옳은 이야기를 각자의 전기(傳記)에 기록할 수 있을 뿐이다.

그럼에도 불구하고 이상은 현존한다. 이상은 변하고 진보하며 외적인 영향에 굴복하기도 하지만, 그래도 늘 살아남는다. 이것은 우리에게 가장 큰 생명력과 삶의 기쁨을 주는 것에 대한 무의식적 느낌이다. 그러한 개념의 이상에 답할 때에만, 삶은 건강하고, 풍성한 결실을 맺고, 풍요한 감정이 될 것이다. 이 개념과 반대로 행동해 보라. 그러면 당신은 삶의 분열을 느낄 것이다. 삶은 완전성을 잃고, 힘을 상실하게 될 것이다. 즉시 당신은 언젠가 갖고 있던 힘과 결정의 직접성을 상실하고 말 것이다. 당신은 분열된 존재가 될 것이다.

인간은 독자적으로 작용하는 신경과 뇌 조직들로 이루어진 복잡한 존재다. 인간을 그렇게 생각한다면, 여기에는 아무런 비밀스러운 것도 없다. 시험 삼아 당신 내부에서 투쟁하는 다양한 감정들 사이에서 동요해 보라. 그러면 당신 자신의 유기체의 균형은 파괴되어, 당신은 의지를 상실한 병든 인간으로 바뀌고 말 것이다. 삶의 치열함은 줄어들고 당신은 무익하게 타협을 찾게 될 것이다. 당신은 이성의 현실적 판단과 행동이 완전히 일치했던 인간, 그때의 완전하고 강하며 건강한 인간이 더 이상 아닐 것이다.

9

이제 결론을 내리기 전에 이타주의와 이기주의에 대해서 몇 마디 할 것이다. 이 두 개념은 영국학파에게서 유래된 것으로, 귓가에 윙윙거리며 우리를 피곤하게 만든다.

이 논문에서 우리는 아직 이것에 대해 언급하지 않았다. 왜냐하면 영국 도덕론자들이 구별하려고 했던 두 개념의 차이를 우리는 긍정적으로 보지 않기 때문이었다.

"남에게 대접 받기 원하는대로, 너희도 남을 대접하라."고 말할 때 우리는 이기주의 혹은 이타주의를 설교하는 것일까?

아니면 좀 더 수준을 높여서 우리는 "개인의 행복은 주변사람들의 안녕과 밀접하게 관련되어 있다. 다른 사람들의 불행 위에 건설된 사회에서도 당신은 일정기간 상대적인 행복을 느낄 수 있다. 그러나 이 행복은 모래 위에 세워진 것이다. 그것은 지속될 수 없다. 아주 작은 충격에도 그 행복은 붕괴될 수 있다. 평등한 사람들 사이의 행복과 비교할 때 그것은 하찮은 것이 될 것이다. 결과적으로, 우리가 공동선을 목적으로 삼을 때 우리의 행동은 언제나 좋은 것이 될 것이다."

우리가 이렇게 말할 때 우리는 이타주의 혹은 이기주의를 설교하는 것일까? 아니다, 우리는 단순히 사실을 확인하는 것이다.

우리는 기오의 금언을 풀어 이렇게 말한다. “그대가 충만하고 완전하며 결실이 풍성한 삶이 주는 쾌락을 귀중히 여긴다면, 강하고 당당해지시오. 모든 행동에서 힘과 당당함을 보이시오. 삶을 모든 방향으로 발전시키고, 가능한 많은 에너지를 축적하시오. 이를 위해 가능한 한 더욱 호감가는, 사회성이 강한 인간이 되도록 노력하시오. 폭넓게 성숙한 이성을 따르고, 모험을 두려워하지 말고 투쟁하시오. 모험 속에는 고유한 매력이 있습니다. 이해타산을 따지지 말고 힘이 있는 동안 그대가 위대하고 아름답다고 여기는 모든 것을 위해 자신의 힘을 바치시오. 그때 그대는 가능한 행복의 총체를 향유할 수 있을 것이오. 대중과 하나가 되시오. 그때 삶 속에서 그대에게 무슨 일이 일어나든지, 그대가 존중하는 모든 이의 마음이 당신을 **옹호하고**, 그대가 경멸하는 모든 이의 마음이 그대를 **반대**하는 것을 느낄 것이오.” 이렇게 말할 때 우리는 무엇을 설교하는가? 이타주의인가 아니면 이기주의인가?

투쟁하는 것, 위험에 맞서는 것, 사람뿐만 아니라 고양이를 구하기 위해 물 속으로 뛰어드는 것, 우리를 분노하게 만드는 불의를 끝내기 위해 굶주림까지도 감수하는 것, 사랑을 받아 마땅한 사람들과 연대하는 것, 반대로 그들로부터 사랑을 받는 것, 이 모든 것이 나약한 철학자에게는 희생일 것이다. 그러나 에너지, 힘, 용기, 젊음으로 충만한 남녀에게 존재의 모든 기쁨은 바로 여기에 포함되어 있다. 이것은 무엇인가? 이것은 이기주의인가 이타주의인가?

일반적으로 이기주의적 감정과 이타적인 감정의 허구적 대립 위에 자신의 시스템을 세웠던 도덕론자들은 잘못된 길로 빠졌다. 이 대립이 실제로 존재했다면, 개인의 행복이 실제로 유(類)의 행복과 대립했다면 인류의 생존은 불가능했으며, 어떤 종류의 동물도 현재의 발전단계에 이를 수 없었을 것이다. 각각의 개미가 개미총의 평안을 위해 일하면서 큰 만족을 경험하지 않는다면, 개미의 생존은 불가능하고, 개미는 지금의 모습과는 달라졌을 것이다. 즉, 곤충의 세계에서 가장 높은 단계의 발전을 이룩한 생물, 확대경으로 간신히 볼 수 있는 작은 뇌임에도 불구하고 평균적 인간과 같은 정도의 능력을 부여받은 생물이 되지는 못했을 것이다. 새들이 계절적인 이동, 새끼들을 위한 수고와 맹수를 방어하기 위한 공동협력에 큰 만족을 얻지 않았다면, 현재의 발전단계에 이르지 못했을 것이다. 조류는 진보하는 대신 퇴보했을 것이다.

개인의 행복이 유(類)의 행복과 일치하는 때가 올 것이라고 말할 때 스펜서는 한 가지를 잊고 있다. **모든 시기에** 두 가지 이해관계가 **동일하지 않았다면**, 동물세계의 진화는 불가능했을 것이다. 그렇다. 모든 시기에, 동물의 세계에서처럼 인류사회에서도, 대부분의 개체는 개체와 그것의 전체인 유의 행복은 본질상 동일하다는 것을 이해하지 못했다. 생명력의 강화가 개체의 삶의 주목적이기 때문에, 개체는 최대의 사회성 속에서 그리고 고유의 '나'와 주변의 모든 존재들과의 최대의 동일성 속에서, 생명력의 강화를 모색한다. 그러나 대부분의 개체는 그러한 사실을 이해하지 못했다.

이성과 이해력의 부족이 이러한 결과를 낳았다. 어떤 시대에든 현명하지 못하고 무지한 사람들이 존재했다. 그러나 역사 심지어 지리학의 어떤 시대에서도 개체의 행복이 사회의 행복과 대립한 적은 없었다. 이 둘은 언제나 같았고, 이것을 누구보다 잘 이해할 수 있었던 자들이 더 완전한 삶을 누릴 가능성을 가질 수 있었다.

우리의 관점에서, 이기주의와 이타주의의 대립은 비합리적이다. 바로 이 때문에 우리는, 이기주의적 감정과 이타주의적 감정 사이에서 동요하는 사람들이 - 공리주의자들의 입장을 받아들일 때 - 끊임없이 저지르는 타협에 대해서는 전혀 언급하지 않았다. 확신을 가진 사람에게 그런 타협은 없다.

실제로 그런 일이 일어나고 있다. 동시대 현실의 조건에서 평등의 원리에 따라 삶을 건설하려고 할 때, 우리는 매 걸음 평등원리가 유린되고 있음을 느낀다.

우리의 식사와 거주지가 아무리 초라하다 해도, 다리 밑에서 잠자리를 찾거나 마른 빵 조각도 없어 고생하는 사람들과 비교할 때 우리는 로스차일드(N.M.Rothschild)라 할 수 있다. 우리가 지적인, 예술적인 유산을 아무리 적게 물려받았다 해도, 육체노동에 시달리는 수백만의 사람들과 비교할 때, 우리는 로스차일드라 할 수 있다. 대부분의 육체노동자들은 학문과 예술의 즐거움에는 도달할 수도 없고, 그런 고상한 즐거움을 경험하지도 못하고 삶을 끝내기 때문이다.

우리는 아직 평등의 원리를 관철시키지 못하고 있다고 생각한다. 그러나 우리는 이 조건들과 타협하고 싶지 않다. 우리는 그것에 분노한다. 그것은 우리를 탄압하여 혁명가로 만들고 있다. 우리가 대항하여 싸우는 것들과 화해할 수 없다. 오히려 우리는 화해를 거부하고 이 조건들과 최후까지 투쟁할 것을 맹세한다.

이것은 이미 타협이 아니다. 확고한 신념을 가진 사람에게는 타협이 필요 없다. 타협은 모든 것이 저절로 해결될 때까지 편안히 잠들게 할 뿐이다.

드디어 우리는 논문의 결말에 이르렀다.

도덕성에 대한 개념이 급격히 변화하는 시대가 있다고 이미 언급하였다. 도덕적이라고 생각되던 것들이 본질상 극도로 비도덕적인 것이 될 수 있다는 것은 분명하다. 이 경우에 해당하는 것은 기원 자체가 비도덕적이지만 존중받는 전통과 풍속이다. 다른 경우는 단지 한 계급의 이해를 보호하기 위해 만들어진 도덕이다.

이 모든 것을 우리는 '도덕을 타도하라'고 외치며 던져 버리고, 비도덕적 행동의 실현을 자신의 의무로 여기기 시작한다.

우리들은 그러한 시대를 환영한다. 그것은 비판의 시대다. 비판은 사회에서 진지한 사유의 작업이 일어나고 있으며, 높은 차원의 도덕성이 생기고 있다는 가장 참된 징후가 된다.

이 도덕이 어떤 형태를 취하게 될 것인가? 우리는 인간과 동물에 대한 연구를 토대로 그것을 표현하려고 노력한다. 우리는 대중과 개별 사상가들에게서 태동하고 있는 도덕 사상의 윤곽을 이미 보았다. 이 도덕은 강제적 성격을 갖지 않을 것이다. 종교, 법, 정부의 도움으로 인간을 복제물로 만들기를 거부하는 것처럼, 이 도덕은 인간을 추상적 사상을 가진 복제물로 만들기를 단호히 거부한다. 이 도덕은 개인에게 완전하고 절대적인 자유를 부여한다. 이 도덕은 단순한 사실 확인 이상의 것은 아니지만, 결국은 과학으로 변화할 것이다. 이 과학은 인간에게 이렇게 말할 것이다.

"그대가 그대 안에 충분한 힘을 느끼지 않는다면, 그대가 선명한 감동 없이, 큰 기쁨 없이, 그러나 큰 고통도 없이, 평범하고 단조로운 삶의 유지를 위해 필요한 만큼의 힘만을 갖고 있다면, 그대는 정의로운 평등의 단순한 원리를 따르라.

평등의 조건에서 적어도 그대는 자신의 힘에 상응하는 행복의 최대치를 발견할 것이다.

그러나 그대 안에서 젊은 열정이 말한다면, 그대가 넘쳐나는 충만한 삶을 살고 즐기기 원한다면, 즉 살아있는 존재가 꿈꿀 수 있는 최고의 행복을 인식하기 원한다면, 모든 행동에서 강해지고, 정력적이 되라.

주위에 생명을 확산시켜라. 기억하라. 거짓을 말하고, 사기를 치고, 교활하게 행동하고, 음모를 꾸미는 것은 자신의 나약함을 일찌감치 인정한다는 것을 의미하고, 자신을 주인보다 낮은 자리에 있다고 생각하는 하렘의 노예와 다름없다는 것을 의미한다. 원한다면 그렇게 행동하라. 그러나 그런 경우에 사람들은 그대를 작고 쓸모없는 나약한 인간으로 여기고, 그런 관점에 따라 그대를 대할 것임을 미리 알아야 할 것이다. 네 안에서 힘을 보지 못하면 사람들은 단지 연민의 대상으로 그대를 대할 것이다.

이렇게 그대 자신이 자신의 능동적 힘을 무기력하게 만든다면, 다른 사람들을 탓하지 말라.

반대로 강해져라. 불의의 목격자가 되고, 생활에서의 불의든, 과학에서의 거짓이든 혹은 누군가에게 자행된 고통이든 그것을 발견할 때마다 불의, 기만, 부당함에 저항하라. 투쟁하라! 투쟁은 생명이다. 생명이 치열할수록 투쟁은 더 뜨거워진다. 그때 그대는 살았다고 말할 수 있으며, 그대는 부패한 늪에서 무위도식하는 수년간을 위해 이러한 삶의 몇 시간을 포기하지는 않을 것이다.

투쟁하라! 샘처럼 솟는 완전한 생명의 가능성을 다른 사람들에게 주기 위하여 투쟁하라. 이 투쟁에서 그대는 어떤 다른 무대에도 존재하지 않는 거대한 기쁨을 얻게 될 것임을 믿으라."

이것이 도덕에 대한 과학이 그대에게 말할 수 있는 것이다. 선택은 그대의 손에 달려있다.

공산주의와 아나키즘

공산주의와 아나키즘[1)]

이 질문의 중요성을 강조할 필요는 없을 것이다. 대체로 많은 아나키스트들과 사상가들은 공산주의 체제의 모든 장점을 전적으로 인정한다. 하지만 사회적 자유와 개인의 자유로운 발전에 대한 심각한 위험이 이 질문에서 발견된다. 그런 위험이 실제로 존재한다는 것은 의심의 여지가 없다. 게다가 이 문제를 다루기 위해 더욱 중요한 다른 질문, 즉 개인과 사회의 상호관계 일반에 대해 답해야 한다.

불행하게도, 공산주의에 대한 문제는 이러한 형식의 사회적 삶에 대한 아주 널리 알려진, 여러 잘못된 시각들 때문에 복잡해졌다. 많은 경우 어느 정도 기독교적이고 수도원적인 그리고 어떤 경우든 엄격한 중앙 권력에 종속된 공산주의가 공산주의의 이름으로 전파되었다. 19세기 전반에 공산주의를 그런 형태로 선전하였고, 적은 않은 공동체에 공산주의를 그런 형태로 실현하였다. 이들 공동체는 가족을 모델로 택함으로써 '거대한 공산주의 가족'의 창조를 위해 노력하였고, 이를 위해 무엇보다 '인간을 개조하기' 원했다. 이 결과, 노동 외에도 그들은 긴밀한 가족 공동거주지, 현대 문명에 거리두기, 코뮌의 독립, 공동체 구성원 각각의 모든 내적 삶의 세세한 현상에 대한 '형제들과 자매들'의 간섭을 공동으로 적용하였다.

그 다음으로, 공산주의에 대한 논의에서, 300년 혹은 400년 동안 다양하게 나타난 소규모의 단일 공동체들과 대량으로 설립되어, 서로

1) 역주 - 1902년 러시아어로 처음 출판되었다. 우리말 번역을 위한 텍스트로 「Кропоткин П.А., Век ожидания. Сборник статей, М.-Л., 1925. С.99-134.」을 사용하였다.

간에 연합 협정을 체결하고 있는 공동체들을 혼동하는 경우가 자주 나타났다.(이 연합협정은 사회혁명의 길로 들어선 사회에서 만들어질 수 있다.)

이렇게 공산주의에 대한 질문과 공산주의 사회에서 개인적 독립성의 보장 가능성에 대한 질문을 제대로 논의하기 위해서는, 다음과 같은 질문들을 분리하여 관찰해야 한다.

1) 생산과 수요. 즉 어떤 방식으로 노동을 공동으로 기획할 것인가 그리고 생활에 필요한 모든 것을 어떻게 공동으로 이용할 것인가?
2) 공동생활. 즉 대가족 모델에 따라 공동생활을 실현하는 것이 필수적인가?
3) 개별적으로 흩어져 있는 공동체들. 현재 생기고 있는 공동체들의 성격은 어떠한가?
4) 그리고 미래의 시스템에 속한 - 서로 간에 연합협정(연방)을 체결하고 있는 - 공동체들의 성격은 어떠한가?
5) 공동체 시스템에서의 개인적 상황에 대한 문제. 공동체생활은 불가피하게 개인의 억압을 초래하는가?

1

19세기의 거대한 지적 운동은 대체로 사회주의의 이름으로 진행되었다.

이 운동은 바뵈프(F.-N.Babeuf), 푸리에(F.Fourier), 생시몽(C.Saint-Simon), 로버트 오언(Robert Owen), 프루동(P.-J.Proudhon)으로부터 시작되어 수많은 추종자들에 의해서 계속되었다. 프랑스의 콩시데랑(V.Considérant), 피에르 르루(P.Leroux), 루이 블랑(L.Blanc),

독일의 마르크스(K.Marx), 엥겔스(F.Engels), 쉐프레(A.Schäffle), 러시아의 체르니솁스키(Н.Чернышевский), 바쿠닌(М.Бакунин) 등. 이들은 현대 사회주의 창시자들의 견해를 이해할 수 있는 형태로 전파하거나 과학적인 토대 위에서 그것을 증명하려고 애썼다.

얼마나 분명한 형태로 수립되었는가에 따라, 사회주의 창시자들의 사상은 사회주의의 두 주요 흐름을 위한 기초를 제공하였다. 그것은 우두머리 공산주의와 아나키(우두머리 없는) 공산주의[2)]이다. 그리고 현재의 사회와 공산주의 체제 사이에서 타협 혹은 절충을 모색하는 몇몇의 중간적 형식들이 있다. 예를 들면 국가자본주의(생산과 생활에 필요한 모든 것을 대개 국가가 지배한다), 집산주의(노동시간에 따라 지폐형태로 노동시간제 임금이 모두에게 지불된다. 이 돈에는 루블 대신에 노동시간이 적혀있다), 협동조합(생산 그리고 소비조합), 도시사회주의(도시자치회가 도입한 반(半) 사회주의적 제도) 등 많은 종류가 있다.

동시에 순수 노동환경에서 사회주의 창시자들, 특히 로버트 오언의 사상은 거대한 노동운동의 형성에 도움을 주었다. 이 노동운동은 자본에 대항한 직접적이고 즉각적인 투쟁을 목적으로, 모든 노동자들을 수공업 조합으로 통합하기 위해 노력한다. 1864-1879년 사이에 인터내셔널 혹은 국제 노동자연합을 탄생시킨 이 운동은 연합한 수공업들 사이에 국제적인 관계를 수립하기 위해 노력하고, 국제교류가 편해지는 정도에 따라 이 분야에서 점점 많은 성공을 거두고 있다.

이 거대한, 지적이고 혁명적인 운동은 세 가지 핵심적인 항목을 확

2) 역주-'우두머리 공산주의'와 '아나키(우두머리 없는) 공산주의'는 러시아어를 직역한 것이다. 전자는 위계가 있는 수직적 공산주의이며, 후자는 위계가 없는 수평적 공산주의를 의미한다.

립하였다. 지난 30년 동안 이 세 항목은 사회적 의식 속에 깊숙이 침투하였다. 그것은 다음과 같다.

1) 자본가가 노동자에게 지불하는 노동시간제 임금 시스템의 폐지. 왜냐하면 이 시스템은 고대 노예제도와 봉건적 농노제도의 현대적 형식일 뿐이기 때문이다.
2) 생산을 위해 사회에 필수적인 것에 대한 개인적 소유의 폐지.
3) 경제적 노예화를 유지하고 보존하는 정치적 노예화 형식으로부터, 즉 국가로부터 개인과 사회의 해방.

사회주의 사상가들 사이에는 이 세 항목에 대하여 이미 어느 정도 합의가 이루어졌다고 할 수 있다.

실제로, '노동자 수표' 혹은 노동시간에 따른 임금지급의 필요성을 주장하는 집산주의자들, 그리고 마찬가지로 '현실적 개혁주의자'인 브루스[3]가 말한 것처럼, "모두 관리가 되어야 한다!"고 주장하는, 즉 모든 노동자는 국가 혹은 도시 혹은 마을 공동체로부터 급료를 받아야한다고 말하는 사람들, 이들조차도 본질적으로는 위에서 언급한 세 가지 항목에 대해 동의한다. 그들은 이러저러한 일시적 타협을 제안한다. 왜냐하면 현재의 체제에서 공산주의로 곧 이행할 수 있을 것이라고 생각하지 않기 때문이다. 그들은 양보하여 물러선다. 왜냐하면 그것을 필연적이라고 생각하지 않기 때문이다. 그러나 그들의 최종 목적은 여전히 공산주의이다.

국가에 대해 말하자면, 강력한 국가권력 그리고 심지어 독재의 열렬한 옹호자 중의 일부도 지금 존재하는 계급들은 폐기될 것이며, 그들과 함께 국가의 필요성도 사라질 것이라는 점을 인정한다.

---

3) 역주-현실적 개혁주의자(possibilist), 1880-20세기 초에 있었던 프랑스 노동운동의 한 흐름으로, 이 운동의 지도자는 폴 브루스(Paul Brousse. 1844-1912)였다.

단지 '우리' 당이라는 이유로 사회주의 운동에서 아나키 당의 중요성을 절대로 과장하지 않고도, 우리는 다음과 같은 점을 인정해야 한다.

일반 사회주의 운동에서 다양한 당파들 사이의 견해차는 여러 당이 채택한 혁명적 행동수단들의 차이에서 비롯된다. 그러나 그 어떤 견해차가 있다고 해도, 어느 당에 속하든지 모든 사회주의 운동 사상가들은, 사회주의 운동의 최종목표는 **자유로운 공산주의의 발전**이라는 점을 인정한다. 그들도 인정하고 있듯이 모든 다른 것은 이 목표를 향한 과도기적 과정의 하나일 뿐이다.

목표를 향한 과정에 나타나는 과도기에 대한 모든 논의는, 이미 현대 사회에서 감지되는 미완의 과도기적 형식들, 그 경향들에 대한 연구에 기초하지 않는다면, 완전히 쓸모없게 될 것이다.

이들 경향 중에서 특히 두 가지가 우리의 관심을 끈다.

그중 하나는, 사회의 삶이 복잡해짐에 따라 식량, 의복, 기계, 주거지 등의 생산에서 어느 정도가 개별 노동자들의 몫이 되어야 하는 가이다. 이제 농업과 산업은 상당히 복잡해져 서로 얽혀있고, 산업의 모든 분과들은 서로 긴밀하게 의존하기 시작했다. 때문에 우리가 정의를 추구한다면 획득한 생산량에 따라 노동의 대가를 지불하는 것은 더욱 불가능하게 되고 있다. 두 사람이 서로 다른 토지에서, 서로 다른 시기에 혹은 두 개의 서로 다른 탄광에서, 서로 다른 두 방직공장의 서로 다른 기계에서 혹은 같은 기계에서 서로 다른 면화를 대상으로 똑같이 열심히 일할 때, 그들이 생산하는 빵, 석탄, 옷감의 양은 서로 다를 것이다.

이 때문에 한 종류의 산업이 발전할수록 단위노동임금은 점점 더 사라지고, 임금은 1일 기준의 일급으로 대체된다.

다른 측면에서, 일급 자체는 평등 지향성을 갖는다. 지금의 사회는 물론 지속적으로 계급으로 분화되고 있고, 하루에 적게 일할수록 더 많은 임금을 받는 거대한 '주인' 혹은 부르주아 계급이 있다. 그리고 노동자들 사이에는 4개의 큰 등급이 있다. 그 안에서 일당은 아주 다양하게 지불된다. 이 등급은 여성, 농민, 잡역인부, 기술 노동자다. 그러나 서로 다른 임금을 받는 4개의 노동자 등급은 고용주에 의해 착취당하는, 그리고 더 높은 등급의 노동자에 의해 차례로 착취당하는 4개의 노동자 등급을 보여준다. 그것은 여성, 남성, 농민, 공장노동자 순이다. 지금은 그렇다. 그러나 사람들 사이의 평등이 수립된 사회에서, 고용주가 노동자들의 종속적 상태를, 남성이 여성의 종속된 상태를, 도시노동자가 농민의 종속된 상태를 악용하지 않는 사회에서 계급구분은 사라질 것이다. 올바로 정리된 사회에서 땅 파는 노동자의 하루는 귀금속상인 혹은 교사의 하루와 **동일한 가치를 갖는다**고 정당하게 말할 수 있다. 이것을 근거로 로버트 오언과 그의 뒤를 이어 프루동은 **노동자 수표**의 도입을 제안하고 실험하기도 하였다. 즉 어떤 것이든 유익하고 필요한 것으로 인정된 생산에 5시간 참여한 사람은 누구든지 '5시간'이라고 표기된 확인증을 받는다. 그는 이 확인증을 갖고 공동매점에서 임의의 물건을, 즉 식료품, 옷, 사치품을 구입하거나 방세, 철도요금 등 다른 사람들의 노동시간의 양에 해당하는 비용을 지불할 수 있다. 집산주의자들은 미래의 사회주의 사회에서 모든 종류의 노동임금 지불방식으로 이 수표의 도입을 제안하고 있다.

지금까지 모든 것의 사회적인, 사회주의적인 사용을 확립하기 위해 많은 방법들이 고안되었다. 우리는 지금 이 모든 방법들에 대해 고찰하고 있다. 그러나 노동자 수표를 도입한 미국의 수천의 농장을 제외한다면, 우리는 지금 집산주의자들이 선전하고 있는 로버트 오언과 프루동의 사상이 괄목할만한 정도로 발전되었다는 사실을 모르고 있다. 75년 전 오언이 실험을 개시한 이후, 노동자 수표가 널리 보급된 곳은 없다. 나도 다른 논문『빵과 자유(Хлеб и Воля)』에서 어떤 내부적 모순들이 이 프로젝트의 광범위한 도입을 방해하는가를 제시한 바 있다.

반대로 우리는 사적인, 제한된, 불완전한 혹은 심지어 완전한 공산주의의 경향을 갖는, 많은 가능한 시도들을 파악하고 있다.

19세기 유럽과 아메리카에서 수백 개의 공산주의적 공동체들이 설립되었다. 지금도 어느 정도 공산주의 원리에 따라 생활하는, 약 백여 개의 공동체가 개별적으로 우리에게 알려져 있다. 누군가 세상에 흩어져 있는 크고 작은, 공산주의적인 공동체와 반(半)공산주의적인 공동체들에 대해 기록한다면, 매우 흥미로운 결과가 나올 것이다.

그리고 **사적이고, 제한적이며, 불완전함에도 불구하고** 부르주아 사회 도처에서 공산주의 원리에 따라 도입된 사회화의 노력들이 눈에 띄게 증가하였다. 이런 시도들은 개인들로 구성된 큰 집단에 의해서 혹은 도시 전체에 의해서 이루어지고 있다.(이것은 자치 혹은 도시 사회주의라 불린다.)

부르주아 사회에서 이런 경향을 반영한 것으로는 호텔, 여객선, 스위스식 '숙박시설'이 있다. 일정한 비용으로 당신은 대형 여객선에서 10 종류 혹은 15 종류의 음식 중에서 원하는 것을 선택할 기회를 갖는다. 이때 당신은 하루에 몇 루블만을 지불하는 것으로 충분하며, 어느 누구도 당신이 얼마나 많이 먹는지 계산하지 않는다. 현재 그런 조직이 국제적인 규모로 설립되기도 하였다. 런던 혹은 파리에서 출발하는 경우, 당신은 하루 2루블 50코페이카로 전표를 구입할 수 있다. 그리고 이 전표로 당신은 프랑스, 독일, 스위스, 이탈리아에 산재된, 국제 호텔연맹에 가입된 수백 개의 호텔로부터 방과 침대 그리고 식사를 제공받는다.

부르주아는 **소비활동**에서 개인의 완전한 독립성을 보장해 줌으로써 이런 유형의 제한된 공산주의가 많은 이익을 가져올 것이란 것을 잘 이해하였다. 그들은 하루 혹은 한 달에 일정액을 내기만 하면 추가적인 비용 없이 숙식을 완전히 해결할 수 있도록 준비하였다. 사치품목은 계약에 포함되지 않는다. 예를 들면, 고급 포도주, 호사스런 방에 대해서는 별도의 비용을 지불해야 한다. 그러나 모든 사람에게 동일한 비용으로, 여행객 각자가 공동식탁에서 얼마나 먹는지를 계산하지 않고도, 기본적인 수요는 충족되었다.

특히 모든 주민의 수입이 어느 정도 비슷한 수준이고, 그 때문에 모두에게서 평등하게 보험료가 징수되는 마을에서의 화재보험, 철도여행에서 우발적으로 일어나는 사고를 위한 사고보험, 도난보험(영국에서 당신이 1년에 몇 루블 정도만 내면, 보험회사는 당신이 도난당한 모든 것에 대해, 당신 자신의 평가에 따라, 1,000루블까지 당신에게 보험금을 지불한다. 이때 어떤 조사도, 경찰에 신고하는 일도 없다. 보험사직원은 당신에게 이렇게 말할 것이다. “무엇 때문에 경찰에 신고하세요! 어차피 경찰은 아무것도 찾아내지 못할 걸요. 당신이 받을 돈은 보험료, 부대비용을 제하고도 이익이 남을 것입니다.”) - 이 모든 것은 지난 20년간 매우 빠르게 나타났던 사적인 공산주의 혹은, 더 정확히 말해, 협동조합 형식들이다.

이외에도 학술조합이 있다. 1년에 일정 액수만 내면 당신은 도서관, 연구에 필요한 공간, 박물관 혹은 동물원을 사용할 수 있다. 이것은 어떤 백만장자도 자기 돈을 들여 마련할 수 없는 것들이다. 당신에게 방, 도서관, 학회 그리고 다른 모든 설비를 제공하는 클럽도 있다. 생명보험, 개인적인 여행사뿐만 아니라 영국의 폴리테크닉 여행사와 같은 교육기관이 운영하는 여행자 조합, 혹은 지금 영국에서 유행하는 것으로, 1주에 1루블 혹은 심지어 반 루블만으로 가족이 1주일 동안 먹을 수 있는 양의 생선을 어부에게서 직접 집으로 배달해주는 조합, 회원에게 수천 가지의 서비스를 제공하는 자전거 클럽 등을 예로 들 수 있다.

한마디로 우리는 최근에 발생하여 매우 빠른 속도로 확산되고 있는 수백 개의 제도를 갖고 있으며, 이 제도들은 매우 광범위한 소비영역을 공산주의적으로 활용하는 원칙에 토대를 두고 있다.

마지막으로 또한 우리는 급속히 증가하는 공산주의적 성격의 도시제도들을 갖고 있다. 도시는 매년 일정한 비용으로, 각자가 얼마나 많은 물을 소비하는지 엄밀하게 계산하지 않고도, 모두에게 물, 가스, 조명을 위한 전기를 마치 노동력처럼 공급한다.(이를 위해 맨체스터시는 탄광을 매입하기로 결정하였다.) 이제 도시는 자신의 항구와 부두를, 거리에 상관없이 동일한 교통비가 적용되는 전차를(미국에서는 수백 걸음에서 30베르스따까지 동일한 요금을 낸다.), 공동목욕탕과 세탁소를 갖고 있다. 마지막으로 도시는 자신들의 공동거주지를 건설하거나, 면양을 사육하거나 젖소 농장을(영국의 토르케) 운영한다. 도시 경제를 공산주의적 방향으로 확대하려는 시도들은 매년 증가하고, 그것의 적용범위는 확장될 것이다.

2

물론 이 모든 것은 아직 공산주의가 아니며, 그것과는 거리가 멀다. 그러나 이 모든 제도들의 기본 사상은 그 안에 공산주의 원리를 일부 포함한다. 즉 **일정 금액을 매년 일정한 횟수 납부하면, 당신은 일정 정도 욕구를 충족할 권리를 갖는다**. 이 욕구들 중에서 사치품은 예외가 된다. 지금 당신은 이를 위해 여전히 돈을 내고 있지만, 노동으로 지불할 수 있는 날이 곧 올 것이다. 기초는 이미 놓였다.

공산주의가 되기에 이 제도들은 아직 부족한 것이 많다. 첫째, 노동이 아니라 돈으로 지불한다는 것이 특히 공산주의답지 않다. 둘째, 적어도 사기업에서 소비자에게는 업무 관리에 대한 투표권이 없다.

그러나 또한 다음과 같은 것을 언급할 필요가 있다. 이 제도의 기본 사상을 올바로 이해한다면, 사기업에라도 이런 - 첫 번째 항목, 즉 노동으로 지불하는 방식을 적용한 - 공동체를 **지금** 도입하는 것은 어렵지 않을 것이다. 500 데샤티나의[4] 토지를 예로 들어 보자. 이 땅에 정원에 속한 4분의 1 데샤티나 규모의 집 200채를 짓고, 나머지 땅은 평야, 채소밭 그리고 공원으로 활용한다. 사업주는 이 집에 사는 각 가정에 그들이 매일 준비하는 50가지 음식 중 원하는 것을 선택하도록 제공하거나(미국 호텔에서 하는 것처럼), 그는 원하는 가정에 빵, 생고기, 채소, 차와 커피를 집에서 요리할 수 있도록, 필요한 만큼 공급한다.(어부들은 가정에 생선을 공급함으로써, 이 방향으로 일보를 내딛고 있다.) 물론 난방은 미국식으로 중앙보일러와 연결된 관을 통해 뜨거운 물을 순환시킴으로서 이루어진다. 이 제도를

4) 역주-미터법 이전의 러시아에서 사용된 지적단위. 1092헥타르에 해당한다.

운영하는 사업주는 이 모든 것을 위한 비용으로 당신에게서 매일 일정액을 돈으로 받거나, 마을/호텔에 필요한 작업장 중 임의의 장소에서 매일 일정 시간 노동하게 함으로서 비용을 충당한다. 당신은 선택에 따라 하루에 몇 시간씩 들판에서 혹은 채소밭에서 혹은 부엌에서 혹은 방청소 일을 한다. 당신의 노동은 당신의 생활비로 계산된다. 그런 제도는 내일이라도 도입할 수 있다. 그러나 놀라운 것은, 어떤 진취적인 호텔소유자도 이것을 실행한 적이 없다는 것이다.[5)]

거의 틀림없이 몇몇 독자들은, 많은 공동체들이 이 항목에서, 즉 노동 일반에서 실패했기 때문에, 공산주의자들도 이 항목에서 실패할 것이라고 지적할 것이다. 적어도 많은 책에 그렇게 쓰여 있다. 그러나 이것은 전혀 옳지 않다. 공산주의적 공동체들이 붕괴할 때, 실패의 원인은 전혀 일반 노동에 있지 않았다.

첫째, 그런 공동체들 거의 모두가 반(半) 종교적 열성에 기반을 두고 있었다. 공동체의 설립자들은 '인류의 선구자, 위대한 이상의 개척자'가 되어, 매우 까다롭고 '고귀하고' 엄격한 도덕률들에 복종하고, 공동체 생활을 통해 '갱생하고', 마지막으로 모든 시간을, 모든 노동시간을 공동체에 바치기로 그리고 공동체를 위해서만 살기로 결심하였다.

이 모든 것은 참 좋고, 멋지기도 하다. 새로운 사상은 그런 자기희

5) 이글을 쓴 이후에 나는 미국을 다녀왔다. 부유한 대학생들을 위한 화려하고 큰 식당뿐만 아니라, 훨씬 가난한 대학생들을 위한 아주 값싼 – 더 크지만 덜 예술적인 건물 – 식당이 보스턴 근처의 캠브리지에 세워졌다. 많은 학생들이 식대를 지불할 수 없기 때문에, 그들을 고용하여 식사시간에 식당에서 일을 시킨다. 알려진 것처럼, 미국의 대학생들은 아주 기꺼이 이 일을 한다. 그들은 이렇게 식대를 돈이 아니라, 정해진 기준에 따라 노동으로 지불한다. 이런 식당들이 자신들의 농장을 운영하지 않을 이유가 전혀 없다. 예를 들면, 보스턴은 농산품과 과일의 큰 산지이고, 매사추세츠 주의 – 현금유통을 위해 중요한 – 과일과 채소생산 중심지다. 우리는 이미 이에 대해 언급하였고, 그런 생각은 공감을 얻었다. 아마 학교 농장들은 빠르게 정착될 것이다 그리고 미국에서는 대학들도 농장을 운영한다.

생을 통해 살아간다. 그러나 그렇게 행동한다는 것은 옛날 은둔자들이 한 것처럼 행동함을 의미하였다. 그것은 사람들이 실제와는 다른 것이 되도록 불필요하게 요구하는 것이다. 사업주·자본가들의 착취로부터 해방되는 것 외에는 어떤 고상한 목적도 갖지 않는 공동체들이 최근에 비로소 주로 노동자·아나키스트들에 의해 설립되었다.

공산주의자들의 다른 오류는, 그들은 반드시 **가족**을 모델로 삼아, '형제·자매들의 대가족'을 설립하기를 원했다는 데 있다. 이를 위해 그들은 한 집으로 이사하여, 그곳에서 평생 동안 '형제·자매들'과 함께 살아야 했다. 그러나 한 지붕 아래에서의 협소한 공동생활은 대체로 쉽지 않은 일이다. 피를 나눈 형제도 늘 한 집에서 혹은 한 방에서 함께 오래 살지는 않는다. 때문에 각자에게 최고의 자유를 그리고 각 가정의 내적인 삶에 대한 최대한의 보호를 보장하는 대신, 모든 구성원에게 '대가족'의 삶을 부과한 것은 본질적 오류였다. 예를 들어 러시아 성령부정파신자들은 독립된 가옥에 살았기 때문에, 수도원에서의 생활보다 훨씬 더 훌륭하게 반(半)공산주의적 공동체를 유지할 수 있었다.

다음으로, **작은** 공동체는 오래 지속될 수 없다. 알려진 것처럼, 여객선 혹은 감옥에서처럼 아주 좁은 곳에서 살아야 하는 사람들, 외부와의 접촉이 극도로 제한된 사람들은 서로를 견딜 수 없게 된다. (자신의 경험 혹은 난센[Nansen]과 그의 동료들을 상기해 보라). 작은 공동체 내에서 두 사람은 쉽게 적대적인 관계가 된다. 그리고 외부와의 접촉이 부족할 경우에, 외부세계와 멀리 떨어질수록 공동체는 쉽게 붕괴된다.

이 때문에 작은 공동체를 설립할 때, 몇 년 이상 존속할 수 없다는 것을 미리 알아야 할 것이다. 만일 더 오래 살아남는다면, 오히려 그것을 슬퍼해야 할 것이다. 왜냐하면, 구성원들은 어느 한 구성원의 노예와 같이 되거나 개성을 완전히 상실하게 될 것이기 때문이다.

그러나 작은 공동체가 오래 살아남지 못한다는 것을 미리 확신할 수 있으므로, 적어도 10개 혹은 20개의 공동체가 계약을 통해 연합을 형성해야 할 것이다. 그러한 경우 특정한 이유로 자신의 공동체를 떠나기 원하는 사람은 적어도 다른 공동체로 옮길 수 있고, 그의 자리는 다른 쪽에서 온 사람이 채울 수 있다. 그렇지 않은 경우 공동체는 불화로 인해 몰락하고, 나아가 공동체의 재산은 한 구성원의, 가장 교활하고 잇속에 밝은 '형제'의 손으로 넘어간다. 나는 공산주의 공동체를 설립하는 사람들 모두에게 공동체들 사이의 협약이 필요하다는 의견을 꾸준히 피력하였다. 이 의견은 이론에서가 아니라 지난 몇 년간의, 특히 더 광범위한 조직의 부재로 인해 몇몇 공동체가 특정 '형제들'의 손으로 넘어간 영국에서의 체험에서 나온 것이다.

지난 30년간 대량으로 설립된 작은 공동체들은 한 가지 매우 중요한 이유 때문에 몰락하였다. 그들은 '이 세상'과 격리되어 있었다. 활동가에게 투쟁과 투쟁에 의해 활기를 얻는 삶은 배부른 식사보다 훨씬 더 필요하고 불가피하다. 사람들과 함께 살고, 사회생활의 격렬한 흐름 속에 잠기고, 투쟁에 참여하고, 다른 사람의 삶을 살고, 그들의 고통에 아파하려는 욕구는 특히 젊은 세대에게서 강하게 나타난다. 개인적인 경험을 근거로 니콜라이 차이콥스키(Н.Чайковский)가 내게 훌륭하게 지적한 것처럼, 젊은이들은 18세가 되면 공동체를 떠나야만 한다. 다른 세계에 섞이지 않고, 그 세계의 삶을 살고 있지 않다면, 젊은이들은 필연적으로 자신의 공동체를 떠나야 할 것이다. 그러나 지금까지도 대부분의 코뮌은 인적 없는 곳으로 떠날 필요가 있다고 여긴다.

그렇게 행동한 공산주의자들은 또 다른 오류를 범했음을 나는 지적하고자 한다. 그들은 사람이 거의 살지 않는 토지를 무상으로 혹은 매우 싼 값으로 매입하였다. 이로서 그들은 새로운 삶의 어려움뿐만 아니라, 도시 혹은 대로에서 떨어진 새 장소에서 주민 각자가 싸워 해결해야 하는 어려움을 추가로 갖게 되었다. 경험이 말해 주듯이 이것은 매우 큰 어려움이다. 그들이 싼 값에 땅을 얻었다는 것은 사실이다. 그러나 뉴케슬 근처의 공동체는 물질적인 면에서 일반농업이 아니라 **채소재배와 원예농업에 종사할 때**(주로 온실 재배로) 훨씬 잘 그리고 빨리 생활을 보장받을 수 있음을 증명하였다. 게다가 대도시와 인접해 있을 때, 공동체는 과일과 채소의 판로를 확보하고 토지 임대료를 웃도는 가격으로 판매할 수 있었다. 채소와 원예농업은 일반농업, 나아가 황무지 개간보다 훨씬 더 수월하게 도시 주민에게 접근할 수 있다.

마지막으로 거의 언제나 우두머리를 가지려는 소망이 공동체 붕괴의 - 또 하나의 가장 중요하다고 할 수 있는 - 이유가 되었다. 행정조직을 최소화하거나 전혀 갖지 않았던 공동체들은(북미의 이스카리아처럼) 다른 공동체들보다 훨씬 더 성공적이고 오래 지속되었다.(35년간) 이것은 분명하다. 사람들의 잔혹함은 언제나 정치적인 이유에서, 지배와 권력 때문에 가장 많이 발생한다. 작은 공동체에서 권력 때문에 생긴 다툼은 필연적으로 공동체의 붕괴로 귀결된다. 대도시에서 우리는 정치적 적대자들과 나란히 살아갈 수 있다. 그들과 지속적으로 마주칠 필요가 없기 때문이다. 그러나 매순간 마주쳐야 하는 작은 가족 내에서 어떻게 그들과 함께 살 수 있을까? 권력 때문에 생긴

정치적 다툼과 음모는 이제 작업장, 채소밭, 외양간으로, 사람들이 휴식을 위해 모이는 공간으로 옮겨가고 삶은 불가능하게 된다.

지금까지 세워진 공동체들이 붕괴된 주요 원인은 바로 이런 것들이다.

공산주의적 노동 일반 그리고 공동체생산에 관해서 말하자면, 그것은 언제나 완전히 성공적이었다. 상업적인 기업에서 토지의 가치 상승은 유럽과 아메리카에서 지난 100년 동안 세워진 공동체들 중 어느 것과 비교해도 그다지 크지 않았다. 드물게 기업의 몇몇 부문에서 공산주의적 원칙에 따른 산업생산과 같은 정도의 이익을 내기도 하였다. 멘토 파 제분소 혹은 방직공장 혹은 벌목 혹은 과실수 재배가 그러하다. 초기에 아무런 가치도 없던 토지가 몇 년 후에는 10배 혹은 심지어 100배의 가치를 갖게 만든 공동체의 이름을 수백 개는 거론할 수 있다.

경영상의 오류는 다른 모든 곳에서와 같이 물론 공산주의 공동체에서도 일어났다. 그러나 알려진 바와 같이 산업계에서 새 기업 100개 중 매년 60-80개가 파산한다. 새로 설립된 기업 5개 중에서 3개 내지 4개가 설립 후 5년 안에 파산한다. 그러나 공산주의 공동체에서는 그렇지 않다.

기지를 발휘하고 싶은 마음에서 부르주아 신문들은 아나키스트들에게 고립된 섬을 주어, 과거의 경험을 이용하여 그곳에 코뮌을 설립하게 하라고 충고한다. 그럴 때 우리는 그런 제안에 반대할 이유가 없다. 우리는 다만, 이 섬이 프랑스의 섬이어야 하며(파리가 위치한 일-드-프랑스[6]), 사회적 부 중에서 - 사람 수에 따라 계산하여 - 우리 몫을 줄 것을 요구할 것이다. 그러나 일-드-프랑스도, 사회적 부

중에서 우리 몫도 주지 않을 것이기 때문에, 언젠가 우리 스스로가 사회혁명의 방법을 통해 그 모든 것을 가져갈 것이다. 그도 그럴 것이 1871년의[7] 파리와 바르셀로나는 이미 그런 상태에 상당히 접근해 있었으며, 그 이후 공산주의적 시각이 노동자들 사이에 상당히 성공적으로 확산되었다.

여기에서 무엇보다 중요한 것은, 한 도시가 공산주의 시스템을 도입하고 나서, 그것을 이웃 도시들에 확산시키지 않으면, 향후에 매우 큰 어려움에 봉착할 것이라는 것을 오늘날 노동자들도 이해하기 시작했다는 것이다. 공산주의적 삶을 즉시 상당히 큰 지역에, 예를 들어 미국의 사회주의자 친구들이 말하는 것처럼 오하이오 혹은 아이다호와 같은 미국의 한 주 전체에 도입해야 한다는 것이다. 그들이 옳다. 공산주의 실현을 위한 첫발자국은 결코 한 도시에서가 아니라 충분히 큰 산업 그리고 농업 지역에서 시작되어야 할 것이다. 농촌 없는 도시는 생존할 수 없다.

3

국가 공산주의는 불가능하다는 것을 우리는 이미 수차례 증명해야 했고, 여기서 다시 우리의 논거들을 열거하지는 않겠다. 가장 훌륭한 증명은 국가주의자들 자신도, 즉 사회주의 **국가**의 옹호자들도 국가의 강제 위에 건설된 공산주의의 가능성을 믿지 않는다는 것이다.

그들 중의 일부는 **현재의 자본주의 국가**에서의 권력쟁취에 매우

---

6) 역주-일 드 프랑스(Île-de-France). 프랑스 26개 행정구역 중 하나로, 현재 프랑스의 수도인 파리가 위치해 있다.

7) 역주-1871년의 파리 코뮌을 의미함.

몰두하고 있어서, - 모든 시민들이 국가의 임금노동자가 되는 체제, 즉 **국가자본주의**의 실현과 양립할 수 없는 - 사회주의 국가라는 개념이 무엇을 의미하는지를 설명하려 하지 않는다. 우리가 이를 위해 노력하라는 말을 하면 그들은 화를 낸다. 그러나 이러함에도 불구하고 그들은 어떤 사회적 관계의 형식을 실현하기 원하는지에 대해 도대체 설명하려 들지 않는다. 이유는 분명하다. **임박한** 사회혁명의 가능성을 믿지 않기 때문에, 그들은 현 자본주의 국가에서 권력의 일부를 장악하려하고, 미래의 방향을 미래 스스로가 결정하도록, 모든 것을 미래에 위임해 버린다.

미래 사회를 설계하려는 사람들은 이렇다. 그들이 국가원리를 발전시킴으로서 인류가 쟁취한 크지 않은 개인적 자유를 밑으로부터 훼손시킨다고 우리가 지적할 때, 그들은 자신들을 지배하는 권력을 절대로 원하지 않고, 단지 통계 위원회를 만들기 원할 뿐이라고 보통 대답한다. 그러나 이것은 말장난일 뿐이다. 이미 지금도 충분히 알려진 것처럼, 유일한 쓸모 있는 통계는 개인 자체로부터 나온다. 단지 개인 스스로가, 개인적으로, 자신의 나이, 직업, 사회적 상태와 관련된 통계정보를 제공할 수 있고, 우리 각자가 생산하고 소비하는 것을 결산할 수 있다. 통계수치가 신뢰성을 확보하기를 발행인이 진정으로 바라는 경우에, 오늘날 통계는 그런 식으로 수집된다. 우리의 '농가현황'도 그런 식으로 지방자치회의 정직한 젊은 통계조사원들에 의해서 만들어진다.

지원자들이(학자와 통계협회) 주민 각자에 주어지는 질문들을 만든다. 통계 위원회의 역할은 인쇄된 질문지를 배포하고, 카드를 분류하고, 계산기를 사용하여 최종결과를 만들어 내는 것이다. 때문에 사회주의자가 국가를 그렇게 이해하고, 국가에 어떤 다른 권력도 위임하기를 원하지 않는다고 주장하는 것은 (진심으로 말한다면) 단순히 '명예로운 퇴각'을 의미한다. 전세기에 걸쳐, 국가주의자·사회주의자들 스스로도 절대로 국가를 조사용지를 나르는 배달부로, 최종 조사 결과를 산출하는 계산원으로 이해하지는 않았다. 오히려 국가는 **국민 삶의 실질적 관리자**였다. 또 언급해야 할 것은, 과거의 자코뱅주의자들은 30여 년 전에는 그토록 열렬히 선전했지만, 이제는 독재와 사회주의적 중앙집권화에 덜 열광한다는 것이다. 오늘날 그들 중 누구도 베를린의 독일 **국민의회**에서 감자의 수요와 생산을 결정해야 한다는 무모한 주장을 하지 않는다. 이미 그런 황당무계한 것들은 주장하지 않게 되었다.

그와 같이, 공산주의 국가는 유토피아다. 한때 옹호했던 사람들도 이 유토피아를 거부하고, 오래전부터 다른 더 진지한 질문에 관심을 기울이고 있다. 그렇다면, 아나키적인, 즉 자유롭고 무(無)국가적 공산주의는 개인의 자유로운 발전에 위험이 되지 않는단 말인가? 그것은 개인적 자유의 축소와 개인적 발기에 대한 억압을 동반하지 않는단 말인가?

문제는, 자유에 대한 모든 논의에서 노예상태와 종교적 억압의 시대에 상속된 수많은 거짓 표상들을 염두에 두어야 한다는 것에 있다.

경제전문가들은 기아의 위협을 받아 노동자들이 기업주와 체결한 계약은 그 자체가 자유라고 우리에게 설명한다. 모든 정당의 정치꾼들은 강력한 국가에 예속된 시민들의 현재 상태를 자유라고 불러야 한다고 우리를 설득하려 애쓴다. 마지막으로 도덕론자들은, 심지어 밀과 그의 무수히 많은 추종자들처럼 가장 철저한 자들조차도 자유의 개념을, **모든 타인들의 권리를 해치지 않는 한 모든 것을 할 수**

있는 권리로 정의한다. 어렴풋한 먼 옛날부터 전해진 '권리'라는 단어가 아무 것도 말하지 않거나 너무 많은 것을 말한다는 것에 대해 언급하지는 않겠다. 그러나 밀의 정의는 철학자 스펜서, 많은 저술가들 그리고, 예를 들어, 심지어 터커(B.Tucker)와 같은 몇몇 개인주의 아나키스트들이 재판, 형벌, 심지어 사형을 포함하여, 국가의 모든 권리를 정당화하고 부활시키게 만들었다. 그런 식으로, 그들은 처음에 온 힘을 다해 반대하던 국가 자체를 사실상 부활시켰다. 그뿐만 아니라 '자유의지'에 대한 사유도 모든 이런 논의아래 숨어있다.

인간의 반(半) 무의식적 행위는 젖혀두고, 우리 뇌의 일정한 판단을 요구하는 의식적 행위에 대해 논의하도록 하자. 법, 종교와 형벌 시스템은 바로 이 의식적 행위에 영향을 행사하려 애쓴다. "나는 산책을 간다."고 우리 생각은 말한다. "아니야, 난 친구와 약속이 있어." 라고 다른 생각이 말한다. 혹은 "난 일을 끝내기로 약속했어." 혹은 "아내와 아이들 혼자서는 지루할 거야." 혹은 마지막으로, "일하러 가지 않으면 내 자리를 잃어버릴 거야."라고 생각한다.

이 마지막 판단에는 벌에 대한 공포가 언급되어 있다. 처음 세 가지 판단은 인간의 개인적인 일과 자신의 사적인 습관 혹은 개인적 기호와 관련된 것이다. 바로 여기에 **자유 상태와 비자유 상태** 사이의 모든 차이가 존재한다. "벌을 피하기 위해 특정한 만족을 거부한다."고 말해야 하는 인간은 부자유한 인간이다.

그래서 우리는 인류는 형벌 자체를 폐지하고, 형벌의 공포로부터 **해방되어야 한다**고 주장한다. 인류는 아나키적 원리 위에 설 수 있으며, 그때 형벌의 공포 그리고 비난의 공포조차도 사라질 것이다. 우리는 이 이상을 추구한다.

우리는 아주 잘 알고 있다. 인간은 정직의 습관으로부터도(예를 들어 자신의 말에 충실한 습관으로부터), 자신의 기호로부터도(우리는 누군가를 사랑하고, 그의 기대를 배반하지 않기 원한다. 우리는 그런 사람에게 아픔이나 고통을 주지 않으려는 소망으로부터) **자유로울 수 없다.** 이런 의미에서 인간은 **어떤 경우에도 자유로울 수 없다.** 이런 의미에서 로빈슨조차도 섬에서 자유롭지 않았다. 그가 통나무를 깎아 배를 만들고, 채소를 재배하거나 월동을 대비해 식량을 비축하기 시작했을 때 그는 이미 자신의 노동에 얽매이게 되었다. 그가 늦잠을 자고 굴속에 누워 뒹굴고 싶은 생각이 들 때, 그는 잠시 망설이다 이미 시작한 일을 하기 위해 나간다. 그에게 친구가 생긴 순간부터, 개 혹은 염소 몇 마리, 특히 그가 프라이데이를 만난 다음부터 그는 이미, 자유란 단어가 열띤 토론에서, 때로 공공집회에서 자주 사용되는 의미에서, **완전히 자유롭지는** 않게 되었다.

그는 이미 **의무**를 갖게 되었다. 그는 이미 **타인의 이해**를 배려해야 했으며, 그는 – 아나키에 대한 논쟁에서 사람들이 우리 앞에 놀라울 정도로 모순되게 묘사하곤 하는 – 그런 '완전한 개인주의자'가 아니었다. 로빈슨에게 아내와 아이들이 생긴다면 아이는 누가 양육할 것인가, 그 자신인가 아니면 사회인가라는 문제때문에 그에게는 또 다른 의무가 발생할 것이다. 그에게 가축과 채소밭이라도 생기면, 그 순간부터 이미 그는 더 이상 – 가끔 자유로운 인간 유형들을 표현하기 위해 사용하는 표현인 – '아무 것도 알기 싫어', '이기주의자', '개인주의자' 그리고 이것들과 유사한 어떤 것이 아니다. 로빈슨의 섬에도, 어떤 사회에도, **그 사회가 어떤 상태에 있던지** 그런 자유로운 게으름뱅이는 존재하지 않는다.

인간은 타인들의 이해를 언제나 고려했고 언제나 고려할 것이다.

그리고 사람들 사이에 더욱더 긴밀한 상호관계가 수립됨에 따라, 이 타인들 스스로가 자신들의 소망과 감정을 더욱 분명하게 표현하고 그것의 충족을 주장함에 따라, 인간은 그들의 이해를 더 고려할 것이다.

결국 우리는 자유에 대해 다음과 같은 것 외에 어떤 다른 정의도 내릴 수 없다.

친구의 비난을 제외한다면, **자유는 사회적 형벌의 두려움을**, 신체적 혹은 기아의 공포에서 비롯된 형벌 혹은 비난에 대한 두려움을 **자기 행위의 판단에 개입시키지 않고 행동할 가능성이다.**

자유에 대한 이보다 더 넓고 동시에 구체적인(실질적인) 다른 정의를 내릴 수 있다고 믿지 않는다. 이런 의미로 자유를 이해한다면, 우리는 공산주의는 모든 개인적 자유를 축소하고 심지어 말살할 수도 있음을 물론 **인정해야 한다.**(많은 사회에서 그렇게 했다.) 그러나 공산주의는 **또한** 이 자유를 최대로 **확대할 수 있고**, 이런 조건에서만 즉 개인적 자유가 확대될 때에만 공산주의는 인간사회에서 견고해질 수 있다.

모든 것은 **우리가 어떤 관점을 갖고 공산주의에 접근하는가**에 달려있다. **공산주의적 공동생활 형식 자체는 절대로 개인의 종속을 조건으로 하지 않는다.** 일정한 공동생활 형식 속에서 개인에게 부여된 **크고 작은 공간**은 여러 사회제도에 도입된 **개인적 자유의 필수성에 대한 관점에 의해 정의된다.** 단 이 개인이 종속적인, 피라미드적인 형식에 놓여있지 않은 경우에 해당한다.

앞에서 언급한 사항은 모든 형식의 사회적 혹은 공동생활과 관련해서 정당성을 갖는다. 두 사람이 한 방으로 이사하면, 그들의 공동생활은 한 사람의 다른 사람에 대한 종속 혹은 둘 사이에 평등과 자유의 관계 수립이라는 결과에 이를 수 있다. 우리가 둘이서 채소밭을 일구거나 신문을 발행하는 경우에도 같은 일이 생길 것이다. 서로 다른 조합들 그리고 모든 형태의 사회생활에서도 마찬가지이다. 그런 식으로, 10, 11, 12세기에, 그 시대의 여러 도시에서 자유롭고 평등한 사람들의 공동체가 창조되었다. 그러나 400년이 지난 후, 바로 이들 공동체에서, 교회와 로마법의 가르침을 받아 사람들은 독재를 요구하였다. 도시의 재판제도, 작업장의 건설 등등은 전과 같았다. 그러나 그 사이에 여러 도시에는 로마법, 교황청, 국가의 권리와 같은 개념들이 발전되었고, 그러자 중재재판소, 자유로운 계약, 개인적 발기와 같은 기본 개념들은 사라졌다. 이 결과 17세기, 18세기 중반의 중부 유럽에서 노예적 굴종이 발생하였다.

더 주의 깊게 고찰하면, 오늘날까지 시험해본 사회조직과 제도들 중에서 공산주의가 어떤 것들보다 개인의 자유를 더 많이 보장할 수 있다는 것은 - 단 자유, 아나키가 공동체의 기본 이념이 되는 경우에 - 의심의 여지가 없다.

공산주의는 개인의 완전한 자유에서 시작하여 모든 사람의 완전한 노예화에 이르기까지 모든 형식을 포함한다. 반면에 사회적 삶의 다른 형식들은 불편부당하게 다양한 모습으로 나타날 수 없다. 즉 그것들 중 일부, 즉 시민적 평등과 재산의 평등을 인정하지 않는 형식들은 필연적으로 누군가를 다른 사람의 노예로 만든다. 공산주의는 모든 수도사들이 수도원장의 의지에 무조건 복종하는 수도원의 형식으로 나타날 수 있다. 그러나 그것은 완전히 자유로운 조합의 형식으로도 나타날 수 있다. 이 조합에서 각각의 구성원은 완전한 독립성을 유지하고, 구성원들이 그것을 원하고, 강요하지 않아도, 각자의 자유를 수호하고 모든 방향으로 확대하려고 노력하는 한, 그때까지 조합은 존재한다.

물론 공산주의는 위계적이고 강제적일 수 있다. 경험을 통해 알 수 있듯이, 이러한 경우 공동체는 곧 붕괴될 것이다. 혹 공산주의는 아나키적일 수 있다. 예를 들어, 농노제도 혹은 집산주의에 기반을 두고 있다면, 국가는 숙명적으로 강제적이 될 수밖에 없다. 그렇지 않은 경우 국가는 국가이기를 중단할 것이다.

어떤 다른 공동생활 형식 보다 뛰어난 공산주의는 **경제적** 자유를 보장할 수 있다. 그것은 명백히 공산주의가 - 반대급부로 하루에 10 혹은 9 혹은 심지어 8시간 대신에 4 혹은 5시간 이하의 노동만을 요구하면서도 - 사회 구성원 각각에게 복지와 심지어 사치품에 대한 욕구의 충족까지도 완전하게 보장할 수 있기 때문이다. 우리의 의식적인 삶이 진행되는 하루 16시간 중에서(나머지 8시간은 취침을 위해 필요하다.) 각자에게 10 혹은 11시간을 여가로 제공한다는 것은 이미 인류가 수 천년동안 이상으로 여겼던 수준으로 개인의 자유가 확대된다는 것을 의미한다. 오늘날 우리의 강력한 생산수단을 바탕으로 이것은 **전적으로 가능하다.** 공산주의 사회에서 인간은 쉽게 매일 10시간의 여가를 갖고, 이와 함께 복지를 누릴 수 있다. 그리고 이미 그런 여가는 지금 부르주아체제에 존재하는 가장 어려운 노동 중 하나로부터의 해방을 가능하게 한다. 여가 그 자체가 개인적 자유의 광범위한 확대를 위한 구성요소가 된다.

그 다음에 모든 인간을 평등하게 여기는 것, 인간에 의한 인간의 지배와 단절하는 것, 이것은 다시 개인의 자유를 확대할 수 있게 한다. 어떤 다른 공동생활 형식도 이정도의 개인의 자유를 가능하게 할 수는 없다. 그러나 이것을 성취하는 것은 첫 발자국을 내딛을 때에만, 즉 사회구성원 각자의 생존이 보장되고, 어느 누구도 - 사적인 쉬운 돈벌이를 위해 노동력을 이용하려는 - 주인에게 노동력과 지혜를 팔도록 강요당하지 않을 때에만 가능하다.

마지막으로, 공산주의자들이 하는 것처럼, 사회의 계속적인 발전과 진보를 위한 첫 토대는 **직업의 다양성**임을 인정하는 것이며, 이것은 다시 개인의 자유 확대를 가능하게 한다. 사회의 구성원 각자가 여가 시간에 과학, 예술, 창작, 사회활동, 발명의 영역에서 하고 싶은 것을 할 수 있다면, 노동시간에 여러 생산 분과에서 일할 수 있고, 교육 자체가 이런 목적에 따라 실시된다면, 더 큰 자유가 확보될 것이다. 공산주의 사회에서 이것은 전적으로 가능하다. 왜냐하면 우리 각자 앞에 개인 능력을 모든 방향으로 확대할 수 있는 가능성이 활짝 열리기 때문이다. 과학, 예술, 창작, 발명 등과 같이 전에 접근하기 어려웠던 영역이 모든 사람에게 개방된다.

개인의 자유가 각각의 공동체 혹은 공동체 연합에서 어느 정도 실현될 것인가는 전적으로, 공동체의 토대 위에서 취하는 관점에 달려 있다. 예를 들어 큰 규모의 종교 공동체를 알고 있는데, 그곳의 구성원들은 내적 감정상태의 표현조차 금지되었다. 불행 때문에 고통이 얼굴에 표현되는 경우, '형제들' 중 하나가 즉시 그에게 다가와 이렇게 말한다. "형제여, 슬픈가? 그래도 즐거운 얼굴 표정을 짓도록 하게. 그렇지 않으면 다른 형제와 자매들에게 아픔을 주게 되니까." 또 우리는 9명으로 구성된 영국 공동체 하나를 알고 있는데, 구성원 중의 하나가 1명의 대표와 4개의 위원회를 - 그것은 원예, 식량, 가사, 판매 위원회이며, 위원회의 장은 전권을 갖는다. - 정할 것을 요구하였다.(사회주의자들 사이에도 코치카레프들[8]이 번식하고 있다.) 물론

'권력을 추구하는 범죄적 광신자(롬브로조[C.Lombroso] 박사에게 추천할만한 특수한 유형)'들이 설립했거나, 그들로 넘쳐나는 공동체들도 있다. 적지 않은 공동체들이 "사회가 개인을 삼킨다."는 광신자들에 의해 설립되었다. 그러나 공산주의는 그런 광신자들을 생산하지 않았다. 그들을 만들어 낸 것은 기본원리가 극도로 위계적인 기독교와 로마법, 즉 국가와 국가이론이었다. 국가주의적 관점을 갖는 어떤 공동체도 회초리와 도끼로 무장한 재판관과 권력기관 없이는 존재할 수 없으며, 사람들이 그것과 단절하지 않는 한, 그 관점은 실제로 공산주의에 위협과 장애가 될 것이다. 그러나 공산주의의 기본원리는 결코 우두머리주의가 아니라, - 우리 중 각자가 무엇을 생산하고 요구하는가를 계산하지 않고 - 생산과 삶 모두에 필요한 것을 사회가 모두 소유하는 것이 더 유익하고 더 좋다는 단순한 주장이다. 이 기본 개념은 노예화가 아니라, 해방과 자유를 지향한다.

우리는 다음과 같은 결론을 내릴 수 있다.

지금까지 공산주의 실험은 실패로 끝났다. 이유는 다음과 같다.

코뮌에서는 단순히 생산과 소비의 경제적 수단만을 생각해야 함에도 불구하고, 실험은 대부분 종교적 성격을 갖고 있었다.

실험은 사회로부터, 사회적 삶과 투쟁으로부터 소외되었다.

실험은 연합을 이루는 대신에 개별적이었다. 즉 공동체들은 지나치게 작았다.

실험은 - 여가를 전혀 제공하지 못할 정도로 - 많은 양의 노동을 구성원들에게 요구하였고, 구성원들을 완전히 삼켜버리려 하였다.

---

8) 역주-코치카레프는 러시아 작가 고골의 희곡 『결혼』에 등장하는 관리다. 그는 결혼을 망설이는 친구를 설득하기 위해, 결혼하면 아이들을 낳아 키워 많은 관리들을 만들어 낼 수 있으니 좋다고 주장한다.

개인의 완전한 자유를 기본 목표로 삼아야 했음에도 불구하고, 실험은 가부장적, 종속적 가족 모델에 기초를 두었다.

공산주의는 경제 제도다. 그러한 것으로서 공산주의는 공동체의 개인에게, 개인의 발기에 그리고 - 과거에 확립된 관습을 일정하고 화석화된 형태로 영원히 유지하려 할 때 개인에게서 나타나는 - 저항에 어느 정도의 자유를 허락할 것인지를 결코 미리 말해주지 않는다. 공산주의는 종속적인 것이 될 수 있고 그러한 경우에 공동체는 필연적으로 붕괴된다. 그리고 공산주의는 자유로운 것이 될 수 있고, 그러한 경우에 - 12세기 도시들의 불완전한 공산주의에서도 그랬던 것처럼 - 유럽을 갱생시키는 새로운 문명, 새로운 삶의 탄생으로 귀결될 수 있다.

이 두 형태의 공산주의 즉 자유로운 공산주의와 종속적인 공산주의 중에서 전자만이 진보와 삶의 자질을 갖고 있으며, 모든 가능한 방향으로 개인의 자유를 확대하기 위해 할 수 있는 모든 것을 할 것이다.

위와 같은 경우에, - 여가 덕분에, 복지를 보장할 가능성 덕분에 확대된, 시간이 줄어든 자유로운 노동 덕분에 확대된 - 개인의 자유는, 도시가스 혹은 도시수도의 공급 때문에 혹은 현대의 호텔 때문에 그리고 지금 수천의 다른 사람들과 함께 우리가 노동시간 중에 당하는 강요 때문에 겪는 것 보다, 결코 더 어려워지지는 않을 것이다.

아나키를 목적과 수단으로 갖는다면, 공산주의는 가능할 것이다. 반면에 이 목적과 수단이 없을 때 공산주의는 개인의 노예화를 시도하고, 결국 실패할 수밖에 없을 것이다.

아나키즘 르네상스

아나키즘 르네상스

안상헌 (충북대 교수·철학)

1. 들어가는 말

21세기에 들면서 아나키즘은 다양한 형태로 부활하고 있다. 가히 '아나키즘 르네상스' 시대라 할 만하다. 인터넷에서 'anarch(ism)'을 검색하면 평생 읽어도 시간이 모자랄 만큼 아나키즘 사상의 고전적 저술은 물론 지금 활동 중인 수많은 단체 및 조직들과 개인들의 주장에 관한 자료들이 넘쳐난다. 20세기 후반까지만 하더라도 마르크스주의 운동의 그늘에 가려져 있었던 아나키즘 운동이 21세기에 접어들면서 범세계적으로 각광을 받으며 화려하게 재기하고 있는 중이다. 이러한 흐름을 반영하듯 우리나라에서도 아나키(즘)에 관한 관심이 점차 고조되고 있다. 어떤 연유로 이런 '아나키즘 르네상스' 현상이 나타났을까? 이들의 주된 관심사는 무엇일까? 우리는 이러한 현상을 어떻게 받아들여야 할까? 여기에 문제는 없는 것일까? 21세기의 사회적, 정치적, 문화적 현실 문제를 이론적으로 이해하거나 실천적으로 해결하려는 관심을 가진 사람이라면 누구나 이러한 의문을 가질 것이다.

이 글은 이러한 문제들에 대한 잠정적인 해명이다. 여기에서 '잠정적'이라고 말하는 까닭은 지금 범세계적으로 전개되고 있는 아나키즘 운동은 그 유형과 갈래가 너무나 복잡하고 다기하여 하나의 원리나 이념에 입각하여 간단하게 정의할 수 없기 때문이다. 지금 전개되고 있는 아나키즘 운동의 흐름을 살펴보면, 1) 19세기에 형성되어 20세기까지 전승되어온 '고전적' 혹은 '전통적 아나키즘' 운동, 2) 60년대에 새롭게 등장한 '문화적 아나키즘' 운동, 3) 소련 및 동구권의 패망 이후 등장한 '새로운 아나키즘' 운동과 '포스트-아나키즘' 이념이 하나 혹은 여럿의 거대한 네트워크를 이루어 서로 영향을 주고 받으며 복잡하게 얽혀있다. 물론 이들의 최대공약수를 다음과 같이 약정해 볼 수 있다. 즉 '아나키즘 운동은 국가, 정당, 정부를 비롯한 일체의 수직적 위계질서와 권위주의적 조직의 지배와 명령을 거부하고, 오로지 개인의 자발적 의지에 따라 자유롭게 살 수 있는 자율적인 공동체 사회를 건설하기 위한 일체의 이론적 실천적 활동'이라고 말할 수 있다. 그러나 '새로운 아나키스트'들은 이러한 가장 느슨한 정의조차도 아나키즘 운동을 구속하고 강제할 수 있다고 하여 거부하며, 그 대신 이념의 차이, 가치의 차이, 전술의 차이를 모두 인정하는 이질성과 다원성 그 자체를 아나키즘의 유일한 공통이념으로 간주한다. 물론 모든 아나키스트들이 이러한 파격적인 '새로운 아나키즘'에 동의하는 것은 아니며, 아나키즘에 상당한 정도 동의하면서도 자신은 결코 '아나키스트'가 아니라고 말하는 사람들도 적지 않다. 따라서 오늘날의 '아나키즘 르네상스' 현상을 전체적으로 조망하는 일은 언제나 잠정적일 수밖에 없는 한계를 지니고 있다.

2. '아나키즘 르네상스'의 계기들

'아나키즘 르네상스'의 직접적인 두 현실적 계기는 1) 소련을 비롯한 사회주의권의 몰락과 2) 신자유주의적 자본주의의 세계화라고 말할 수 있다. 달리 말하면, 오늘날의 '아나키즘 르네상스' 현상은 '현존했던 사회주의'와 '현존하는 자유주의'의 딜레마를 해결하기 위해 등장한 새로운 형태의 대안적 운동 이념이다.

주지하는 바와 같이 19세기에 발단한 아나키즘 사상은 노동자계급에 대한 자본주의적 착취와 권위주의적 국가의 지배를 거부하는 혁명 사상이었다. 따라서 19세기 아나키즘 운동은 자본주의적 착취와 부르주아 국가권력에 대항하여 이를 변혁하려는 사회주의운동과 크게 다르지 않았다. 이는 19세기에 등장한 대부분의 아나키스트들이 당시 사회주의자들이 사용하던 적색깃발을 그대로 사용했다는 것을 보아도 쉽게 알 수 있다.[1] 당시 아나키즘 운동은 사회주의 운동과 함께 '국제노동자연합'을 결성하여 자본주의 체제에 대항해 싸웠으며, 이러한 활동은 제1차 인터내셔널이 끝나는 1872년까지 지속되었다. 바쿠닌을 중심으로 하는 아나키스트들과 마르크스를 중심으로 하는 사회주의자들이 결별하게 되면서 두 진영은 이념적으로나 실천적으로 적대적 대립관계에 들어서게 되었다. 양자가 분열하게 된 결정적 원인은 정당의 역할과 민주주의 문제였다. 아나키스트들은 '노동자들의 자유연합'을 통한 '노동자들의 직접적인 자기통제'를 주장한 반면에 마르크스주의자들은 '프롤레타리아 독재'를 주장하면서 갈라서게 되었다. 이후 노동자계급 운동이 주로 마르크스주의자들에 의해 주도되면

1) 아나키즘의 상징인 깃발의 유래에 관해서는 Iain Mckey et alters, ed. *The Anarchist FAQ,* Version 12.2, 2008, Appendix 2: The Symbols of Anarchy 참조.

서 사회운동의 역사에서 아나키스트 운동은 급격하게 퇴조했으며, 이러한 현상은 소련과 동구권이 패망하는 20세기 후반까지 계속되었다.

그러나 90년대에 들어 소련과 동구권을 비롯한 사회주의권이 패망하자 미국을 중심으로 한 자본주의 진영은 세계를 하나의 거대한 자본주의 시장체제로 재편하는 이른바 '신자유주의적 세계화'에 박차를 가했으며, 그 결과 세계시장적 경쟁에서 소외된 민중들의 범세계적인 반세계화운동이 고조되기 시작했다. 1999년 WTO에 반대하는 시애틀 시위는 그 신호탄이었다. 이를 계기로 반세계화 운동은 21세기 민중운동의 주류를 형성했다. 반세계화 운동의 전개과정에서, 그동안 민중운동을 주도해 왔던 사회주의 운동은 조직의 수직적 위계질서와 권위주의적 행태로 말미암아 실패한 운동으로 각인되어 배척받기 시작했으며, 그 대신 이념과 목표가 제각기 다른 운동단체들이 수평적 네트워크를 만들어 함께 연대하는 다원주의적 운동이론이 각광받기 시작했다. 이와 함께 그동안 '수직적 위계질서와 권위주의적 지배를 반대하고 개인의 자유와 자율적 공동체의 건설'을 강조해온 아나키즘 운동이념이 반세계화 운동의 전면에 화려하게 등장하였다.

뿐만 아니라 아나키즘 이념은 각종 사회운동, 여성운동, 환경운동, 문화운동, 예술운동 등에서도 광범위한 환영을 받고 있다. 아나키즘이 이토록 매력적이고 호소력 있는 이념으로 각광받는 이유는 무엇인가? 이에 대해 윌리엄은 한 마디로 "꿈과 희망이 사라진 시대에 살고 있기 때문"[2]이라고 잘라 말한다. 한 시대를 주름잡던 사회주의 혁명이 전체주의로 허망하게 끝나고 서구의 대의제 민주주의 정치조차 절망감을 안겨주면서, 전통적 정치담론에 대한 불만은 마침내 "공허감으

2) Leonard Williams, "The New Anarchists", at *the 2006 Annual Meeting of the American Political Science Association,* August 31-September 4, 2006, 19쪽.

로 채워진 정치문화"[3]를 만들어내었다는 것이다. 사람들은 이제 더 이상 '정치'를 가치 있는 일이라고 믿지 않게 되었으며, 이런 상황에서 신세대들은 신뢰할만한 무언가를 찾고 있었다. 아이러니컬하게도 유토피아의 몰락이 신세대 청년들에게 가장 유토피아적인 이데올로기를 받아들이게 만드는 역사적 상황을 만들어내었다. 새로운 아나키즘의 새로운 테제들이 대중들에게 호소력을 가진 까닭은 대중들이 "유행하는 환상에 영합했기 때문이 아니라, 유행하는 환상을 벗어났기 때문"[4]이라는 것이다. 정부와 정치에 대한 믿음이 사라진 곳에서는 사람에 대한 믿음 - 이웃에서 발견할 수 있는 자신과 비슷한 생각을 가진 사람들에 대한 믿음, 이웃공동체에 대한 믿음, 개인들의 사적 관계에 대한 믿음 - 이 유일한 대안이 될 수밖에 없었다는 것이다.[5]

아나키즘이 유행하는 이유의 하나로 현대사회에 만연해 있는 개인주의적 경향도 지적되고 있다. 퍼트남에 의하면, 미국인은 다른 사람들 - 가족, 친구, 이웃 - 과의 관계가 단절되어가고 있으며 '홀로 볼링족'이 엄청나게 늘어났다.[6] 이로 말미암아 사회적 차원의 조직적인 집단적 정치행동은 이미 불가능한 상태에 이르렀다는 것이다. 이는 우리의 경우도 예외는 아닐 것이다. 다른 한 편 근래에 크게 늘어나고 있는 시민단체와 시민들의 지역사회에서의 자발적인 봉사활동 행태도 아나키스트 운동방식에 상당한 영향을 미친 것으로 지적되고

---

3) Nicolas Walter, *About Anarchism*, updated edition. Freedom Press, 2002, 12-3쪽.
4) Bob Black, *Anarchy after Leftism,* Columbia Alternative Library, 1997, 145쪽.
5) "Black Bloc Interview." In *The Anarchist Papers*, ed. Dimitrios Roussopoulos, Black Rose Books, 2002. 186-190쪽; Peggy Kornegger, "Anarchism: The Feminist Connection", In *Reinventing Anarchy, Again*, ed. Howard J. Ehrlich, AK Press, 1996, 156-168쪽, 160-162쪽.
6) Robert D. Putnam, *Bowling Alone: The Collapse and Revival of American Community,* Simon & Schuster, 2000.

있으며, 세대 간의 대화단절도 신세대의 행동방식에 큰 영향을 미치는 것으로 주장되고 있다.[7] 오늘날의 시대정신은 누가 다른 누구에게 '무엇을 하라'고 말할 수 없는 시대라는 것이다. 그래서 신세대들은 구세대로부터 '무엇을 어떻게 하라'는 이야기를 전혀 들을 수가 없으며, 서로 쉽게 이야기를 주고받을 수 있는 가까운 또래들끼리 '자기들이 무엇을 해야 할 것인지'를 스스로 결정하고 행동하게 된다는 것이다.

그러나 이러한 간접적이고 미시적인 문화적 영향만으로는 '아나키즘 르네상스'를 충분히 설명할 수 없다. 그렇다면 '아나키즘 르네상스'의 보다 직접적이고, 현실적이고, 결정적인 이유는 무엇일까? 그 이유는 무엇보다도 "세계화자본주의 시대에는 체제변혁을 목적으로 하는 급진적 좌파들이 활동할 공간이 더 이상 없기 때문"[8]이라는 것이다. 조직화된 민중들이 쉽게 대항해 싸울 수 있는 가까운 거리에 있는 국민국가는 점차 투쟁대상으로서의 위상과 자격을 상실하고, 그 대신 훨씬 더 직접 대면하기 어려운 먼 어딘가에 존재하면서도 훨씬 더 강력한 지배력을 가진 초국적 자본이 그 자리를 차지하고 있는 세계화자본주의 현실에서는 급진적 좌파들이 활동할 수 있는 공간이 없다는 것이다. 즉 구좌파들은 다른 운동들로부터 권력의 집중화와 관료주의를 부추긴다는 불신을 받고 있으며, 신좌파는 '정체성 정치'[9]의 한계와 간부들의 노령화로 말미암아 점차 힘을 상실해 가고

7) Leonard Williams, 2006, 21쪽.

8) David Graeber, "The New Anarchists", *New Left Review*, no.13, 2002, 61-73쪽; Jeff Shantz, "Beyond the State: The Return to Anarchy", *disClosure: a journal of social theory*, no.12, 2003, 87-103쪽.

9) '정체성 정치'란 공유하고 있는 정체성 – 인종, 종교, 성별, 성지향성 등 – 이 지배권력에 의해 주변화되거나 차별받는 집단들이 자신들의 권리를 쟁취하기 위해 하는 일련의 정치적 활동을 의미하며, 70년대 이후 주로 미국에서 사용되는 용어이다.

있다. 심지어는 여성운동조차도 권력관계에 대한 아나키스트적인 반대에 포위되어 있으며 이미 추월당하고 있다.[10] 이처럼 냉소적인 포스트모던 시대에서는 현존하는 어떤 이데올로기도 세속적 종교를 원하는 대중들의 요구에 도움을 주지 못하며, 새로운 이데올로기를 만들어낼 수도 없다. 한 마디로 "정치가 몰락한 곳에는 문화만 남으며, 공동체가 몰락한 곳에는 개인만 홀로 남는다."[11] 다른 말로 요약하자면, "정치적 근본주의와 문화적 근본주의의 장기적 긴장 관계 속에서는 문화적 근본주의가 선호되며, 이런 현실에서는 아나키가 모든 개인을 위한 것이 되며, 모든 이들을 위한 것이 된다."[12] 물론 아나키즘은 유토피아적 성향을 가진 모든 사람들을 위한 것이며, 무한한 가능성의 영역을 추구하는 사람들을 위한 것이며, "소수의 엘리트만이 아니라 모든 사람들이 만족하고 행복한 삶을 살 자격이 있다고 믿는 사람들"[13]을 위한 것이다. 아마도 아나키즘을 오늘날의 근본주의자들을 위한 실행 가능한 가치관으로 만들어 준 것은 바로 이러한 철두철미한 근본주의일 것이다. 마이클 앨버트에 따르면, 새로운 아나키즘은 "가족에서 문화, 국가, 경제에 이르기까지, 그리고 오늘날의 세계화에 이르기까지의 삶의 모든 영역에서 억압받는 사람들의 편에서 싸울 수 있도록 하기 위해 부활한 추진력이자, 지금 살아가는 사람들의 삶을 개선할 수 있으면서 동시에 미래의 새로운 제도로 나아갈 수 있는 창조적이고 고무적인 방식을 찾아내어 그렇게 할 수 있도

---

10) Brown L. Susan, "Beyond Feminism: Anarchism and Human Freedom." In *Reinventing Anarchy, Again*, ed. Howard J. Ehrlich. AK Press, 1996, 149-155쪽.
11) Leonard Williams, 2006, 21쪽.
12) Christopher Lasch, "The Disintegration of the New Left", In *Political Ideologies*, ed. James A. Gould and Willis H. Truitt, Macmillan, 1973, 336-346쪽.
13) Simon Read, *Everything You Ever Wanted to Know About Anarchism, but Were Afraid to Ask* ⋯, Rebel Press, 2004, 12쪽.

록 하기 위해 부활한 추진력"[14]으로 간주된다.

철학적으로나 이론적으로는 포스트구조주의철학의 영향을 지적할 수 있다. 포스트구조주의철학은 체제나 권력에 대한 거대담론을 미시담론으로, 거시정치학을 미시정치학으로 바꾸어 놓았다. 메이에 따르면, 마르크스주의적 기획이 실패한 이후 정치적 개입을 위한 대안적 비전을 제공하려 했던 포스트구조주의철학은 아나키즘 전통과 접목함으로써 그들의 미시정치학적 관점을 포기하지 않고도 포스트구조주의적인 정치이론을 체계화할 수 있었다는 것이다.[15] 즉 포스트구조주의 정치이론은 "전통적 아나키즘이론의 선험적 성격을 권력의 실증성과 창조성으로 대치하고, 주체나 구조에 대한 분석을 실천과 실천집단들에 대한 분석으로 대치함으로써" 아나키즘에 새로운 이념적 활로를 열어주었다는 것이다. 또한 뉴먼에 따르면, "포스트구조주의는 전통적 아나키즘이 자신들이 반대하는 바로 그 '지배 이념'을 재생산해내는 주된 이유가 권력에 대한 본질주의적인 이해에 있다는 점을 구명해 줌으로써"[16] 아나키즘에 새로운 이념을 제공할 수 있다는 것이다. 즉 "포스트구조주의 이론을 활용하면 본질주의적인 보증이 없이도 정치적 저항의 가능성을 이론화할 수 있다"[17]는 것이다. 그에 따르면, 모든 근대적 권력은 본질주의적인 자기동일성을 통해 작동한다는 것이다. 본질주의적인 접근은 '권력' 개념에만 국한되는 것이 아니라, 사회, 인간, 도덕, 휴머니즘, 자연, 저항을 비롯한 모든

14) Michael Albert, "Anarchism?!", *ZNet*, May 10. 2001.

15) Todd May, *The Political Philosophy of Poststructuralist Anarchism*, Pennsylvania State University Press, 1994, 3-4쪽, 87쪽.

16) Saul Newman, *From Bakunin to Lacan: Anti-authoritarianism and The Dislocaton of Power*, Lexington Books, 2001, 4-5쪽.

17) Saul Newman, 2001, 157쪽, 173-4쪽.

영역에 걸쳐 잘못된 이념을 만들어낸다. 따라서 진정한 저항형식을 건설해내고 또 그렇게 함으로써 진정한 변혁을 가능하게 하려면, 권력에 대한 본질주의적인 접근을 반드시 극복해야 한다. 이처럼 포스트구조주의 담론은 기존의 모든 이성주의적이고 본질주의적인 담론을 무력화시키는 철학적 무기를 제공하며, 미학과 정치의 절합articulation은 축제적 퍼포먼스를 비롯한 시위현장에서의 다채로운 직접행동 방식에 철학적 기반을 제공하고 있다. 이밖에도 마르크스주의의 위기 이후 라클라우와 무프에 의해 제기된 포스트마르크스주의 정치담론[18]과 '근본적 민주주의 담론'은 '포스트아나키즘의 정치담론'에 새로운 지평을 열어주고 있다.[19] 메이와 뉴먼은 아나키즘과 포스트구조주의 간에는 근본주의 정치이론을 이론화하는데 아무런 걸림돌이 없으며, 오히려 두 전통 사이의 긴장은 정치의 의미를 다시 한 번 숙고하게 만드는 성찰의 계기가 된다고 주장한다. 포스트아나키즘에 대한 담론은 이제 막 형성되는 단계에 있기 때문에 그 귀추가 어떻게 될 지는 미지수이지만 '신세대 아나키즘 르네상스'에 기여하고 있는 것만큼은 분명한 사실이다.[20]

이러한 전반적인 분위기에 힘입어 아나키즘 운동은 다양한 부문운동과 광범위하게 결합되었다. 이는 아나키즘 운동을 상징하는 깃발에서도 잘 드러난다.[21] 그동안 아나키즘 운동의 상징으로만 사용되어

18) Ernesto Laclau and Chantal Mouffe, *Hegemony and Socialist Strategy: Towards a Radical Democratic Politics,* Verso, 2nd edition, 2001.

19) Saul Newman, "The Politics of Postanarchism", from Institute for Anarchist Studies, 2003; "Interview With Saul Newman" and "Interview With Todd May", in *Siyahi Interlocal: Journal of Postanarchist Theory, Culture and Politics*, April 2005.

20) Saul Newman, 2003; Benjamin Frank, "Postanarchism: A critical assessment", *Journal of Political Ideologies,* 12:2, 2007, 127-145쪽 참조.

21) *The Anarchist FAQ,* 2008, Appendix: The Symbols of Anarchy 참조.

왔던 흑색깃발은 아나키즘 이념과 결합된 다양한 운동들의 고유색과 함께 어울리면서 다양한 색깔의 깃발들로 변용되고 있다. 이러한 변용은 아나코-공동체주의와 아나코-생디칼리즘이 적색/흑색 깃발을 사용하는 것을 모방하여 창안된 것이다. 예컨대, 아나코-여성운동은 사각깃발을 대각선으로 나누거나 별 모양을 수직으로 나누어 보라/흑색 깃발을, 아나코-생태주의운동은 녹색/흑색 깃발을, 아나코-동성애운동은 분홍/흑색 깃발을, 아나코-평화운동은 흰색/흑색 깃발을 사용하고 있으며, 심지어는 '진정한 아나키즘'이 아니라는 비판을 받고 있는 아나코-자본주의조차도 노랑/흑색 깃발을 사용한다. 이밖에도 60년대에 고안되었으나 널리 사용되지 않았던 서클-A가 표시된 다양한 깃발들이 '신세대 아나키즘'의 상징으로 인기리에 사용되고 있다. 이처럼 아나키즘운동은 '운동들의 운동'[22]이라 일컬어지는 다원주의적 반세계화 운동의 중심에서 '빨주노초파남보'가 함께 어우러지는 '차이와 연대' 운동의 표상으로 자리매김하게 되었다.

3. 현대 아나키즘의 갈래들

현재 활발하게 활동하고 있는 아나키즘 이념과 운동을 유형별로 나누는 것은 쉽지도 않거니와 매우 위험한 일일 수 있다. 왜냐하면 앞에서도 언급했듯이 아나키즘 단체들은 이념적 최대공약수에 대체로 동의하고 있음에도 불구하고 조금만 더 구체적으로 들어가면 이념과 실천에 있어 끝없는 차별성을 드러내기 때문이다. 특히 신세대 아나키스트들은 '아나키즘이란 추상적인 이론이나 이념이 아니라, 실

22) Tom Meters ed, *A Movement of moments: Is Another World Really Possible?*, Verso, 2004. 참조.

제로 그들이 행동하고 있는 바이며, 끊임없이 변화하고 있는 것'이라고 주장한다. 이런 점에 비추어보면 아나키즘의 갈래와 유형은 아나키스트의 숫자만큼이나 다양하다고 할 수 있다. 따라서 아나키즘의 유형을 일정한 기준에 맞추어 엄격하게 구분할 수는 없다. 다만 아나키즘 사상과 운동의 흐름에 대한 전반적 이해를 위해 편의상 그들의 실제 주장과 구체적 행동방식을 근거로 하여 유형을 몇 가지로 구분해 볼 수는 있다.[23] 그러나 어떤 분류법으로도 아나키즘의 모든 유형을 망라하지는 못한다는 점을 염두에 두어야 한다. '신세대 아나키즘'의 경우는 특히 그러하다.[24] 그리고 아나키즘의 유형 구분에 있어 또 하나의 특징은 사회주의 계열의 마르크스주의, 레닌주의, 모택동주의처럼 주창자의 이름이 들어간 '-주의ism'라는 명칭 사용을 기피한다는 점이다. 아나키즘 연구자들이 가끔 슈티르너-이즘, 프루동-이즘, 바쿠닌-이즘, 크로포트킨-이즘 같은 용어를 사용하는 경우는 있으나, 아나키스트들은 그런 명칭을 일체 사용하지 않는다. 왜냐하면 그들은 아나키즘을 '특정 사상가의 이념을 따르는 죽은 사상이나 박제된 이념'이 아니라 '살아서 움직이는 삶의 활동이자 운동'으로 간주하기 때문이다.

1) 사회적 아나키즘과 개인주의적 아나키즘: 이 두 유형의 아나키즘은 19세기에 형성된 '고전적 아나키즘'의 전통을 계승하고 있는 가장 대표적인 유형에 속한다. 따라서 이 두 유형의 기원은 사회주의 운동과 아나키스트 운동이 분리되기 이전으로 거슬러 올라갈 수 있다. 그 당시 사회주의와 아나키즘 운동이 완전히 배타적인 운동이 아

23) 여기에서는 아나키즘에 관한 모든 것을 문답법으로 정리한 『The Anarchist FAQ,』의 분류에 따라 정리할 것이다. (*The Anarchist FAQ,* Version 12.2, 2008, A.3.)

24) 신세대 아나키스트들은 이러한 범주를 완전히 벗어나 있기 때문에 따로 다룰 것이다.

니었듯이, 이 두 유형의 아나키즘도 완전히 배타적인 것이 아니다. 두 유형의 차이가 있다면 그것은 단지 '그들이 지향하는 자유로운 사회의 성격'과 '그것에 도달하는 방식'의 차이이다. 전자는 '사회적 문제의 공동체적 해결과 사회에 대한 공동체적 비전'을 가지고 있는데 반해, 후자는 '사회적 문제의 개인주의적 해결과 사회에 대한 개인주의적 비전'을 갖고 있다는 점이다. 그러나 이러한 차이에도 불구하고 '개인의 자유를 극대화하고, 자본주의적 착취와 권위주의적 국가를 폐지하기를 바라는 반국가주의, 반권위주의, 반자본주의적 입장'을 고수하고 있다는 점에서는 같은 입장에 서 있다. 이 두 유형의 차이는 그것이 형성된 역사적 상황의 차이에서 비롯된 것이라 할 수 있다. 즉 전자는 유럽의 역사적 조건에서 노동자계급을 중심으로 형성된 급진적 혁명이념인데 반해, 후자는 미국적 상황에서 장인적 기술을 가진 소규모 자영제조업자들의 국가권력에 대한 저항운동에서 비롯된 진화론적이고 개혁적인 변혁이념이다. 따라서 사회적 아나키즘은 '욕구를 기반으로 하는 분배체제'를 선호하는데 반해, 개인주의적 아나키즘은 '시장을 기반으로 하는 분배체제'를 선호한다. 수공업적 개인주의자들은 사회적 문제의 공동체적 해결이 자칫 - 시장에서의 자유로운 교환의 자유를 포함한 - 개인의 자유를 제약할 것을 우려하는데 반해, 사회적 아나키즘은 '공동체적 소유만이 전체적인 삶에 있어 개인의 자유를 보호해 줄 수 있기 때문에 사적소유를 폐지해야 한다'고 주장한다. 이들은 '개인을 공동체로 대치하는 것이 아니라, 개인의 자유를 방어하기 위해 공동체를 이용하자는 것'[25]이라고 주장한다.

25) FAQ, A.3.1,

여기서 자세히 소개할 수는 없지만 사회적 아나키즘은 다시 상호주의mutualism, 집산주의collectivism, 공산주의communism, 조합주의syndicalism로 세분할 수 있다. 이들의 차이는 이념의 차이가 아니라 전략의 차이이다. 상호주의는 노동자들이 자신의 노동생산물을 공동체적 상호은행 체제를 통해 교환하는 노동자기업과 시장사회주의를 기반으로 삼는다.[26] 이에 대해 다른 유형의 아나키즘은 상호주의는 존중하지만 - 자본주의적 시장형태가 아니라 하더라도 - 경쟁과 독점을 낳는 시장체제에 대해서는 단호히 반대한다. 그리고 집산주의와 공산주의의 차이는 전자는 '생산수단의 사적소유의 폐지'만을 주장하는데 반해, 후자는 '화폐경제 자체의 폐지'를 요구한다. 이에 반해 조합주의는 자본주의 안에서 '자유로운 생산자의 자유로운 연합'의 '직접행동'을 통해 미래의 자유로운 사회를 세울 것을 주장한다. 이들은 '생산자 연합'을 자본주의 하에서의 '아나키즘을 실천하는 학교'로 간주하고 이를 통해 직접적으로 새로운 사회를 실현하고자 한다. 이러한 차이에도 불구하고 이들은 모두 부르주아 국가권력을 대치하는 새로운 권위주의적 국가권력의 건설과 지배를 거부하며, '생산자 계급의 자유로운 연합'의 '직접행동'을 강조한다는 점에서 '프롤레타리아 독재'를 매개로 하여 간접적으로 새로운 사회를 건설하려는 공산주의 혹은 사회주의 이념과는 구별된다.

2) 녹색 아나키즘: 생태계 위기의 해결은 오늘날 모든 아나키스트들의 공통관심사이다. 생태주의적 사유는 고전적 아나키스트인 크로포트킨의 『상호부조』에서도 발견되지만, 생태주의와 아나키즘의 관계를 전면적으로 거론한 아나키스트는 머레이 북친이다. 그는 아나키

---

26) FAQ, A.3.2.

즘이 강조하는 '자유로운 발전, 탈집중화, 다양성, 자발성' 같은 개념을 생태주의 이념에 반영함으로써 '자본주의적 위계질서, 집중화, 국가, 부의 집중은 개인과 공동체의 자유로운 발전과 다양성을 저해할 뿐만 아니라 생태계 파괴의 주범'이라고 비판한다. 그러면서 그 대안으로 인간과 자연이 균형을 이루는 에코-공동체와 에코-기술(혹은 그린-기술)을 주창한다.

녹색 아나키즘의 또 다른 유형인 프리미티비즘(원시주의)은 생태계 위기의 문제는 단지 자본주의적 위계질서의 문제가 아니라, 문명 그 자체, 기술 그 자체에 원인이 있다는 보다 근본주의적인 입장을 취한다. 따라서 이들은 '문명 그 자체의 파괴 혹은 종말'을 주장한다. 그러나 문명과 기술에 대한 녹색 아나키스트들의 입장은 상당한 차이를 보이고 있다. 즉 산업혁명 이전의 기술까지는 허용할 수 있다는 입장이 있는가 하면, 농경까지도 거부하고 수렵채취 시대의 삶으로 돌아가야 한다는 근본주의적 입장을 취하는 경우도 있으며, 심지어는 언어까지도 거부해야 한다는 극단적 입장까지 존재한다. 물론 이러한 비현실적이고 공상적이고 낭만적인 주장에 대한 다양한 비판이 존재하며, 실제로 이들의 극단적인 주장을 받아들이는 아나키스트들은 거의 없다. 일부에서는 프리미티비스트들의 극단적 주장은 야만적 원시시대의 삶으로 되돌아가자는 것이 아니라, 현대사회와 기술문명을 비판하는 수단으로 원시사회를 사례로 이용하는 것일 뿐이라고 옹호하는 사람들도 있다.[27)]

3) 평화주의적 아나키즘: 레오 톨스토이의 사상에서 비롯된 아나코-평화주의는 '비폭력 아나키즘'으로 불리기도 한다. 아나키즘과 평

27) 북친과 체르잔에 대해서는 뒤에서 다시 논의될 것이다.

화주의의 결합은 '개인에 대한 일체의 지배와 예속'을 거부하는 아나키즘의 근본이념에 비추어 볼 때 전혀 이상한 일은 아니지만, 다른 유형의 아나키즘을 '폭력적 아나키즘'으로 오해하게 만든다는 의미에서 좋은 이름은 아니다. 그러나 다른 아나키즘은 억압자의 제도적 폭력에 대응하는 피억압자의 정당한 대항폭력을 인정한다는 점에서 구별된다. 아나키즘에서의 폭력 문제는 비폭력적, 점진적 변혁노선과 급진적 폭력 혁명노선의 문제이다. 급진적 아나키스트들에 있어 폭력은 '개인에 대한 폭력'이 아니라 '억압적이고 권위주의적인 제도적 폭력에 대한 폭력'으로 정당화된다. 그리고 '국가와 자본주의가 존재하는 한 폭력은 불가피하다'는 주장과 '폭력이 커지면 커질수록 혁명은 그만큼 약화된다'는 주장 사이의 논쟁도 존재한다.[28] 실제로는 순수 평화주의자인 아나키스트는 거의 없으며, 폭력은 필요악이므로 최대한 신중하게, 최소한으로만 사용해야 한다는 주장이 대세이다. 이와는 달리 오늘날의 '신세대 아나키스트들'은 온갖 상상력을 발휘한 전혀 다른 종류의 예술적, 축제적 퍼포먼스로서의 폭력(달걀 던지기, 돈 찢기, 물총 쏘기, 새총으로 창문 맞히기 등)을 시위현장에서의 '직접행동'의 한 방식으로 사용한다.

4) 아나코-페미니즘: 여성운동은 초창기부터 국가와 모든 형태의 권위를 반대해 왔지만 여성운동이 아나키즘과 이념적으로 결합한 것은 60년대 이후의 일이다. 일체의 권위주의적 지배와 착취를 반대하고 개인의 자유와 존엄성을 강조하는 아나키즘과, 권위주의적 가부장제를 반대하고 여성의 인권을 강조하는 여성주의는 이념적으로 괴리가 없다. 다만 양성평등권만을 강조하며 제도적 억압에는 무관심한

28) FAQ, A.3.5.

자유주의적 여성운동에 대한 대안으로, 일체의 권위주의에 대한 비판과 가부장제에 대한 비판을 결합하는 아나코-페미니즘의 등장했다. 사회주의 운동 하에서 남성중심의 권위주의적 행태에 불만을 느껴온 여성운동은 마르크스주의의 퇴조와 함께 아나키즘과 더욱 가까워지게 되었으며, 이는 전통적 아나키즘 운동 내부에도 존재했던 성차별을 청산하는 '새로운 아나키즘' 운동으로의 발전을 의미하는 것이기도 했다. 이들은 억압적 결혼제도 대신에 양성평등 하에서 '자신의 인격에 대한 자기통제'에 입각한 '자유연애'를 주장하기도 하고, 나아가 아나키즘과 생태주의와 여성주의를 결합하는 이른바 아나코-에코-페미니즘 운동으로 발전해 나가고 있다.

5) 문화적 아나키즘: 그람시 이후 사회주의 운동 안에서도 이데올로기적 헤게모니를 장악하기 위한 문화운동이 고조되었듯이, 아나키즘 운동 안에서도 정치와 경제 영역을 벗어나 있는 - 교육, 예술, 육아, 성도덕 등과 같은 - 문화 영역에서 권위주의적 가치의 청산을 위한 문화운동이 고조되었다. 문화 영역의 권위주의적 가치가 종식되지 않는다면 국가가 혁명에 의해 전복된다 하더라도 그 자리에 또 다시 새로운 형태의 권위주의 체제가 들어설 수밖에 없기 때문에, 새로운 문화양식 - 새로운 육아방식과 교육방식 - 을 통해 권위주의적 가치를 조장하는 전통문화를 타파하는 것은 필수적이라는 것이다.[29] 따라서 문화적 아나키즘 운동은 '직접행동'을 조직하여 자본주의 안에 '자유주의적 대안 공간'을 만들어내는 것을 활동 목표로 삼는다.

6) 종교적 아나키즘: 대부분의 아나키스트들은 무신론자이며, 종교와 신 관념을 반-인간적이고 세속적 권위와 노예제를 정당화하는 것

29) FAQ, A.3.6.

이라 하여 반대한다. 그러나 종교적 아나키스트들은 종교적 신념을 아나키즘과 결합시켜 '아나키즘이 반드시 무신론일 필요는 없다.'[30]고 주장한다. 예컨대 종교철학자 엘륄은 "기독교성서의 사상은 곧바로 아나키즘에 도달한다. 아나키즘이야말로 기독교 사상과 일치하는 유일한 '정치적인 반정치적 입장'"[31]이라고 주장한다. 북친도 '기독교는 의사-종교적 아나키즘의 성격을 지니고 있다.'고 주장한다. 평화적 아나키스트이기도 한 톨스토이는 성경 읽기를 통해 "통치란 다른 사람에게 강제력을 사용하는 것이다. 즉 통치란 다른 사람에게 그들이 우리에게 해야 하는 의무가 아니라 통치자가 원하는 것을 하도록 강제하는 것이며 결국 나쁜 짓을 행하는 것"[32]이라는 이념을 끌어낸다. 나아가 그는 "자본주의는 도덕적으로나 신체적으로 개인을 파괴하는 노예운전수이며, 따라서 진정한 기독교인이 자본주의자가 되는 것은 불가능한 일"[33]이라고 주장했다. 또한 피터 마샬에 의하면 동양의 노자사상과 선불교에서도 아나키즘 정신을 발견할 수 있으며[34], 반세계화 운동가인 스타호크는 이교도와 영성주의까지도 아나키즘과 연관시킬 수 있다고 주장한다. 그러나 무신론적 아나키스트들은 '성서는 역사적으로 세속적 세계의 위계질서와 통치자를 옹호하는 데 기여해 왔으며, 자연적이든 초자연적이든 자신이 아닌 다른 존재를 숭배한다는 것은 자기예속과 노예근성의 한 형태이며 사회적 지배를 초래하게 만든다.'면서 종교적 아나키즘을 비판한다. 특히 '종교적 교의'와 '아나키즘'이 상충할 경우 종교적 아나키즘은 언제나 '종

30) FAQ, A.3.7.
31) Peter Marshall, new edition, *Demanding Impossible*, Harper Perennial, 2007, 75쪽.
32) Leo Tolstoy, *The Kingdom of God is Within You,* Wildside Press, 2007. 242쪽.
33) 같은 책, 338쪽, 339쪽.
34) Peter Marshall, 2007, 53쪽.

교적 교의'를 먼저 선택할 수밖에 없기 때문에 '진정한 아나키스트'가 될 수 없다고 비판한다.

7) "형용사 없는 아나키즘": 위에서 제시된 여러 유형들은 전통적 아나키즘을 계승하거나 생태주의, 평화주의, 여성주의, 영성주의와 같은 다른 운동과 결합된 아나키즘의 갈래들이다. 그러나 형용사나 하이픈(-)을 부가하는 방법으로는 현존하는 아나키즘의 모든 갈래를 망라하기도 어렵거니와 아나키즘의 특징인 차이에 대한 관용과 개방적 특성을 드러내기도 어렵다. '형용사 없는 아나키즘'은 이에 대한 하나의 대안으로 제시된 것이다.

본래 이 용어는 19세기 말 스페인에서 '공산주의적 아나키즘'과 '집산주의적 아나키즘' 사이의 치열한 논쟁 과정에서 생겨난 말이다. 이 용어를 처음 사용한 마르몰에 의하면, "형용사 없는 아나키즘 anarchismo sin adjetives은 '서로 다른 경향을 지닌 아나키즘들에 대한 관용성'을 드러내 보여주면서 동시에 '아나키즘은 이론적으로나 실천적으로 누구에게도 미리 정해진 각본을 강요해서는 안 된다.'는 점을 분명히 하기 위한 것이었다."[35] 아직 실현되지도 않은 미래사회를 두고 어떤 특징적 측면을 지나치게 강조함으로써 자꾸 분파들이 생겨나는 것은 아나키즘이 지향하는 본래적 성격에 맞지 않는다는 것이다. 즉 아나키즘이 실현하고자 하는 '자유로운 사회'는 시대와 장소에 따라 얼마든지 달라질 수 있고 또 조정될 수 있기 때문에 이에 대해 미리 예단하거나 결정해 둘 수 없으며, 따라서 연합방식이나 노동조직 그리고 사회적 삶의 형태에 대해 미리 결정된 어떤 단일한 형태로 수렴하려는 논쟁은 무모하며 소모적인 논쟁일 뿐이라는 것이다.

---

35) FAQ, A.3.8.

소모적 논쟁은 스페인에서 뿐만 아니라 미국에서도 개인주의적 아나키즘과 사회적 아나키즘 사이에서 치열하게 전개되었으며, 이에 대한 반성으로 '형용사 없는 아나키즘'을 지지하는 주장이 제기되었다. 드 클레이르는 "자유와 실험만이 최선의 사회형태를 결정할 수 있다. 그러므로 나는 '아나키스트'라는 단순한 명칭 외에 다른 어떤 형용사도 붙이지 않을 것"[36]이라고 선언했다.

아나키즘 내부의 이러한 관용적 태도는 '새로운 아나키즘'의 다원적이고 개방적 성격에 커다란 영향을 미쳤다. 그러나 이러한 관용성에 전혀 문제가 없는 것은 아니다. 왜냐하면 아나키스트들에 의해 '진정한 아나키즘'이 아니라는 비판을 받고 있는 '아나코-자본주의자'들은 '형용사 없는 아나키즘'을 빙자하여 '자본주의적 아나키즘도 아나키즘 운동의 일부로 허용되어야 한다'고 주장하고 있기 때문이다.[37] 즉 그들은 "아나키즘의 일차적 관심사는 '국가의 폐지'이며, 경제체제 문제는 단지 부차적 중요성을 지니고 있을 뿐이므로, 자신들이 지향하고 있는 '국가 없는 자본주의'도 아나키즘의 일종"이라고 주장한다. 그러나 이러한 주장은 '아나키즘이 단지 국가의 폐지만을 목적으로 하는 것이 아니라, 자본주의적 착취와 국가의 억압에 대항하기 위한 사회주의 운동과 뿌리를 같이 하는 반국가주의, 반권위주의, 반자본주의 운동'이라는 점을 고의적으로 도외시하고 있다는 수많은 비판에 직면해 있다.

---

36) "The Making of An Anarchist", in *The Voltairine de Cleyre Reader*, AK Press, 2004, 107-8쪽.

37) '자유시장 아나키즘'으로도 불리는 아나코-자본주의는 국가의 폐지와 자유시장에서의 개인의 주권의 고양을 옹호하는 개인주의적 아나키즘의 일종이다. 주창자인 Murray Rothbard는 사유재산을 반대하는 아나키즘과는 다른 형태의 개인주의적 아나키즘과 구별하기 위해 이 명칭을 사용한다. 그러나 이에 대한 아나키스트들의 많은 비판이 있다. 가장 치밀한 비판은 FAQ, Section F 참조.

4. 21세기의 '새로운 아나키스트'들

위에서 살펴본 아나키즘의 여러 유형과 비교해 볼 때, 사회주의권의 패망 이후 등장한 21세기의 '새로운 아나키즘'은 다양성과 이질성이 더욱 두드러지기 때문에 그 정체성을 전체적으로 파악하기가 더욱 어렵다. 왜냐하면 '새로운 아나키즘'의 가장 큰 특징은 바로 '아나키즘의 원리나 이론 그 자체'까지도 거부하는 경향을 보이고 있기 때문이다. 앞에서도 살펴보았듯이 '새로운 아나키즘'은 상대성, 다원성, 특이성, 이질성을 강조하는 포스트모더니즘과 포스트구조주의 철학의 영향을 강하게 받고 있을 뿐 만 아니라 '포스트-마르크스주의'에 비견되는 '포스트-아나키즘'적인 성격까지도 지니고 있다.

'새로운 아나키즘'은 앞에서 살펴본 '구세대 아나키즘'과 뚜렷한 세대적 차이를 보이고 있다. 즉 후자는 주로 60-70년대에 반전운동, 여성운동, 환경운동, 문화운동 등을 주도했던 구세대들에 의해 주도되고 있는데 반해, '새로운 아나키즘'은 주로 90년대 이후에 청소년기를 보낸 신세대들이 주도하고 있다. 따라서 우리는 이들을 '신세대 아나키스트'들이라 불러도 좋을 것이다. 구세대 아나키스트들은 고전적 아나키즘 사상가들 - 프루동, 바쿠닌, 크로포트킨 등 - 의 반국가주의, 반권위주의, 반자본주의 이념을 대체로 계승하고 있는데 반해, 신세대 아나키스트들은 고전적 아나키즘 이론을 공부하거나 언급하는 경우가 거의 없을 뿐만 아니라, 추상적인 학술이론을 경멸하며 '직접행동'을 중시한다. 따라서 오늘날의 아나키즘은 "지적 이데올로기의 결과물이 아니라 '직접행동'을 통해 만들어진 신념 형태"[38]로 이해할 수 있다.

38) Albert Meltzer, *Anarchism: Arguments For and Against*, revised edition, AK Press, 1996, 18쪽.

이들에 의하면, 아나키즘은 “아나키스트들은 무엇을 행하고 있는가, 어떤 방식으로 자신들을 조직하는가에 따라 특징지어진다.”39) 즉 신세대 아나키스트들의 주안점은 “올바른 혁명이론을 논증하거나 유토피아적 삶을 개관하는 것이 아니라, 그들의 상이한 혁명적 활동들이 현실적 차이를 만들어낸다.”40) 그루바치츠의 관찰에 따르면 “새로운 아나키즘은 오로지 대화 속에서만 존재한다. 즉 새로운 아나키즘은 범지구적 투쟁 대열에 참여한 아나키스트들이 다른 참여자들과 대화를 나눌 때만 그 존재가 드러날 뿐이다.”41) 따라서 실천과 행동을 중시하는 신세대 아나키즘은 모든 아나키스트들이 읽어야 할 특정 이론가 집단을 지목하기도 어렵거니와, 설사 그런 집단이 있다 하더라도 이론적 권위에서 나오는 견해를 무비판적으로 추종하지도 않는다. 한 마디로 말해, 대다수 아나키스트들이 동의하고 있듯이, 오늘날의 신세대 아나키즘은 “서로 다른 사람들의 서로 다른 입장”42)을 의미하는 것일 수밖에 없다. 바로 이러한 점이 ‘새로운 아나키즘’의 투쟁세계에 대한 전면적인 개방성이자 뿌리치기 어려운 매력이기도 하다.

따라서 신세대 아나키즘의 성격을 파악하기 위해서는 그들이 실제로 행하는 바를 직접 관찰하거나 그들과 직접 대화를 나누어보는 수밖에 없다. 앞으로 살펴볼 신세대 아나키즘의 활동에 관한 대부분의 정보는 인터넷의 바다에서 찾아낸 것들이다.43) 다행히도 새로운 아

39) Andrej Grubacic, “Power and Revolution: The Anarchist Century”, *ZNet*, May 11. 2006.

40) Todd May, *The Political Philosophy of Poststructuralist Anarchism,* Pennsylvania State University Press, 1994, 1-15쪽.

41) Andrej Grubacic, “A Talk on Anarchism and the Left”, *ZNet*, April 24. 2005.

42) Leonard Williams, 2006, 3쪽.

43) 아나키즘에 관한 대부분의 자료는 Internet Anarchist University(http://infoshop.org/iportal/iau.php)이라 불리는 아나키즘 포털사이트를 통해 찾을 수 있다. 개별 아나키스트들이나 단체 혹은 조직의 구체적인 활동에 관한 정보는 Wikipedia의 Anarchism 항목(http://en.wikipedia.org/wiki/Anarchism)을 경유해 그들이 독자적으로 운영하는 사이트와 저널 및 소식지를 추적하면 쉽게 찾을 수 있다. 왜냐하면 그들은 자신들의 활동상황을 거의 실시간으로 홈페이지에 올려두기 때문이다.

나키스트들의 활동에 관한 생생한 정보는 하나의 거대한 네트워크를 이루고 있으며, 링크도 비교적 잘 되어 있다. 그러나 '신세대 아나키즘'의 초창기 활동 상황이나 이념적 실마리를 찾아내는 것은 그 출처가 묘연하기 때문에 쉽지 않다. 아나키즘을 옹호하는 연구자들조차 아나키즘은 '일반이론이나 일관된 이념이 아니라 진화하는 전통'으로 간주한다. 존 무어에 의하면 "아나키즘의 특징은 끊임없이 자신을 재정의하고 재구성하는 능력이다."[44] 따라서 새로운 아나키즘의 토대를 발견하려는 시도는 늘 실패할 수밖에 없으며, 또한 이러한 이론적 시도는 '아나키즘의 유일한 공통점이라곤 일관성이 없다는 것'이라는 관점에서 보면 자칫 이념적인 보수주의자로 비칠 수 있다. 이렇듯 신세대 아나키즘은 보편적인 교의를 거부하기 때문에, 단지 가족유사성을 비교해 봄으로서 어느 정도 유추해 볼 수 있을 따름이다.

'신세대 아나키즘'의 최소치는 '인간사의 모든 강제와 위계질서에 반대하는 입장을 견지하는 것'이다. 월터에 따르면, "아나키즘의 본질, 즉 그것이 빠지면 아나키즘이 되지 않는 핵심 내용은 인간이 인간 위에 군림하는 모든 권위의 부정"[45]이다. 그 외에는 아나키스트의 숫자만큼이나 다양한 아나키즘이 존재한다. 따라서 신세대 아나키즘의 유형과 갈래의 목록을 만드는 것은 부질없는 짓이다. 따라서 여기서는 '아나키즘 르네상스'와 '신세대 아나키즘'의 등장에 기여한 것으로 널리 인정받고 있는 약간의 아나키스트들에 대해서만 간략히 살펴볼 것이다.

---

44) John Moore, "Prophets of the New World: Noam Chomsky, Murray Bookchin, and Fredy Perlman." *Social Anarchism*, no. 20, 1995.

45) Nicolas Walter, *About Anarchism*, updated edition, Freedom Press, 2002, 32쪽.

1) 촘스키 Noam Chomsky**와 북친**Murray Bookchin: 촘스키는 "자신은 아나키스트가 아니라 아나키스트들의 동반자일 뿐"이라고 말하면서도 70년대부터 아나키즘에 관한 많은 저술과 대담을 남겼다. 그는 아나키즘을 "일체의 착취와 지배를 거부하는 사회주의 내의 자유주의적 갈래의 하나"[46]로 간주하며 '아나키즘의 근본노선은 삶의 모든 측면에 존재하는 권위, 위계질서, 지배구조를 찾아내어 그것에 도전하는 것'이라고 주장한다. 그는 이러한 입장에 대해 '아나키즘'이라는 용어와 함께 '자유주의적 사회주의'라는 용어를 종종 사용한다. 자유주의를 사회주의와 연관시키는 촘스키의 이러한 관점에 대해, 사회주의 운동에 대해 노골적으로 반감을 드러내는 '신세대 아나키스트'들은 "지나치게 노동자의 자기통제와 자율경영 개념에 경도되어 있을 뿐만 아니라, 산업적이고, 고도로 조직화되고, 근본적 민주주의에 입각한 사회를 변혁의 목적으로 삼는다."고 비판한다. 하지만 그는 이러한 비판에 초연하게 대응하며 신세대 아나키스트들과의 논쟁을 거부한다. 왜냐하면 그는 '아나키즘의 노선에 관한 논쟁 그 자체가 아나키즘이 주장하는 개인의 자유를 제약할 수 있다.'고 판단하고 있기 때문이다.

앞에서도 소개된 북친은 촘스키와 같은 시기에 『궁핍 이후 사회의 아나키즘』(1970)[47]이라는 논쟁적 저술을 출판한 이래로 현대 아나키즘 이론의 중심인물로 주목을 받았다. 그는 환경과 정치 문제를 결합시키고 생태학과 아나키즘을 결합시켜 '사회생태학social ecology'라는 개념을 정착시킨 최초의 인물이다. 그에게 있어 "생태학과

46) Noam Chomsky, "Introduction", In *Anarchism: From Theory to Practice*, by Daniel Guerin, Monthly Review Press, 1970, vii-xx쪽.
47) Murray Bookchin, *Post-Scarcity Anarchism,* Black Rose Books, 1971.

아나키즘은 모두 참여적 자유, 다양성의 증대, 상호주의와 복잡성, 다양성의 통일로 특징지어지는 이론과 실천 영역"[48]이며, 이데올로기로서의 사회생태학은 창조적 자유와 다양성의 증대의 관점에서 위계질서를 거부하며, 탈-중심적인 정치경제적 구조를 옹호한다. 그가 표방하는 "자유주의적 자치제의 목적은 국가주의를 단호히 반대하고, 극대화된 민주주의를 허용하는 공공영역을 여는 것이며, 개개인에게 최대의 권력을 부여할 수 있는 제도의 맹아적 형태를 만들어내는 것"이다. 그도 초기에는 아나키즘 운동을 "모든 형태의 지배를 발본색원하고, 모든 형태의 강제에 대항하는 인간성의 리비도적 운동"이라고 주장하기도 했으나 최근에는 "아나키즘도 실행계획을 가진 운동이 되어야 한다."는 다소 보수적인 입장으로 돌아섰다. 뿐만 아니라 초기에는 아나키즘을 '하나의 단일한 이념'으로 묶는데 반대했으나 최근에는 전통적 아나키즘의 네 가지 근본적 교의 - 탈-중심적인 공동체연합, 국가주의의 거부, 직접 민주주의, 자유주의적 공동체사회 건설 - 를 높이 평가하고 이에 동의하는 입장으로 돌아섰다. 그 결과 그는 아나키즘 운동을 반국가anti-state 운동을 넘어선 반정치anti-political 운동이라고 주장하는 신세대 아나키스트들로부터 '아나키스트로 위장한 국가주의자'라는 혹독한 비판을 받았다.[49]

촘스키와 북친은 이성주의적 전통을 견지한다는 점에서 구세대 아나키즘을 대표하며, 반이성주의적 입장을 견지하는 신세대 아나키즘과 대립한다. 촘스키는 가치문제를 토론하거나 새로운 대안사회를 구상하기보다는 주로 현대정치와 사회의 모순을 비판적으로 구명하는데 역점을 둔다. 따라서 그는 아나키즘을 선호하지만 그의 정치비판

48) Janet Biehl ed., *The Murray Bookchin Reader,* Cassell, 1997, 40-41쪽.
49) Bob Black, *Anarchy after Leftism,* Columbia Alternative Library, 1997, 76-87쪽.

은 언제나 이성주의적이다. 촘스키에 비해 북친은 훨씬 더 이성주의적이며 심지어는 형이상학적이다. 그는 『사회적 아나키즘과 라이프스타일 아나키즘』(1995)을 통해 '사회적 자유에 대한 집단주의적 참여'를 주장하는 '사회적 아나키즘'의 입장에서 '개인의 자율성에 대한 개인주의적 참여'를 주장하는 '라이프스타일 아나키즘'의 전통을 신랄하게 비판한다. 그는 라이프스타일 아나키즘의 특징인 "과격한 모험주의, 개인주의적 허세, (포스트모더니즘의 반이성주의와 유사한) 이론에 대한 혐오, 이론적 비일관성에 대한 찬사와 다원주의, 상상력과 욕망과 무아경지에의 비-정치적, 반-조직적 영합, 일상적 삶에의 몰입"을 비판한다. 그는 아나키즘을 "조직화된 이성적 사회운동"으로 이해하며, 아리스토텔레스의 '정치에 대한 숙고와 사려'를 옹호한다. 그의 이성주의 옹호는 '기술'에 대한 지지에서도 발견된다.

이상에서 보듯이 구세대를 대표하는 촘스키와 북친의 이성주의적 입장은 90년대 이후에 형성된 신세대 아나키스트들이 수용할 수 있는 범위를 넘어서 있다. 신세대 아나키스트들은 이성주의적 좌파를 완전히 '흘러간 옛 노래'로 간주하며 그것으로 돌아가는 경향을 '역사의 역행'이라고 비판한다. 예컨대, 신세대 아나키스트들은 "혁명의 청사진을 믿거나 범주화하는 것을 거부"[50]하며, "우리는 주의자 ismoids가 아니라 인간man이다."라고 선언함으로써 '이론이나 전략'에 대한 논의보다는 '현재적 삶에 대한 좋고 싫음'을 확인하는 대화를 선호한다. 이는 그들이 좌파적 전통에 근거한 아나키즘 전체를 '죽은 도그마와 지겨운 수사학에 사로잡혀 있는 불행'으로 간주한다는 것을 의미한다.[51] 또 다른 신세대 활동가는 "우리는 '공식화된' 좌

---

50) Allan Antliff ed., *Only a Beginning: An Anarchist Anthology*, Vancouver, Arsenal Pulp Press, 2004. 51쪽; "A Quick Guide to Anarchy for Journalists," 5 August 1999.

파 아나키즘 운동에 속하지 않으며, 이념적 도그마보다는 현재적 삶에 우위를 두며 자발성을 신봉한다."[52]고 선언한다. 밥 블랙은 북친을 '학장님'이라고 비꼬면서 "좌파 아나키즘에서 북친보다 더 쓸모없는 사례를 찾아보기 어렵다."고 혹평한다.[53] 그는 "북친은 아나키스트가 아니라, 공동체적 국가주의자이며, 그의 자치제와 직접민주주의에 대한 선호는 아나키에 동의하는 것이 아니라, 사실은 통상적인 정치와 이성주의적인 이데올로기를 고집하는 것"이라고 주장한다. 신세대 아나키스트들의 이성주의에 대한 강한 혐오감은 '북친을 넘어서기 위한,' '추상적 이론과 이론체계의 구축을 넘어서기' 위한 것이기도 하지만, 결국은 사회주의를 포함한 모든 형태의 '구세대 좌파를 넘어서기 위한' 의도에서 나온 것으로 보인다.

2) 지난 20년간 다양한 집단의 신세대 아나키스트 활동가들과 이론가들이 등장했다.[54] 그 중에서도 비교적 잘 알려져 있는 신세대 아나키스트 이론가로는 1) 아나코-프리미티비즘의 창안자인 존 체르잔과 데이빗 왓슨, 2) 포스트-모더니즘적 접근을 본격적으로 아나키즘에 끌어들인 하킴 베이, 밥 블랙 등이 있다.

2-1) 존 체르잔John Zerzan: 생태주의적 관점에서 프리미티비즘을 주창한 그는 대담하게도 아나키즘의 근본이념인 '국가의 폐지'를 넘어서 '모든 기술과 문명의 폐지'를 주장해 아나키스트와 아나키즘 옹호자들에게 엄청난 당혹감을 안겨주었다. 프리미티비즘은 현대사회와 관련된 모든 질병과 불행 - 위계질서와 지배(인종차별, 여성차

---

51) Leonard Williams, 2006, 8쪽.

52) Antliff, 2004, 101쪽.

53) Bob Black, *Anarchy after Leftism*, Columbia Alternative Library, 1997.

54) 이들의 정치적 삶과 관심사에 대해서는 영국의 좌파 잡지인 '뉴 레프트'와 선진산업사회의 현대정치를 형성한 '신사회운동new social movement'을 통해 추적할 수 있다.

별 등)뿐만 아니라 정신적 육체적 질병, 스트레스, 폭력, 생태계 파괴 등 - 의 원인을 구명하는 데서 시작한다.[55] 그는 이러한 질병과 불행의 원인을 "현대에 처음 나타난 질병이 아니라, 문명 그 자체의 질병"[56]이라고 주장한다. 그는 "인류학과 고고학의 발견은, 성직자, 왕, 주인들에 의해 노예화되기 이전 시기인 농경시대 이전의 인간의 삶은 한가했고, 자연과 친밀했으며, 직관적 지혜와 성적 평등과 건강한 삶이 존재했음을 보여주는데 반해, '기술, 농경, 가축화, 분업화, 도시화, 언어' 같은 문명들이 인간으로 하여금 순응과 복종, 인간과 자연의 괴리를 초래하는 사회체제를 만들어내었다."[57]고 주장한다. 이에 따라 그는 문명의 질곡으로부터 벗어날 수 있는 유일한 방법은 권력관계에 대한 아나키스트적인 분석방식을 통해 원시사회의 본성을 새롭게 통찰하는 것이라고 주장한다.[58] 그가 상상하는 미래사회는 생태적으로 조화롭고 권위가 사라진 사회, 이름조차 부를 필요가 없는 얼굴을 마주하는 작은 사회 즉 '원시적 미래' 사회이다.[59]

체르잔의 주장은 '인간이 어떻게 문명을 청산할 수 있는지'에 대한 직접적인 응답이 없다는 문제점을 안고 있다. 그를 따르는 프리미티스트들의 문명세계의 질병에 대한 일상적 저항방식은 기껏해야 '정치인 살해, 폭탄투척, 상가나 경찰서 창문에 돌 던지기' 같은 것들이다. 체르잔 자신이 극단적인 폭력행위를 옹호한 적은 없지만 "체제를 해체하는데 도움이 되는 행위라는 미명 하에 저지르는 '닥치는 대로 파괴하기'는 어느 정도 용인하고 있다. 그러나 그의 과격한 문명비판론

55) John Zerzan, *Future Primitive and Other Essays,* Autonomedia, 1998.
56) Geov Parrish, "The New Anarchists", *Seattle Weekly*, 2-8 September, 1999.
57) John Zerzan, 1998, 16쪽.
58) John Moore, "A Primitivist Primer", http://www.primitivism.com/primer.htm
59) John Zerzan, "Language: Origin and Meaning", http://www.primitivism.com/language.htm

은 '문명 파괴 그 자체'에 목적이 있는 것이 아니라, "사회변혁운동 활동가들의 문제점은 '새로운 사회를 만들려는 그들의 노력 부족'에 있는 것이 아니라, '철저한 부정 정신'을 망각하고 있다는 데 있다."[60]는 점을 강조하기 위한 전략으로 이해된다.

2-2) **하킴 베이**Hakim Bey: 베이는 '사회적 문제에 대해 정답을 갖고 있다.'는 전제에서 출발하는 모든 아나키즘을 거부한다. 그는 "카오스가 생명이다. 모든 쓰레기들, 모든 현란한 색깔들, 모든 원형질의 움직임들, 모든 운동들 - 이 모든 것들이 카오스다. 질서는 죽음이며, 정지이며, 결정체이며, 외계인의 과학이다."[61] 그는 이러한 존재론에 입각하여 정답에서 출발하는 모든 '총체적 접근방식'을 거부함으로써 '비결정성과 애매성과 우발성'을 강조하는 포스트모더니즘적 신념을 드러낸다. 그는 사회변혁방식에서 모든 권위주의와 신비주의를 반대하며 비-권위주의적 접근방식을 선호한다. 특히 그는 'TAZ(잠정적 자율지대)'[62]를 혁명기지로 삼아 수백, 수천, 수백만의 저항과 차이와 비일상적 의식을 전염시켜 나가고자 한다. 그는 아나키스트들에게 "존재론적 아나키즘을 받아들이려면 과거의 낡은 범주와 접근법, 이념과 운동방식을 모두 버리라."고 부추긴다. 즉 '시적 테러'와 '예술적 사보타지' 같은 자발적 행위를 통해 상상력을 해방시키기 위해서는, 순수성이니 일관성이니 하는 관념 따위는 과감히 버려야 한다는 것이다. 행동방식에 있어서도 그는 '증권매장에 돈을 뿌리기(시적 테러)'와 '돈 파기하기(예술적 사보타지)' 같은 갖가지 기발한 행동을 창안해 내었다. 또한 그는 축제와 놀이를 위계질서와 지배

60) John Zerzan, "On the Transition: Postscript to Future Primitive", http://www.primitivism.com/transition.htm
61) Hakim Bey, "Ontological Anarchy in a Nutshell", Vernal Equinox, 1993.
62) Temporary Autonomous Zone

와 추악함으로 특징지어지는 삶의 맥락 안에 'TAZ'를 만들어내는 수단으로 간주한다. 축제는 중요한 변혁적 실천수단이자 사회변동의 원리적 기능을 수행한다. 즉 축제는 축제공간과 그 공간을 채우는 내용을 만들어낸다. 뿐만 아니라 축제는 '저항의 장소'이자 '반란의 장소'이다. 축제는 자율성의 내적 구조이자 의미이다. 축제 장소에서는 어떤 단일한 행동통일도 권장되지 않는다. 아나키스트들이 새로운 사회의 구성을 혁명 이후의 사람들에게 내맡겨 놓듯이, 축제 장소에서는 '무엇을 어떻게 할 것인지'는 전적으로 거기에 참여한 사람들에게 내맡겨놓는다는 것이다. 그들에게는 사전에 결정된 어떤 목적도, 어떤 수단도 불필요하다는 것이다. 우리 사회에서 자주 목격되는 시위와 축제의 결합은 바로 이러한 시도들과 무관하지 않다.

2-3) **밥 블랙**Bob Black: 블랙도 베이와 마찬가지로 '존재론적 아나키즘'과 '라이프스타일 아나키즘'을 선호한다. 그는 "아나키즘은 좌파니 우파니 하는 범주를 넘어서야 하며, 특히 아나키즘의 사회주의적 근간을 넘어서야 한다."[63]고 주장한다. 그러한 범주적 제약과 한계를 넘어서야만 프리미티비즘, 상황주의, 펑크문화, 심지어는 맥주문화와 같은 다양한 원천으로부터 이념과 접근방식을 자유롭게 빌려올 수 있다는 것이다. 그는 이런 관점에서 '제3형 아나키즘Type-3 anarchism'이라는 새로운 용어를 만들어낸다. 그는 특정 유형의 아나키즘은 물론 아나키즘의 교의적 이념까지도 모두 거부한다. 그는 "anarch-ists들은 명칭에서 -ism을 삭제하고 그냥 anarchs라고 불러야 마땅하다"[64]고 주장한다. 왜냐하면 anarchs는 '우리가 믿는 신

63) Bob Black, *Anarchy after Leftism*, Columbia Alternative Library, 1997.
64) Bob Black, "My Anarchism Problem." http://www.spunk.org/texts/writers/black/sp001644.html

념what we believe'이 아니라, 바로 '우리의 존재what we are'를 나타내는 올바른 명칭이기 때문이다.

2-4) **데이빗 왓슨**David Watson: 왓슨은 새로운 아나키즘의 운동방식으로 새로운 사회를 창조하기 위한 계획적 접근이 아니라 '비계획적이고, 어디에도 얽매이지 않는 절충적 접근법'을 취해야 한다고 주장한다.[65] 그에 의하면, '아나키즘은 우리의 현재적 삶의 제한적 방식이나 체험에 얽매일 것이 아니라. 우리 인류가 경험한 모든 체험들 - '현상세계에 대한 원시적 애니미즘, 고대문명이 물려준 지혜, 현대의 혁명, 자유, 퇴보의 전통' - 로부터 폭넓게 최대의 영감을 끌어내야 한다.'고 주장한다.

3) 지금까지 살펴본 신세대 아나키스트들의 주장에서 알 수 있듯이, 그들은 서구문명과 사회의 부정적 측면뿐만 아니라, 주류문화가 긍정적 측면으로 간주해 왔던 과학, 기술, 자연지배, 언어, 이성주의, 정치, 노동 따위를 모두 거부하거나 비판한다. 그들은 "문명이 문제라면 자연으로 돌아가라, 노동이 더 이상 충족시켜 주지 못한다면 놀이로 대치하라, 정치이론과 정치조직이 혁명을 가져다주지 못한다면 어떤 이념이든 모두 받아들이라."[66]고 말한다.

신세대 아나키즘의 이러한 주장은 구세대 아나키스트들로부터 상당한 비판을 받고 있다. 예컨대, 구세대에 속하는 앨버트는, 체르잔의 프리미티비즘의 문제점으로 두 가지를 지적한다.: 1) '좋은 기술'과 '나쁜 기술', '좋은 분업'과 '나쁜 분업'의 문제를 제기하기보다는 '기술 부재'와 '나쁜 기술', '분업 부재'와 '나쁜 분업'의 문제만을 제기함

---

65) David Watson, *Beyond Bookchin: Preface for a Future Social Ecology*, Autonomedia, 1998, 240-241쪽.
66) Antliff, 2004, 64-65쪽.

으로써 결과적으로 '분업 그 자체'와 '기술 그 자체'의 긍정적인 측면을 모두 부정하는 오류를 범했다. 2) "다양한 재앙을 초래하는 끔찍한 기술에 대해서는 올바로 지적했지만, '기술 그 자체'에 나쁜 성격을 부여함으로써 우리에게 '나쁜 기술'을 부여하는 사회구조와 제도는 비판하지 않고, '기술 그 자체'를 전면적으로 거부하는 오류를 저질렀다"[67]는 것이다. 분업 비판에 대해서도 마찬가지 논리를 적용할 수 있다. 즉 분업은 한 편으로는 '사유재산과 노동의 소외'를 초래하는 부정적인 측면을 지니고 있지만, 다른 한 편으로는 인구증가에 따라 늘어나는 욕구를 효율적으로 충족할 수 있으며, 노동시간을 줄여 인간적인 삶의 활동시간을 늘일 수 있는 효과적인 수단일 수 있다는 점을 간과함으로써, '분업 자체'를 전면적으로 거부하는 오류를 저질렀다는 것이다.

앞에서도 언급했듯이 북친은 라이프스타일 아나키즘에 속하는 다양한 경향들은 '지나치게 개인주의적이고, 개별주의적'이라고 비판한다. 그에 따르면, "라이프스타일 아나키즘은 사회보다는 개인의 라이프스타일에만 치중하기 때문에 생태계를 파괴하는 원천이 되는 경쟁적 시장과 자본주의적 축적의 문제점에 대해서는 얼버무린다. 그들은 생태계 파괴의 원인이 마치 '과학'과 '유물론'과 '논리중심주의'가 인간과 자연의 거룩한 무아경지의 통일성을 파괴해 세계가 마법에서 깨어났기 때문인 것처럼 생각한다." 북친에 따르면, 체르잔과 베이의 접근방식은 '이성적이고 비판적인 사회분석'보다는 '비이성적 쾌락주의'를 선호하고 있기 때문에 아나키스트들이라면 마땅히 기피해야 하는 어떤 것이다.

---

67) Michael Albert, "Anarchism = Zerzan?", http://www.zcommunications.org/znet/viewArticle/18622

이러한 비판에 대해, 신세대 아나키스트들은 아나키즘 이론과 실천의 절충적 결합을 사회적 아나키즘 옹호자들과 라이프스타일 아나키즘 옹호자들의 논쟁에서 어느 한 편을 들지 않는 유일한 대안으로 받아들이고 있으며 '이론적 실천적 개방성'을 옹호한다. 그러나 이러한 절충적 태도가 '현대 아나키즘은 일관성이 없다.'는 것을 의미하는지, 아니면 '종파주의는 아나키즘 운동을 분열시키는 주범'이라는 것을 의미하는지는 분명하지 않다. 월터에 의하면 "신세대 아나키즘 이론가들은 대개 아나키즘 내부의 다양한 경향성을 인정하면서도, 아나키즘의 다양한 측면은 다양성과 다원주의적 가치를 표현하는 것이지, 종파주의의 파괴성을 표현하는 것은 아니라"[68]고 주장한다. 달리 말하면 아나키스트들 사이의 이러한 차이는 '원리상의 차이'가 아니라 '강조점의 차이'에 불과하다는 것이다.

그러나 아나키즘 내부의 이러한 차이를 아나키즘 운동의 매우 심각한 문제로 간주하는 이론가들이 없는 것은 아니다. 예컨대 베첼은 "아나키스트들 사이의 이러한 갈등은 서로 다른 삶의 환경에 뿌리를 내리고 있다."[69]고 진단한다. 즉 그들의 태도는 사회적 국외자인가 아니면 임금 노동자인가에 따라 달라진다는 것이다. 뿐만 아니라, 개인과 사회적 집단의 관계, 사회구조에 대한 분석방법, 자본주의 이후의 대안사회에 대한 비전과 같은 문제들에 대한 전술적 정치상황에 대한 인식의 차이와 심지어는 그 기반이 되는 철학적 입장의 차이에 따라서도 그들의 태도가 크게 달라진다는 것이다. 아나키즘에 대한 이론가들의 논쟁 중에는, 아나키즘 운동의 차별성을 강조하

68) Nicolas Walter, *About Anarchism*, updated edition, Freedom Press, 2002, 63쪽.
69) Tom Wetzel and Michael Albert, "About Anarchism: Tom Wetzel Interviewed by Michael Albert", *ZNet*, August 29 2003.

기보다는 오히려 아나키즘 운동의 통일성과 순수성을 되살려 장기적으로 유망한 원리로 되돌아가도록 요구하는 입장도 발견된다. 예컨대 아나코-프리미티비즘에서 아나코-조합주의자로 전향한 퍼체이스는 "광범위한 아나키즘 운동에서 아나키스트들이 산업노동자들의 대규모 실천을 불신하거나 기업 단위의 노동자조직 단체를 혐오하면서 오로지 자율적 환경공동체에 대해서만 전폭적인 신뢰를 보내는 것"을 목격하고는, 아나키즘 운동의 하나의 공통적 기반을 찾아내고자 한다.[70] 북친 계열에 속하는 뷰프도 아나키즘 진영을 떠돌아다니는 활동가들의 혼란상과 무질서에 주목하고는, "아나키스트들은 그들의 공통지반인 '상호부조, 비강제성, 자발적 협업, 수평적 조직, 탈중심화, 책임을 수반하는 개인의 자유'만이 새로운 사회를 추구하는 모든 운동의 중심이 되어야 한다는 점을 겸허히 받아들여야 한다."고 역설한다.[71]

5. 직접행동 : 실천적 아나키

앞에서도 언급했듯이 신세대 아나키스트들의 특징 중의 하나는 '이념이나 이론'보다는 '직접행동'과 '실천'을 선호한다는 점이다. 그래서 그들은 논문형식의 글쓰기를 한사코 기피하는 경향이 있다. 그들은 아나키즘을 "어떤 방식으로든 상호부조를 증진시키고, 자본주의를 파괴하고, 자유주의적 공동체를 실현하려는 실천적 활동"[72]으로 간주

70) Graham Purchase, "Anarcho-Syndicalism, Technology and Ecology", *Kick It Over*, no.35 (Summer), 1995.
71) Chaz Bufe, *Listen, Anarchist!*, See Sharp Press, 1998.
72) Albert Meltzer, *Anarchism: Arguments For and Against*, revised edition, AK Press, 1996. 61쪽.

한다. 그런 만큼 오늘날의 아나키즘에서 이론이 뒷자리로 물러나고 실천이 전면에 부상하는 것은 전혀 놀랄 일이 아니다. 신세대 아나키스트들에 있어 가장 중요한 문제는 "이론이나 추상은 구체적인 실천을 통해 검증되어야 한다."는 점이다. 따라서 아나키즘 저널은 그들의 활동에 대한 이론적 담론이 아니라, 아나키스트들의 실천적 활동을 보고하는데 관심이 더 많다.[73] 왜냐하면 "아나키스트를 아나키스트로 만드는 것은 그들의 가치 이념이 아니라, 목적을 달성하기 위한 직접행동"[74]이라고 생각하기 때문이다. 이 '직접행동'에는 DIY 미디어[75]에서부터 이웃조직에 이르기까지, 대안적 에너지 실천부터 노숙자 무료급식에 이르기까지 그들이 실제로 행동하는 모든 활동이 다 포함된다. 예컨대 Foot Not Bombs그룹[76]은 혁명 이후의 먼 미래 사회보다는 '지금-여기에서 상호부조 정신으로 살아가는 것'을 활동의 주목적으로 삼는다. 그들은 비폭력과 채식주의에 역점을 두고 있으며 합의적 의사결정, 생태적 지속가능성 같은 문제에도 관심을 가지며, 노숙자들에게 채식을 제공하기도 한다.[77] 이 그룹 활동가들에 있어 아나키즘이란 "정부에게 문제를 해결하라고 요구하기보다는 공동체가 직접행동을 통해 공동체의 문제를 직접 해결하는 것"으로 이해된다.

또 다른 아니키스트 집단은 '정치적 직접행동'에 역점을 둔다. 예컨대 시애틀 시위의 직접행동을 주도한 바 있는 Direct Action

---

73) Antliff, 2004, 13쪽.
74) "What Do Anarchists Do?" http://www.infoshop.org/do.html
75) 'DIY(do it yourself) 미디어'란 자체적으로 만든 소규모의 독립미디어indimedia를 가리킨다.
76) 이 그룹은 샌 프란시스코에서 노숙자들에게 채식을 무료로 제공하는 아나키스트 단체이다.
77) Chris Crass, "Towards a Non-Violent Society: A Position Paper on Anarchism, Social Change and Food Not Bombs," http://www.practicalanarchy.org/fnb_crass.html

Network[78]는 다양한 조직에 비폭력 직접행동을 훈련하고 지원한다. 또 다른 그룹들은 대중시위에서 거리공연과 같은 Yippie적 활동방식[79], 게릴라식 정원 가꾸기(초국적 거대농업기업에 대항하는 행동으로 도시지역에 꽃밭 만들기), 아나키스트 음악밴드 같은 것들을 이용한다. 거리시위에서든 도시서점에서든 이들은 정치철학이나 논쟁보다는 '직접행동'을 중시한다. 닐에 의하면, "귀납적 아나키즘"[80]은 소책자나 선언문으로는 모든 인간의 꿈과 희망과 소망을 다 담을 수 없기 때문에 두 가지 문제에만 관심을 갖는다. 첫째는 노동자들의 연대를 조직하는 것이고, 둘째는 대중의 직접행동을 고취하는 것"[81]이라고 주장한다. 한 마디로, 아나키Anarchy는 이론가나 이데올로그를 위한 것이 아니라 '모든 사람들을 위한 행동'이라는 것이다.

그렇다면 직접행동을 강조하는 현대 아나키즘에서 이론가의 역할은 필요 없는 것인가? 그루바치츠는 "아나키스트 이론가는 교사를 자처하거나 강의를 하거나 지시를 해서는 안 되며, 그들의 말을 경청하고 탐구하고 발견해야 한다."[82]고 주장한다. 그에 따르면, 어떤 아나키스트 운동도 이론이 없이는 안 된다. 왜냐하면 이론가가 대중에게 아무런 지도적 원리도 제공하지 않고 대중의 꽁무니만 따라다니는 것

---

78) Direct Action Network (DAN)은 1999년 반-WTO 시애틀 시위 때 직접행동 부문은 조직하기 위해 만들어진 아나키스트 반권위주의 연합이다. 시애틀 사태 이후 미국, 캐나다, 영국으로 확대되었고 Peoples' Global Action 원칙에 기초한 통일 원칙을 채택하고 있다. 이 그룹은 합의제 의사결정방식을 통해 행동을 조직하며, 자율적 자매그룹의 연결망으로 구성된다.

79) Yippie는 국제청년당(Youth International Party) 당원을 가리키는 말이다. 1967년 결성된 이 조직은 반전운동과 반문화운동을 주도했으며, 직접행동방식으로 거리공연과 같은 연극적 행동을 시도하는 청년운동의 '상징 정치symbolic politics'를 대표한다.(Todd Gitlin, *The Sixties: Years of Hope*, Days of Rage, 286쪽)

80) 귀납적 아나키즘inductive anarchism이란 그의 주장이 아니라 그의 행동이 판단의 기준이 된다는 것을 의미한다.(Dave Neal, "Anarchism: Ideology or Methodology?", 17 September 1997.)

81) Dave Neal, "Anarchism: Ideology or Methodology?"

82) Andrej Grubacic, "Power and Revolution: The Anarchist Century", *ZNet*, May 11 2006.

은 추수주의tailism의 희생자가 된다는 것을 의미하기 때문이다. 설사 아나키즘의 보편적 원리는 필요 없다 하더라도, 반성적 사유는 꼭 필요하다. 따라서 "지식인의 역할은 아나키스트들의 실천을 이론화하는 것"이다. 그러나 아나키즘이 필요로 하는 이론은 고차적 이론High theory이 아니라 낮은 수준의 이론low theory이며, 운동과정에서 생기는 직접적인 문제를 해결하는 방식을 제공하는 이론이다.

6. '새로운 아나키즘'의 근본 문제

현대의 아나키즘은 철학적으로 볼 때 '이성주의냐 반이성주의냐', '기술이냐 자연이냐', '이념적 교의이냐 직접행동이냐', '자유냐 평등이냐', '인간의 본성은 선한가 아니면 악한가'와 같은 해결하기 어려운 형이상학적인 근본문제를 내포하고 있다. 이러한 형이상학적 근본문제는 아나키즘의 '출발점에 관한 문제'인 동시에 '도달점에 관한 문제'이기 때문에 반드시 극복되어야 할 문제지만, 사실은 근본적 해결이 불가능한 영원한 철학적 아포리아들이다. 따라서 이러한 문제가 해결되지 않은 지금으로서는 활동가들에게 '제1원리로 돌아가라'거나, 이론가들에게 '실천적 직접행동에 나서라'거나 하는 어떤 시도도 아나키즘 안에 벌어져 있는 이론과 실천의 간극을 메워주지 못한다. 이러한 점이 바로 오늘날의 아나키즘이 대중들에게 주는 '매력'이면서 동시에 '절망'인 이유이다. 오늘날의 아나키즘이 대중들에게 주는 매력은 "기존의 정치철학을 넘어서 있다는 점과, 정치적이고, 실용적이고, 개인적인 측면을 두루 포괄하는 삶의 방식"[83]이라는 점이다.

83) Liz A. Highleyman, "An Introduction to Anarchism" in Howard J. Ehrlich, ed. *Reinventing Anarchy, Again*, AK Press, 1996.

이런 매력 때문에 아나키즘은 지난 10여 년의 짧은 기간에 반세계화 투쟁과정에서 화려하게 부활하게 되었으면서도, 아나키즘의 이론과 실천에 대한 '방법론'적 접근의 일천함은 아나키즘 운동의 통일성을 정립하고 유지하는 데 커다란 걸림돌이 되고 있다.

그렇다면 오늘날의 아나키즘 운동에 적합한 핵심적 요소는 무엇인가? 가장 확실한 요소 중 하나는 어떤 유형의 아나키즘이든 아나키스트들은 "예속과 권위주의에 대한 투쟁"이라는 아나키즘의 근본이념에 동의한다는 점이다. 따라서 아나키스트들은 현존 사회에 예속과 권위주의적 지배가 존재하는 한 그에 맞서 끊임없이 싸울 것이다. 그러나 다른 모든 조직에서와 마찬가지로 '과두정치의 철의 법칙'[84]과 '전문가집단과 관료주의의 야합이 초래하는 위계질서의 위협'은 아나키즘 운동의 이론과 실천에 있어서도 영원히 해결되지 않는 "손톱 밑에 가시"로 남아있다. 또한 해방운동의 걸림돌이 되고 있는 '자유와 평등'의 문제에 있어서도 아나키스트들 가운데 어느 누구도 '자유와 평등'을 모두 포용하는 아나키스트로 자리매김한 경우는 아직 없다. 그루바치츠에 따르면, 아나키스트들은 "인간의 자유와 행복은 자율적 조직, 자발적 연합, 상호부조의 원리에 기반을 둔 사회에서 가장 잘 보장된다는 믿음을 가지고 있다. 그래서 국가와 자본주의 같은 제도적 폭력에 기반을 둔 모든 사회적 관계를 거부한다."[85] 따라서 아나

84) '과두제의 철의 법칙the iron law of oligarchy'란 독일의 생디칼리스트 사회학자인 로버트 미첼스가 처음 주장한 정치이론으로, "모든 조직 형태는 - 그것이 민주주의적 조직으로 출발했든 독재적 조직으로 출발했든 간에 - 불가피하게 과두정치로 발전한다'는 주장이다. 그 이유는 1) 리더십의 기술적 불가피성, 2) 지도자의 자기조직화와 자기이익을 공고히 하려는 경향, 3) 지도자에 대한 감사, 4) 대중들의 비자발성과 수동성 때문이다. (Robert Michels, *Political Parties: A Sociological Study of the Oligarchical Tendencies of Modern Democracy*, Eden and Cedar Paul trans., Batoche Books, 2001.)

85) Andrej Grubacic, "Towards An Another Anarchism", *ZNet*, February 7 2003.

키스트들은 "인간은 진실로 자신만의 고유한 목적을 추구할 수 있고, 다른 사람들과 조화롭게 그리고 평화롭게 살 수 있다."[86]는 믿음을 가져야 한다는 것이다.

아나키스트 형이상학의 또 하나의 주목할 만한 특징은 '아나키스트 운동은 단수가 아니라 복수'라는 점이다. 즉 아나키즘 운동은 항상 '운동들의 운동'이다. 왜냐하면 억압의 고리는 하나가 아니라 다양하기 때문이다. 이는 급진적 페미니즘과 포스트구조주의도 공유하고 있는 생각이다. "억압은 다양한 원천으로부터 나오기 때문에, 해방이론은 이러한 다양한 원천을 인정해야 한다."[87]는 것이다. 그리고 현대 아나키즘의 또 하나의 새로운 특징은 '사람들이 상상하는 것 이상으로 하나의 종합적인 패키지 이론이 되어버렸다.'는 점이다. 왜냐하면 현대의 아나키즘은 반권위주의에 주목한 전통적 아나키즘 이념을 확장하여 '모든 형태의 지배'를 파악하고자 함으로써, "국가와 경제뿐만 아니라 양성 관계, 문화적 관계, 생태적 관계, 성적 관계, 추구가능한 모든 형태의 자유를 부각시키고자 하며, 이를 '권위주의적 관계'라는 하나의 프리즘을 통해서만이 아니라 더욱 풍부하고 더욱 다양한 개념을 통해 파악해 내고자 하기 때문"[88]이다.

오늘날의 아나키즘도 전통적 아나키즘과 마찬가지로 근본적으로는 '실천이론'이다. '과학적 사회주의'와는 반대로, '직접행동'과 '행동을 통한 선전'은 오랫동안 아나키스트들의 핵심적 관심사였다. 이러한 관심은 21세기에 들어서도 줄어들지 않았다. 실제로 경제적, 문화적 지배나 사회적, 정치적 억압의 문제가 일단 주어지면, 아나키즘은 즉

86) Todd May, 1994, 63쪽.
87) Leonard Williams, 2006, 23쪽.
88) David Graeber, 2002, 61-73쪽.

각적으로 가능한 행동과 가능한 장소와 가능한 방법에 초점을 맞추어 돌진해 나아가는 유일한 전망을 제공하는 것으로 받아들여지고 있다. 오늘날 아나키스트들이 참가하는 운동은 '국가권력의 장악'보다는 '통치기제를 드러내어 그 부당성을 밝히고 나아가 그것을 해체함'으로써, 그로부터 더 큰 자율적 공간을 쟁취하는 데 역점을 둔다.[89] 즉 아나키즘 운동은 "체제 이행의 문화"를 건설하는 것, 즉 권위의 부당성을 밝히고 변혁의 전망을 촉진할 수 있는 제도, 자원, 기술, 경험의 획득과 더불어 "현존하는 제도의 대안이 존재한다."는 주장의 전파를 목적으로 삼는다.[90] 그래버에 따르면, "운동으로서의 아나키즘은 '조직을 거부하는 것'이 아니라 '새로운 형태의 조직'을 만들어내는 것이며, 이데올로기의 결여가 아니라 새로운 형태의 조직이 바로 그들의 이데올로기이다. 즉 그들의 이데올로기는 국가, 정당, 기업과 같은 '수직적 위계구조'가 아니라 '수평적 네트워크'를 만들어내는 것이며, 탈-중심적이고 비-위계질서적인 합의제 민주주의 원리에 기반을 둔 네트워크를 만들어내는 것이다."[91]

7. '아나키즘 르네상스'의 전망과 과제

지금까지 살펴보았듯이 21세기 현실운동의 이론과 실천에서 아나키즘이 미치는 영향력은 가히 폭발적이다. 아나키즘 사상은 전통적 아나키즘의 영역을 넘어서 다른 형태의 모든 현실운동의 영역에까지 두루 영향을 미치고 있으며, 그 중에서도 특히 신자유주의적 세계화

89) Grubacic, 2002, 8쪽.
90) Howard J. Ehrlich, ed. *Reinventing Anarchy, Again,* AK Press, 1996.
91) Graeber, 2002, 70쪽; May, 1994, 44-66쪽.

자본주의에 대항하여 '새로운 대안사회'를 만들어내기 위해 투쟁하는 반세계화 운동에 끼치는 영향은 가히 절대적이다. 반세계화 운동의 이론가들이나 활동가들의 '새로운 대안사회'에 관한 구상은 역사적 조건과 상황에 따라 매우 다양하지만, '정치적, 경제적, 사회적, 문화적 권력과 수직적 위계질서에 의한 지배, 착취, 억압, 소외, 기만으로부터 개인들이 자유로운 사회'를 지향한다는 점에서는 아나키즘의 반권위주의, 반자본주의, 반국가주의 이념과 궤를 같이 하고 있다. '다른 세계가 가능하다another world is possible'라는 기치 아래 아나키즘 이념과 밀접한 연관 속에서 구상되고 있는 대표적인 대안사회이론으로는 마이클 앨버트의 파레콘parecon이론과 존 할러웨이의 '권력장악 없는 혁명revolutuion without taking power'이론이 있다. 물론 앨버트와 할러웨이는 자신을 '아나키스트'라고 말하고 있지는 않지만, 아나키즘과의 연관성을 부정하지 않으며 오히려 자신들의 이론에 아나키즘 이념을 적극적으로 활용하고 있다.

엘버트의 '참여경제parecon, participatory economy' 모델92)은 그 명칭을 통해서도 알 수 있듯이 대안사회에 대한 경제적 비전을 담고 있으며, 연대성, 다양성, 평등성, 자율경영이라는 네 가지 기본가치에서 출발한다. 이 모델은 네 가지 기본가치에 입각하여 한 사회의 생산, 자원배분, 소득분배, 소비의 전 경제영역에 걸쳐 모든 사회구성원이 평등하게 수평적으로 참여하여 의사를 결정하는 '참여적 의사결정방식'을 따르는 수평적 경제체제이다. 이 모델은 오늘날의 자본주의 시장체제와 사회주의 계획경제에 대응하기 위한 대안적 경제체제로, 그 핵심은 '수직적 위계질서와 조정자계급의 지배가 없는 경제체

92) Michael Albert, *Parecon: Life after Capitalism*, Verso, 2003.

제'이다. 앨버트는 시장의 변덕에 따르는 의사결정이나 정치적 기술 관료적 엘리트에 의한 의사결정을 반대하며, 그 대신 생산자와 소비자 평의회나 연합의 의사결정을 따르는 경제체제를 선호한다. 이 모델이 추구하는 기본가치는 아나키즘이 추구하는 기본가치와 거의 동일하다.[93] 그러나 일부 신세대 아나키스트들은 '제도와 사회 그 자체가 본질적으로 억압적이기 때문에, 파레콘 체제는 아나키즘의 이념에 어긋난다.'고 비판한다. 이러한 비판에 대해 앨버트는 "파레콘 모델은 개인과 사회 중 어느 하나를 우선시하는 제도가 아님에도 불구하고 '우리가 사회를 우선시한다.'는 식으로 일면을 지나치게 과장하고 있다."[94]고 반박한다. 그러나 그는 '미래사회는 미래 세대의 자율경영에 맡겨두어야 한다.'는 아나키스트적인 원칙을 견지하고 있으며, 반세계화 운동의 전략문제에 있어서도 운동에 참여하고 있는 다양한 운동들의 수평적 연대를 선호한다. 즉 그는 반세계화 운동에 참여하고 있는 다양한 운동들 - 환경, 인종, 여성, 반핵, 평화, 정의, 민주화, 계급, 소수자 등 - 을 하나의 조직적 위계질서로 통일하기보다는 부문운동의 '자율'에 맡겨두어야 한다고 주장하며, 또한 '경제'적 영역이 다른 영역을 지배하는 것에도 단호히 반대한다.

존 할러웨이의 '권력 장악 없는 혁명'이론은 '국가권력을 장악하지 않으면서도 자본주의체제를 전복할 수 있는 혁명'을 추구한다. 그의 이러한 혁명이론은 기존의 '권력 장악을 통한 혁명'의 문제점에 대한 성찰에서 비롯된 것이다. 그에 따르면, 역사적으로 모든 혁명이 실패한 이유는 '권력 장악을 통한 혁명'이었기 때문이다. 혁명의 목표를 이루기 위해 국가권력을 장악하는 방식으로는 결코 세상을 바꿀 수

93) 더 자세한 내용은 Michael Albert, *Parecon*, 89-170쪽, 261-264쪽 참조.
94) Michael Albert, 261쪽.

없다. 왜냐하면 권력은 세상을 바꾸는 근본적인 원리가 될 수 없기 때문이다. 그 이유는 다음과 같다: 첫째, 국가권력을 장악하기 위한 투쟁은 투쟁을 이끈 지도자나 그가 속한 정당의 이익을 위한 목적으로 전환된다. 둘째, 권력 장악의 논리는 자본주의와 타협하는 논리이다. 국가권력을 투쟁 준거로 사용하는 혁명은 이전의 현실과 타협하게 만들기 때문에 시간이 지나면 다시 이전의 현실로 회귀하게 된다. 셋째, 국가는 투쟁을 공간적으로 제약하여 범세계적 운동을 불가능하게 만든다. 즉 국가는 세계와 특정 영토의 경계를 분할하거나 제한하며, 외국인에 대한 차별정책은 자본주의에 저항하는 총체적 운동을 가로막는다. 따라서 그는 '권력 장악을 통한 투쟁'이 아니라, '자기결정권에 입각한 직접행동'을 통해 자본주의체제 안에서 대안적 생산활동과 사회적 관계를 발전시키고, 그들 간의 사회적 연대를 건설해야 한다고 주장한다. 이러한 활동을 통해 자본주의체제에 작은 균열을 냄으로써 비자본주의의 영역을 점차 넓혀나가는 것, 이것이 바로 그가 주장하는 '틈새혁명interstitial revolution'[95]이다. 또한 그는 자본주의적 세계화에 반대하는 투쟁은 '지역 수준을 벗어난 범세계적인 투쟁'이 되어야 하며, 국가적인 '공간적 투쟁'이 아니라 인간적 관계에 기초한 '시간적 투쟁'이 되어야 한다고 주장한다. '시간적 투쟁'이란 자본이 침투한 모든 영역에서의 단기적 투쟁이 아닌 장기간에 걸친 자본에 대한 지속적 거부를 통해서 이루어지는 것을 의미한다. 자본주의체제는 국가의 틀을 넘어서 있기 때문에, 세계 도처에서 자본에 반대하며 자본주의에 작은 균열을 내는 것으로부터 시작해야 한다는 것이다.

95) John Holloway, *Change the World Without Taking Power: The Meaning of Revolution Today*, Pluto Press, 2nd edition, 2005.

그는 이러한 혁명의 성공적 사례로 멕시코의 사빠띠스따 운동[96]을 든다. 그들에게 있어 '혁명'은 '주어진 정답'이 아니라 '끊임없는 질문'으로 이해되며, 혁명적 실천과 문화적 실천은 구분되지 않는다. 문화와 혁명은 '삶'으로 통일되어 있고, 스스로 자신들의 삶을 지배하고 통치해 나가는 과정이 곧 '문화적 실천'의 과정이자 '혁명적 실천'의 과정이다. 무엇보다도 사빠띠스따 운동에는 조정자계급이 없다. '마르꼬스'는 단지 명목상의 부사령관이자 대변인일 뿐 민중이 모두 사령관이며, 따라서 권력은 사실상 모든 민중들에게 있다. 모든 민중들은 군인으로서 그리고 농민으로서 자본주의에 저항하는 자신들의 삶을 자율적으로 만들어간다. 사빠띠스따 운동의 실제를 반영하고 있는 할러웨이의 '권력 장악 없는 혁명'이론은 국가권력의 거부, 수직적 위계질서와 조정자계급의 거부, 자기결정을 통한 '직접행동'을 통해 자신의 삶을 만들어간다는 점에서 아나키즘의 이념과 불가분의 관계에 있다. 그러나 사빠띠스따 운동이념은 아나키즘의 직간접적 영향도 있지만, 원주민들의 전통적 합의제의사결정방식, 해방신학, 라틴아메리카마르크스주의의 영향이 두루 반영되어 있는 그들만의 고유한 이념이다.[97]

위의 두 사례에서 보듯이 21세기의 반세계화, 반자본주의, 대안사회 운동에 끼치는 아나키즘의 영향력은 쉽게 확인된다. 이 외에도 최근에 세인들의 많은 주목과 비판을 동시에 받은 바 있는, 안토니 네그리와 마이클 하트가 포스트구조주의자 중 한 사람인 들뢰즈 철학

96) 멕시코 치아파스 주의 원주민들은 목재, 커피, 옥수수 등을 중심으로 한 공동체 지역 경제에 기반하고 있었으나, 신자유주의 물결 속에서 취해진 멕시코 정부의 각종 조치는 이 지역공동체를 파괴했다. 생존에 위협을 느낀 농민들은 1992년과 1993년 대규모 항의 시위를 했지만 정부로부터 어떠한 반응도 얻지 못했다. 1994년 NAFTA의 발효와 동시에 시작된 원주민들의 자신들의 삶과 공동체의 자치를 위한 투쟁은 지금도 계속되고 있다.

97) Andrew Flood, "Anarchists and the Zapatistas", *Ideas & Action*, November 13 1999.

을 대대적으로 원용하여 주창한 '다중multitude 운동론'과 '집단 지성' 개념도 포스트-아나키즘적인 성격을 지니고 있으며[98], 이들의 이념적 영향 하에서 활동하고 있는 우리 사회의 여러 자율주의운동 네트워크들도 포스트-아나키즘적인 요소를 강하게 지니고 있는 것으로 보인다. 그러나 앞의 여러 사례들에서도 확인되었듯이, 반세계화 자본주의운동과 대안사회운동에 참여하는 이론가들이나 활동가들이 아나키즘 이념과 불가분의 관계에 있으면서도 선뜻 자신들을 '아나키스트'라고 말하지 않는다는 점에 주목해 볼 필요가 있다.

오늘날의 '아나키즘 르네상스'는 앞에서 분석한 바 있듯이 사회주의권의 몰락과 더불어 등장한 세계화자본주의의 모순에 저항하는 범세계적인 반세계화 운동과정에서 비롯되었다. 아나키즘 이념의 부활은 반세계화 운동을 하나의 거대한 '운동들의 운동'으로 묶어내는데 상당한 기여를 했으며, 신세대 아나키스트들의 운동방식은 반세계화 운동에 다채로운 실천적 행동방식을 제공했다. 그럼에도 불구하고 아나키즘 운동은 세계화자본주의의 역사적 운동법칙과 체제의 근본모순에 대한 과학적인 객관적 분석을 결여하고 있기 때문에, 결과적으로 오로지 '일체의 위계질서와 권위주의적 지배로터의 해방'이라는 정치적, 문화적, 심리적 이념에 의존할 수밖에 없었다. '일체의 지배로부터의 해방'이라는 근본주의적 정치이념은 결국 '본래적 인간의 자율적 본성 혹은 본능'에 대한 모종의 믿음에 근거할 수밖에 없으며, 이러한 신념에 기초한 운동은 윤리적, 도덕적, 휴머니즘적 성격을 지닌 운동일 수밖에 없게 된다. 그러나 '인간의 본성'에 대한 형이상학적 문제는 앞에서도 언급했듯이 여전히 미해결의 과제로 남아 있

98) Antonio Negri and Michael Hardt, *Multitude*, The Penguin Press, 2004.

다. 최근의 진화생물학의 학문적 성과에도 불구하고 '이기적 유전자'와 '이타적 유전자'로 서로 엇갈리고 있는 인간의 본성에 대한 진화생물학적 결론은 미리 예단된 모종의 이데올로기적 산물이라는 의구심을 벗어나지 못하고 있으며, 다른 한 편으로는 인간의 본성에 대한 가장 설득력 있는 명제 가운데 하나인 "구체적인 현실 안에서의 인간의 본성은 사회적 관계의 총체"[99]라는 마르크스의 명제는 여전히 유력한 명제로 남아있다.

이러한 점에 비추어볼 때, 아나키즘은 윤리적으로나 도덕적으로 매우 설득력 있는 정치적, 문화적 이념임에도 불구하고 다른 이념이나 운동으로부터 분리된 '독자적인 이념'으로서는 많은 한계를 지니고 있는 것으로 판단된다. 이러한 사실은 앞에서도 살펴보았듯이 현대의 아나키즘 운동이 단독적으로 존재하거나 활동하기보다는 현존하는 다양한 부문운동들과 결합함으로써 비로소 큰 매력을 발휘한다는 사실에서도 알 수 있다. 만약 구체적인 현실에서 활동하고 있는 다른 유형의 특정한 운동들과 결합됨이 없이 독자적으로 활동할 경우에는, 오늘날의 신세대 아나키스트들의 주장과 활동에서 보듯이 아나키즘의 원리와 이념 그 자체를 부정하는 자기모순에 봉착하게 되며, 길을 잃고 헤매는 문자 그대로 '무정부 상태'에 빠져 허우적거리게 될 것이다.

우리가 살아가는 구체적인 사회적 현실은 하늘에서 떨어지거나 땅에서 솟은 것이 아니라, 인류사 전체를 관류하면서 역사적으로 발전해온 역사적 산물이다. 우리가 그 안에서 살아가면서 직면하는 현실의 다양한 모순들도 모두 그러한 역사적 산물이며, 그러한 현실의 모

99) Karl Marx, "Thesen über Feuerbach",, *Marx Engels Werke,* vol. 3. 1958. 6쪽.

순을 해결하기 위해 투쟁하는 다양한 활동 또한 사회적, 역사적 산물이다. 앞에서도 언급했듯이 우리가 직면하는 모순의 원인은 다양하고 제각각일 수 있지만, 그러한 모순에 대한 객관적 분석이 결여된 운동은 존재할 수 없다. 따라서 '아나키즘 르네상스'가 오늘날의 구체적 현실 안에서 유의미한 이념으로 기여할 수 있으려면, 북친의 책제목처럼 '궁핍이 해결된 시대의 아나키즘'으로 끝나지 않으려면, 특히 신세대 아나키스트들이 '21세기의 훌리건들'[100]이라는 오명에서 벗어나려면, 19세기에 등장한 '고전적 아나키즘'이 초기산업자본주의 사회의 구체적인 현실적 모순을 해결하기 위해 사회주의운동과 결합했듯이, 21세기의 '새로운 아나키즘' 또한 세계화자본주의의 근본모순을 해결하려는 반자본주의운동과의 재결합은 필수불가결한 과제로 판단된다.[101] 이러한 의미에서 촘스키가 '자신은 아나키스트가 아니라 아나키스트들의 동반자'라고 말하면서 아나키즘을 '사회주의의 자유주의적 한 갈래'로 파악한 것은 의미심장한 측면이 있다. 왜냐하면 아나키즘을 '사회주의에 속하는 한 갈래'로 파악한 것은 보기에 따라서 문제의 여지가 있지만, 아나키즘과 사회주의의 관계를 대립적인 적대관계로 파악하지 않고 있기 때문이다. 이러한 관점은 '아나키스트'라고 말하지 않으면서도 아나키즘 이념을 적극적으로 받아들이는 앨버트과 할러웨이의 이론에서도 재확인된다. 물론 이러한 주장에 대

100) 이러한 오명은 2001년 이태리에서 열린 G-8정상회담에 대한 대규모 반대시위에 참여한 아나키스트들의 행태에 대해 현지 언론이 붙인 이름이다. ("Anarchism as a Scapegoat of the 21st century: violence, anarchism and anti-globalisation protests", *thrall*, issue 21, Sept-Oct. 2001.)

101) 이러한 시도는 오늘날 '자유주의적 마르크스주의', '자율주의적 마르크스주의', '아래로부터의 사회주의' 같은 이름으로 불리는 다양한 마르크스주의 경향들에서 발견되고 있다. (Wayne Price, "Libertarian Marxism's Relation to Anarchism", from NEFAC(North East Federation of Anarchist Communists), 2005,

해 '직접행동과 실천만이 아나키즘의 모든 것'이라고 여기는 신세대 아나키스트들이나, 포스트구조주의와 포스트마르크스주의 정치담론의 영향 하에서 '정치적인 것의 상대적 독자성'을 주장하는 포스트-아나키즘 정치이론가들은 동의하지 않을 것이다. 왜냐하면 그들은 '현실의 재구성'이 아니라 '현실의 해체'를 주장하기 때문이다. 그러나 세계화자본주의의 '종주국'인 미국의 금융위기에서 발단하여 전 세계로 파급되고 있는 신자유주의적 세계화자본주의의 본질적 모순과 위기에 포스트-아나키즘 운동이 과연 어떻게 대처할 수 있을지를 생각해 보면 누구나 충분히 짐작할 수 있는 일이다. 이러한 측면에서 볼 때 비록 일부이긴 하지만 아나키즘과 마르크스주의 사이의 대화와 두 전통의 재결합을 시도하는 '신세대 아나키즘' 이론가가 있다는 것은 다행한 일이다.[102]

102) Staughton Lynd, Andrej Grubacic, *Wobblies and Zapatistas: Conversations on Anarchism, Marxism and Radical History*, PM Press, 2008.

인 명 해 설

고드윈(William Godwin. 1756-1836) 영국의 언론인이며 정치 철학자이자 작가. 1778년 목사가 되었으나, 프랑스 사상가들의 영향을 받아 무신론을 받아들인다. 프랑스 혁명에 깊은 인상을 받고 1793년 『프랑스 혁명에 관한 고찰』을 썼다. 그의 사상은 아나키즘의 시초 중 하나로 여겨진다.

그로스(Karl Groos. 1861-1946) 독일의 철학자, 심리학자. 발달심리와 아동심리를 연구하였으며, 특히 유희의 심리학적 이론을 수립하기 위해 노력하였다. 저서로 『동물의 유희(Die Spiele der Tiere)』가 있다.

그린(John Richard Green. 1837-1883) 영국의 역사가. 도서관 사서로 일하면서 영국 역사를 연구하였다. 4권으로 된 『영국민의 소사(A History of the English People in 4 volumes)』(1878-1880)를 썼다.

기오(Marie-Jean Guyau. 1854-1888) 프랑스의 철학자. 진화론적 입장에서 진화의 원동력으로서의 생(生)을 생각하였다. 생은 그 자신이 원인이고 목적이며, 자유롭게 발전하고 확대되어 나간다. 생의 진화는 각 개인의 연대성의 진화이며, 이는 동시에 도덕, 종교, 예술에 공통되는 원리이다. 그는 도덕에서는 의무로부터의 도덕인'너는 해야 한다. 그러므로 너는 할 수 있다.'라는 칸트식의 도덕은 생명의 발랄한 발전을 저해한다고 보았다. 그 대신에 의무 없는 도덕인'너는 할 수 있다. 그러므로 너는 해야 한다.'를 제창하였다. 아깝게 요절한 천재적 사상가였다. 그의 사상은 생의 철학에도 큰 영향을 미쳤다. 저서로 『현대의 영국도덕(Morale anglaise contemporaine)』(1879), 『의무와 강제 없는 도덕(Esquisse d'une morale sans obligation ni sanction)』(1884)등이 있다.

기욤(James Guillaume. 1844-1916) 유럽의 아나키스트. 런던 출생으로 프랑스와 스위스에서 활동하였다. 러시아 출신 아나키스트인 바쿠닌의 가까운 동료로 활동했다. 1870년 쥐라연맹을 조직하였으며, 1868~1878년 무정부주의 아나키즘 신문의 논설위원을 지냈다. 1878년 파리에서 활동하며 프랑스의 생디칼리즘 운동에 참여하였다. 제1인터내셔널사(史)를 아나키즘의 관점에서 연구하였다.

네크라소프(Николай Алексеевич Некрасов. 1821-1878) 러시아 시인. 러시아 사실주의의 대표적인 시인이며, 그의 시는 러시아 농민의 정서와 고통 받는 민중에 대한 연민과 연대감을 노래한다.

노빌링(Karl Eduard Nobiling. 1848-1878) 1878년 6월 2일 독일 황제 빌헬름 1세를 저격하여 중상을 입혔다.

니스(Ernest Nys. 1851-1921) 벨기에의 법학자. 브뤼셀 대학의 국제법 교수였고 법학대학장을 지냈다. 저서로 『국제법의 기원(Les origins du droit international)』(1894), 『콩고의 독립과 국제법(The Independent State of the Congo and International Law)』(1903)등이 있다.

다윈(Charles Robert Darwin. 1809-1882) 영국의 생물학자. 생물은 다산하고 과잉 번식하기 때문에 생존경쟁이 일어나며, 환경에 적합한 변이는 보존되고 불리한 변이를 일으킨 생물은 사라진다고 주장하였다. 바로 이것이 자연선택이며, 그 결과로서 적자생존이 이루어진다는 다윈의 진화론이다. 그의 연구는 1859년에 『종의 기원』으로 출간되었다. 주로 동물이 중심이 되었던 『종의 기원』과 달리, 1871년에 출판된 『인간의 유래(The Descent of Man, and Selection in Relation to Sex)』는 인간도 다른 생물과 같은 법칙에 따라 진화해 왔음을 보여주었다.

달로즈(Victor Alexis Désiré Dalloz. 1795-1865) 프랑스 법학자, 언론인. 주요저서로 『판례집(Repertoire de jurispru -dence)』이 있다.

덴크(Hans Denck. 1495-1527) 독일 종교개혁 시기의 재세례파 운동 지도자이자 신학자. 저서로 『참된 사랑에 대하여(Von der wahren Liebe)』(1527)가 있다.

랑케(Johannes Ranke. 1836-1916.) 독일의 생리학자, 인류학자. 1889년 수집품을 기증해 뮌헨에 〈바이에른 국립 인류학 선사박물관〉을 설립하였다. 저서로 『인류(Der Mensch)』가 있다.

로마니스(George John Romanes. 1848-1894) 영국의 생물학자. 동물과 인간의 심적 능력의 발전을 진화의 입장에서 연구하였다. 주요 저서에는 『동물의 심적 능력 진화(Mental Evolution in Animals)』(1883), 『인간의 심적 능력 진화(Mental Evolution in Man)』(1888)등이 있다.

로스차일드(Nathan Mayer Rothschild. 1777-1836) 유대계의 국제적 금융 자본가. 1804년에 로스차일드 은행 지점을 런던에 개설하여 전쟁 금융 조달로 큰 재산을 모았다.

로저스(James Edwin Thorold Rogers. 1823-1890) 영국 경제학자. 『잉글랜드의 농업·가격사(8권)』(1866-93)로 유명하다.

롬브로소(Cesare Lombroso. 1835-1909) 이탈리아의 사회학자이자 범죄 인류학파의 창시자. 그의 연구는 범죄학에서 범인에 대한 과학적인 연구로의 전환을 가져왔다. 저서로 『범죄인론(L'uomo delinquente)』(1876)가 있다.

뤼쉐르(Achille Luchaire. 1846-1908) 프랑스의 역사학자. 중세사 연구의 권위자다. 저서로 『초기 카페 왕조 시대 프랑스 군주제의 역사(Histoire des institutions monarchiques de la France sous les premiers Capétiens)』가 있다.

르루(Pierre Leroux. 1798-1871) 프랑스 철학자, 정치경제학자. 『글로브(Le Globe)』(1824)를 창간하여 7년 뒤 이 잡지를 생시몽주의 사회주의자들의 기관지로 만들었다. 그는 사회주의라는 용어를 만들지는 않았지만, 논문 「개인주의와 사회주의에 관하여(De l'Individualisme et du Socialisme)」(1834)에서 사회주의 개념을 처음 분석했다. 그는 사회의 역할은 사회 구성원 모두에게 각자의 필요, 능력, 성과에 따라 사상이든 예술작품이든 물질적 부든 공동 노동의 생산물을 향유하게 하는 것이라고 주장했다. 저서로는 『인성론(De L'humanité)』(1840)이 있다.

리엘(Louis Riel. 1844-1885) 캐나다에서 매티스(캐나다 원주민과 프랑스계 캐나다인의 혼혈)에 의해 일어났던 반란의 지도자. 몬트리올에서 법학을 공부했다. 매티스의 자치지구를 수호하기 위해 투쟁하였고, 1884년 매티스과 함께 토지권을 인정받기 위해 임시정부를 수립하고(1885년), 봉기를 일으켰지만 캐나다 정부에 의해 진압된다. 반역죄로 재판을 받고 사형 당하였다. 그의 죽음은 퀘벡과 온타리오에서 인종주의 논쟁을 야기했으며, 민족주의 운동을 유발시켰다.

리트르(Émile Littré. 1801-1881) 프랑스의 실증주의 철학자. 콩트의 제자로서 실증주의 사상의 확산을 위해 노력했다. 저서로 『오귀스트 콩트와 실증철학』(1863) 『철학적 관점에서 본 과학』(1873)등이 있다.

마르크스(Karl Heinrich Marx. 1818-1883) 독일의 과학적 사회주의(마르크스주의) 창시자. 베를린 대학에서 법률, 역사, 철학을 공부하고 헤겔철학을 접한 후, 헤겔좌파에 가담하였다. 1844년 9월 파리에서 F. 엥겔스를 처음으로 만났으며, 이때부터 그들의 평생을 두고 이어지는 공동투쟁이 시작되었다. 1847년 봄 그는 엥겔스와 함께「공산당선언」을 발표하였다. 1849년 6월 마르크스는 정치적 탄압을 받아 영국으로 건너가 그곳에서 여생을 보냈다. 그는 기고가로 활동하는 한편 경제학 연구에 몰두하였다. 대표적 저작인 『자본(Das Kapital)』(1867) 집필에 모든 노력을 기울였고, 그는 『자본』에서, 잉여가치법칙이 자본주의의 운동법칙이며 자본주의적 생산의 절대적 법칙이라는 것을 밝혔다. 1864년 9월 28일 <국제노동자협회(제1인터내셔널)>를 창건하였고, 1875년 「고타강령」을 발표하여 자본주의에서 사회주의로 이행하는 과도기와 프롤레타리아 독재의 역사적 필연성을 강조하였다. 그는 『자본』의 완성을 위해 노력하였으나, 완성을 보지 못한 채 1883년 3월 14일 런던의 자택에서 사망하였다. 저서로는『독일 이데올로기(Die Deutsche Ideologie)』(1846), 『공산당 선언(Manifest der Kommunistischen Partei)』(1848), 『자본(das Kapital)』(1867, 1885, 1894) 등이 있다.

마샬(Alfred Marshall. 1842-1924) 영국의 경제학자. 마샬은 수요의 탄력성, 소비자잉여, 준지대 등 많은 개념들을 고안함으로써 경제학 발전에 기여했다. 저서로 『경제학 원리(Principles of Economics)』(1890), 『화폐, 신용, 상업(Money, Credit and Commerce)』(1923) 등이 있다.

마치니(Guiseppe Mazzini. 1805-1872) 이탈리아의 혁명가, 정치가, 작가. 오스트리아의 지배로부터의 해방과 조국의 통일을 위해 혁명운동에 가담했다. 1831년 마르세유로 망명하여 〈청년 이탈리아당〉을 결성하고, 혁명운동을 지도하였다. 1843년 밀라노혁명에 참가하여, 로마공화국의 삼두정치의 한 사람이 되었다. 저서로 『단테의 애국심』(1827), 『인간의 의무』(1844)등이 있다.

맨더빌(B. Mandeville. 1670-1733) 영국의 의사, 작가, 경제학자. 의학과 철학을 공부하고 의사가 되었다. 영국에 귀화하여 런던에서 개업하는 한편 문학 활동을 하였다. 특히 『꿀벌의 우화(寓話)』(1714)에서 그는"개인의 악덕은 노련한 정치가와 교활한 관리에 의하여 공익으로 변한다."라는 역설을 통해 동시대 영국 사회 모든 계층의 기만과 기성도덕의 위선적 견해를 비판했다.

맬서스(Thomas Robert Malthus. 1766-1834) 영국의 경제학자. 인구는 기하급수적으로 증가하나 식량은 산술급수적으로 증가하며, 그 결과 인구와 식량 사이의 불균형이 필연적으로 발생할 수밖에 없고, 이로부터 기근, 빈곤, 악덕이 생긴다고 하였다. 저서로 『인구론(An Essay on the Principle of Population as it affects the Future Improvement of Society)』(1798)이 있다.

메인(Henry James Sumner Maine. 1822-1888) 영국의 법률학자, 비교법학자. 영국 역사법학의 일인자로서 법률의 진화를 설명하고 문명의 기원을 밝혀내고자 하였다. 저서로 『고대법』(1861), 『초기 제도사 강의(Lectures on the Early History of Institutions)』(1875) 등이 있다.

모리스(William Morris. 1834-1896) 영국 공예가, 작가, 정치 활동가. 생활의 미학을 지향하여 공예가로 활동하였다. 유미주의 관점에서 19세기 문명을 비판하였으며, 노동이 창조의 기쁨이던 시대를 부흥시키기 위해 사회주의를 선언하고 정치활동을 하였다. 1880년대에 그의 자극을 받은 공예가 조직이 형성되어 근대 디자인운동(Arts and crafts)의 발단이 되었다.

미바르트(St. George Mivart. 1827-1900) 영국의 생물학자. 자연선택의 열렬한 신봉자였으나, 후에 가장 격렬한 비판자가 됐다. 그는 다윈주의와 카톨릭 교회의 교리를 중재하려고 했지만, 결국 양쪽으로부터 배척당했다.

미셸 (Louise Michel. 1830-1905) 1871년 파리코뮌 참가. 프랑스 작가, 혁명가, 아나키스트. 지방의 대지주와 하녀 사이에서 태어나 파리에서 교사로 근무했다. 파리코뮌에서 국민군 병사로 전투에 참가해 민중클럽을 지도했다. 1873년 누벨칼레도니섬으로 유형을 당했지만, 그곳에서도 원주민 교육에 종사하며 반란을 지지했다. 1880년 사면을 받아 귀국한 다음 스스로 아나키스트임을 선언하고, 유럽 전역에서 활동하였다. 체포와 투옥을 되풀이하면서도, 학대받는 사람들을 계속 지원하다가 1905년 마르세유에서 강연 여행 중에 사망하였다.

미클루호-마클라이(Николай Николаевич Миклухо-Маклай. 1846-1888) 러시아의 인종학자, 인류학자, 여행가. 남동아시아, 오스트레일리아 등을 여행하였고, 토착민들의 문화와 풍습에 많은 관심을 갖게 되어 인종학과 인류학 연구에 헌신하게 되었다. 특히 파푸아 뉴기니에 머물면서 토착주민들의 생활과 풍습을 연구하였고, 말라카, 필리핀과 인도네시아, 미크로네시아와 멜라네시아에서 탐사여행을 수행하였다.

밀(John Stuart Mill. 1806-1873) 영국의 경제학자, 철학자, 사회과학자, 사상가. 초기에는 공리주의에 경도되었으나, 후에 사상적으로 전환하여 종래의 공리주의적 자유론을 대신하여 인간정신의 자유를 해설한 『자유론(On Liberty)』(1859)을 저술하였다.

바보(Albert Babeau. 1835-1914) 프랑스의 역사학자. 저서로 『앙시엥 레짐하의 촌락(Le village sous l'ancien régime)』(1878)이 있다.

바뵈프(François-Noël Babeuf. 1760-1797) 프랑스 혁명기의 정치가, 기자. 사회개혁의 필요성을 절감하게 되고, 농지의 재분배와 조세제도의 개혁을 호소하는 『영구토지대장』을 썼으며, 1789년 프랑스혁명에 참여하였다. 그는 <테르미도르의 반동> 후 1793년 헌법의 부활, 평등과 자유의 실현을 요구하며 무장봉기를 준비했으나, 체포되어 처형되었다.

바쿠닌(Mikhail Aleksandrovich Bakunin 1814-1876) 러시아 혁명가이자 아나키스트이며 인민주의 지도자. 포병사관학교를 졸업한 뒤 군대에서 복무하다가 철학에 관심을 가져 퇴역하였다. 모스크바에 살면서 독일 관념철학, 특히 J.G. 피히테와 G.W.F. 헤겔의 철학을 공부하였다. 1842년 독일 베를린대학에 유학하여, 헤겔좌파로 발전하였다. 1848~1849년의 혁명에서 드레스덴 봉기를 주도하였고, 경찰에 체포되어 러시아정부에 인도되었다. 시베리아 유형을 살던 중 1861년에 탈출하여 런던으로 망명하였다. 러시아의 전제에 대항한 폴란드국민들의 반란을 지지하며 러시아 국내의 청년들에게 혁명을 위해 봉기할 것을 호소하였다. 마르크스의 이론을 중앙집권적인 위로부터의 사회주의라고 비판하고, 이에 대항하여 밑으로부터의 자유의지에 입각한 연합과 아나키즘을 주장하였다. 이러한 바쿠닌의 사상은 이탈리아, 스위스, 스페인의 사회주의와 아나키즘에 큰 영향을 주었다. 저서로는 『채찍의 게르만제국과 사회혁명』(1871), 『국가제도와 아나키』(1873)가 있다.

베이컨(Roger Bacon. 1214-1294) 영국의 중세 신학자이자 철학자. 근대과학의 선구자로 평가된다. 그는 언어연구의 중요성을 강조하여, 비판적 성서연구의 선구자가 되었다. 또한 권위는 지식을 줄 수 없다고 하여, 확실한 학문적 지식으로서 수학의 중요성을 강조하였다.

벤담(Jeremy Bentham. 1748-1832) 영국의 철학자이자 법학자. 인생의 목적은 '최대 다수의 최대 행복'의 실현에 있으며, 쾌락을 증진하고 고통을 방지하는 능력이 모든 도덕과 입법의 기초원리라고 하는 공리주의를 주장하였다. 주요저서로 『도덕과 입법의 원리 서설』(1789)이 있다.

벨랴예프(Иван Дмитриевич Беляев. 1810-1873) 러시아의 역사가. 주요저서로 『루시의 농민(Крестьяне на Руси)』(1860)이 있다.

보타(Carlo Giuseppe Guglielmo Botta. 1766-1837) 이탈리아 태생의 프랑스 역사가. 청년시절에 프랑스 혁명 이념에 깊은 감명을 받았으며, 1794년 프랑스 첩자라는 혐의로 체포당한 뒤 이듬해 이탈리아를 떠나 프랑스로 이주하였다. 나폴레옹을 몰락시키는데 이바지하기도 했지만, 나폴레옹을 열렬히 지지했다. 저서로 『미국 독립전쟁사(Storia della guerra dell'Independenza d'America)』(1809)가 있다.

뷔히너(Ludwig Büchner. 1824-1899) 독일의 철학자, 의학자. 일체의 이원론을 거부하고 정신적인 것의 독립성을 부정하였다. 모든 현상은 결국 물질에서 유래한다고 주장함으로써 유물론의 가장 대중적인 대표자가 되었다. 저서로 『힘과 물질(Kraft und Stoff)』(1855), 『자연과 정신(Natur und Geist)』(1857)이 있다.

브렘(Alfred Edmund Brehm. 1829-1884) 독일의 동물학자. 1860년대에 총 6권으로 된 - 나중에 10권으로 확대됨 - 동물학 백과사전 『브렘의 동물의 삶(Brehms Tierleben)』을 발행하였다.

브루스(Paul Brousse. 1844-1912) 프랑스의 사회주의자로서 현실적 개혁주의자(possibilistes) 그룹을 대표하였다. 쥐라 연방에서 크로포트킨과 함께 활동하였다. 초기에는 아나키즘을 유일한 사회혁명 조직으로 생각했으나, 1880년 프랑스로 돌아온 후에는 점차 개혁주의자로 변신하였다.

블랑(Louis Jean Joseph Charles Blanc. 1811-1882) 프랑스 역사학자, 공상적 사회주의자. 특히 노동자들에 의해 운영되는 '사회작업장' 이론으로 유명하다. 1848년 혁명 후 제2공화정의 임시정부 요원이었으나 6월에 노동자 폭동이 실패한 뒤 영국으로 망명했다. 22년 동안의 망명생활을 마치고 프랑스로 돌아온 뒤에 하원의원으로 선출되었다. 1871년 봄 급진주의자들의 파리 코뮌에 가담하기를 거절했지만 코뮌이 좌절된 후에는 코뮌 가담자들의 정치적 사면을 위하여 애썼다. 저서로 『노동자 조직(L'Organisation du travail)』(1839)이 있다.

비스마르크(Otto von Bismarck. 1815-1898) 프로이센의 정치가. 독일을 통일하여 독일제국을 건설하였으며, 초대 총리를 지냈다.

살인마 잭(Jack the Ripper) 영국의 연쇄살인범. 1888년 런던에서 5명 이상의 매춘부를 살해한 것으로 알려져 있다.

샤프츠베리(Anthony Cooper Shaftesbury. 1671-1713) 영국의 도덕철학자이자 정치가. 도덕성은 인간의 자연적 본성에 속하며, 도덕은 전체적 이익을 추구한다고 하였다. 저서로『도덕가(The Moralists)』(1709), 『독백, 혹은 작가에 하는 조언(Solioquy, or Advice to an Author)』(1710)이 있다.

생시몽(Comte de Saint-Simon. 1760-1825) 프랑스의 공상적 사회주의자. 파리에서 백작 가문의 장남으로 태어나, 계몽주의 사상가의 영향을 받았다. 18세 때 미국 독립 전쟁에 참가하여 미국의 산업 발전을 보고 충격을 받아 귀국 후에는 군대를 떠났고, 프랑스 혁명 때에는 자발적으로 작위를 포기하였다. 그는 비산업 계급인 봉건영주와 산업적 계급의 투쟁으로 점철된 과거 수세기의 프랑스 역사를 개선하여, 양자가 협력하고 지배하는 계획생산의 새 사회제도를 건설해야 한다고 하였다. 그는 자신의 학설을 '신그리스도교'라고 명명하고, 새로운 사회는 설득을 통하여 평화적으로 실현되어야 한다고 주장하였다. 저서로 『새로운 그리스도교(Nouveau Christianisme)』(1825) 등이 있다.

세르게예비치(Василий Иванович Сергеевич. 1837-1910) 러시아의 법 역사학자. 고대러시아의 법체제, 고대러시아의 토지제도, 농노제도 등을 연구하였다. 저서로 『고대 러시아 법(Русские юридические древности)』(1890~1896)가 있다.

스미스(Adam Smith. 1723-1790) 영국의 정치경제학자, 도덕철학자로 고전경제학의 창시자이다. 도덕론에서 그는 동감이론을 전개하였다. 행위자는 관찰자의 동감을 얻고자 하는 본성을 갖추고 있기 때문에 관찰자로부터 동감을 얻지 못하거나 반감마저 사게 될 행위에 대해서는 미연에 자기규제를 하며, 그 결과 정의(자연법)가 지켜지게 되어 국가적 강제력이 거의 필요 없게 된다고 주장하였다. 또한 경제학에서 그는 사람들의 경제활동을 자유롭게 맡겨두면 '보이지 않는 손'에 이끌리어 자연히 균형이 유지되어 간다고 주장하였다. 저서로 『도덕감정론 (The Theory of Moral Sentiments)』(1759), 『국부론(The Wealth of Nations)』(1776)이 있다.

쉐플레(Albert Schäffle. 1831-1903) 독일의 경제학자, 사회학자, 정치가. 튀빙겐의 정치경제학과 교수와 오스트리아의 상공부장관을 역임하였다. 저서로 『인류경제의 사회 시스템(Das Gesellschaftliche System der menschlichen Wirthschaft)』(1873), 『농업의 위기(Die agrarische Gefahr)』(1902)가 있다.

스탠리(Henry Morton Stanley. 1841-1904) 영국 출신의 미국 언론인이자 탐험가. 중앙아프리카를 탐험하여 콩고강의 지도를 작성하였으며, 콩고강 유역에 레오폴드빌을 건설해 벨기에가 이 지역을 식민화하는 데 기여하였다.

스펜서(Herbert Spencer. 1820-1903) 영국의 철학자, 사회학자. 진화론에 바탕을 둔 종합철학을 구상했다. 그는 30여년에 걸쳐 『제1원리』(1862), 『생물학원리』(2권, 1864~1867), 『심리학원리』(2권, 1870~1872), 『사회학원리』(3권, 1876~1896), 『윤리학원리』(2권, 1879~1893)의 전10권으로 된 『종합철학체계』를 완성시켰다. 그는 진화론에 바탕을 두고 독자적 철학체계를 수립하여, 진화의 법칙에 따라 생물, 천체, 사회 등 모든 것을 종합적으로 이해하려고 했다.

스피노자(Baruch de Spinoza. 1632-1677) 네덜란드의 철학자. "모든 것이 신이다."라고 하는 범신론 사상을 역설하면서도 유물론자, 무신론자였다. 유럽철학사상 최대의 형이상학체계를 구축하였다. 라틴어, 수학, 자연과학, 스콜라철학 및 르네상스 이후의 신학 등에 정통했으며, 데카르트철학으로부터 영향을 받았다. 그의 철학은 독일 관념철학의 형성에 큰 영향을 주었고, 또 국가와 법에 대한 이론은 그로티우스와 홉스, 루소와 마키아벨리를 이어주는 위치에 있다. 저서로『지성개선론(Tractatus de intellectus emendatione)』(1662), 『데카르트의 철학원리(Principia philosophiae cartesianae)』(1663), 『윤리학(Ethica Ordine Geometrico Demonstrata)』(1677) 등이 있다.

시봄(Frederic Seebohm. 1833-1912) 영국의 경제사학자. 당시의 지배적인 견해와 달리 그는 원시 앵글로색슨 사회는 토지를 소유한 자유민의 공동체로 구성되어 있지 않다는 주장을 폈다. 주요 저서로 『웨일스의 종족 체계(The Tribal System in Wales)』(1895), 『앵글로색슨 법에서 종족 관습(Tribal Custom in Anglo-Saxon Law)』(1902)이 있다.

시스몽디(Jean Charles Léonard Simonde de Sismondi. 1773-1842) 스위스의 역사가, 경제학자. 저서로 『중세 이탈리아 제(諸)공화국사(Histoire des républiques italiennes du Moyen Age)』(16권, 1807~1818)가 있다.

에베르(Jacques-René Hébert, 1755-1794) 파리의 급진적 하층민(상퀼로트)의 지지를 얻어 에베르파(派)를 형성하고, 혁명 정부와 공포 정치의 성립에 기여하였다. 조르주 당통이 이끄는 자코뱅 우파 그리고 공안위원회의 최고대변인 로베스피에르와의 싸움에서 영향력이 약화되자 에베르는 1794년 3월 4일 민중봉기를 촉구했다. 그러나 상퀼로트는 반응을 보이지 않았고, 공안위원회는 3월 14일 에베르를 체포하여 처형했다. 그러나 그의 처형과 함께 혁명정부는 상퀼로트의 지지를 잃었으며 결국 1794년 7월 자코뱅 독재 체제의 붕괴를 맞이하기에 이르렀다.

엥겔스(Friedrich Engels. 1820-1895) 독일 사회주의자로서, 마르크스의 친구이자 사상과 혁명의 동반자였으며, 과학적 사회주의의 공동창시자이다. 1841년 군복무를 하면서 대학에서 철학을 청강하여, 헤겔 좌파의 사상을 익혔다. 제대 후 아버지가 공동 경영하는 방적공장에서 일하면서, 노동자의 실정을 경험하고 공산주의 입장을 굳히게 된다. 1844년 파리에 체류하던 마르크스를 만나 사상적 동지가 되어, 둘 사이의 평생에 걸친 우정과 협력 활동이 시작되었다. 그는 마르크스와 공동으로 『독일 이데올로기』를 집필하였고, 그가 작성한 동맹의 강령인 『공산주의의 원리』는 마르크스의 『공산당선언』의 토대가 되었다. 1848년 혁명의 실패이후 그는 마르스크를 따라 영국으로 망명하였고, 1850년부터는 〈에르멘 앤드 엥겔스사〉에서 근무하면서, 마르크스를 경제적으로 지원하였다. 1883년 마르크스 사망 후 마르크스의 유고가 된 『자본』의 완성에 심혈을 기울였다. 그는 『자본』 제2권을 1885년에, 제3권을 1894년에 간행하였다. 1895년 마르크스와 자신의 저서에 대한 전집을 준비하던 중 8월 사망하였다.

예링(Rudolf von Jhering. 1818-1892) 독일의 법학자. 근대의 사회학적 법학의 기초를 쌓은 역사학파의 학자다. 저서로 『권리를 위한 투쟁(Der Kampf ums Recht)』(1872)이 있다.

오언(Robert Owen. 1771-1858) 영국의 사회주의자. 노동 조건의 개선을 위해 노력하고, 인간의 인성은 환경 개선을 통해 향상될 수 있다고 주장했고, 이것을 기초로 미국에 이상향을 만들기도 했다. 주요저서 『사회에 관한 새 견해(A New View of Society)』(1813~1814)가 있다.

위고(Victor-Marie Hugo. 1802-1885) 프랑스의 낭만파 시인, 소설가 겸 극작가. 20세에 최초의 시집을 발표하였다. 초기의 작품에는 왕당파와 가톨릭적인 색채가 농후하나 그 후 점차 자유주의 경향이 강하게 나타났다. 낭만주의 운동의 지도자 역할을 하였다. 1851년에는 루이 나폴레옹(나폴레옹 3세)의 쿠데타에 반대하여 국외로 추방을 당하였다. 그러나 19년에 걸친 망명생활은 문학적으로 결실이 풍부한 시간이 되었다. 소설 『레 미제라블』을 비롯하여 대부분의 걸작이 이 시기에 나왔다. 1870년 나폴레옹 3세가 몰락하자, 위고는 공화주의 옹호자로서 민중의 열렬한 환영을 받으며 파리로 돌아왔다. 그의 사상과 작품은 보수주의에서 자유주의 또한 공화주의로 크게 변화하고 있으나, 인류의 진보와 이상적인 사회 건설에 대한 확신은 일관되게 발견된다. 『레 미제라블(Les Misérables)』(1862), 『파리의 노트르담(Notre-Dame de Paris)』(1831)와 같은 대표적인 소설 외에 많은 시집과 희곡을 발표하였다.

이반 4세(Ivan Ⅳ. 1530-1584) 러시아의 황제. 16세에 황제가 되어 개혁정책을 실시하였으나, 후에는 공포정치를 펼쳤다. 공포정치의 결과 대귀족과 같은 봉건세력은 타격을 받아 몰락하였고, 그는 이 때문에'이반 그로즈니'(이반 뇌제 雷帝)란 별명을 얻었다.

입센(Henrik Ibsen. 1828-1906) 노르웨이의 극작가. 근대극을 확립하였고 근대 사상과 여성해방 운동에 깊은 영향을 끼쳤다. 대표적인 작품으로 『인형의 집』이 있다.

자술리치(Вера Ивановна Засулич. 1849-1919) 러시아 인민주의 단체인 〈토지과 자유〉의 당원으로 활동하였고, 1878년 페테르부르그 시장이었던 트레포프(Ф.Ф. Трепов)에 대한 암살을 시도하였다.

차이콥스키(Николай Васильевич Чайковский. 1850-1926) 러시아의 혁명가, 정치가. 공동체 운동을 주도하기도 하였다. 유럽에서 크로포트킨과 함께 〈자유 러시아 출판 재단(Фонда Вольной русской прессы)〉을 설립하여, 사회주의 관련 저작들을 출판하고 러시아에 보급하기도 하였다.

체르니셉스키(Николай Гаврилович Чернышевский. 1828-1889) 1860년대를 대표하는 러시아 사상가이자 작가로서 대표적인 혁명적 민주주의자였다. 성직자의 아들로 태어나 평론지 『현대인』의 편집인으로 일했다. 영국 공리주의자들의 영향을 받아, 개인의 이기주의를 공적인 이익으로 제한하는 '공리적 이기주의'를 주장하였다. 1862년에 체포되어 2년 동안 수감된 뒤 시베리아로 추방되었고, 그곳에서 1883년까지 살았다. 감옥에 있는 동안 그는 소설 『무엇을 할 것인가?』를 썼다. 이 소설은 당시의 젊은 혁명적 지식인들에게 큰 영향을 주었다. 서구주의자로서 그는 슬라브 민족주의에 반대했으며, 인민주의자들과 혁명적 사회주의자들을 이어주는 역할을 했던 인물로 여겨진다.

첼리니(Benvenuto Cellini. 1500-1571) 이탈리아의 조각가, 금속 세공가.

카트코프(Михаил Николаевич Катков. 1818-1887) 러시아 언론인, 사상가. 초기에는 진보진영에서 활동했지만, 50년대 이후 보수진영의 이익을 대변하는 활동을 하였다.

카포니(Marquis Gino Capponi. 1792-1876) 이탈리아의 정치인, 역사학자. 토스카나 지방에서 자유주의 운동을 이끌었고 이탈리아 통일운동에서 매우 중요한 역할을 했다. 토스카나의 국무장관, 상원의원 그리고 1860년 새로 창설된 이탈리아 왕국 의회의 상원의원으로 지명되었다. 건강악화로 정치일선에서 물러난 뒤에는 저술에 몰두했다. 저서로『피렌체 공화국의 역사(Storia della repubblica di Firenze)』(1875)가 있다.

케슬레르(Карл Федорович Кесслер. 1815-1881) 동물학자. 키예프대학의 동물학과 교수와 학장을 역임하였고, 1862년부터는 페테르부르그 대학 교수로 재직하였다. 페테르부르그 자연과학자 협회를 창설하였다.

코스토마로프(Николай Иванович Костомаров. 1817-1885) 우크라이나 출신의 역사가이자 작가. 〈키릴-메포디 학회〉의 중심 활동가였고, 러시아와 우크라이나의 역사를 연구하였다.

콩시데랑(Victor P. Considérant. 1808-1893) 프랑스 푸리에파 사회주의자. 고등학교 졸업 후 프랑스군에 입대하여 대위계급까지 올랐으나 1831년 푸리에주의의 활동을 위해 사임했다. 1837년 푸리에가 죽은 후 푸리에주의의 대표적인 지도자가 되었다. 푸리에주의의 대표적인 저서로 평가되는 『사회적 운명(Destinée sociale)』(1834~1838)을 썼다.

콩트(Auguste Comte. 1798-1857) 프랑스 철학자이자 사회학의 창시자. 프랑스 대혁명과 근대 산업혁명에 따른 혼란상태의 극복을 학문적 과제로 삼았다. 사회와 역사의 문제들은 추상적 사변에 의해서가 아니라 과학적이며 실증적인 방법에 의해 규명되어야 한다고 주장했다. 저서로 『실증철학강의(Cours de philosophie positive)』(1830~1842), 『실증정치체계(Système de politique Positive)』(1851~1854), (1853)등이 있다.

쾨니히스바르터(Louis Jean Königswarter. 1814-1878) 프랑스 경제학자. 저서로 『인간 사회의 발전에 관한 역사적 연구(Etudes Historiques sur le Développement de la Société Humaine)』(1850)가 있다.

쿨랑지(Numa de Coulanges. 1830-1889) 프랑스 역사가. 실증적 역사가로서 현대 프랑스 사학의 기초를 확립하였다. 저서로 『고대 프랑스 정치제도사(Histoire des institutions politiques de l'ancienne France)』(1874)가 있다.

타일러(Wat Tyler. 1341-1381) 잉글랜드 역사상 최초의 대규모 민중봉기였던 농민반란

(와트 타일러의 반란, 1381년)의 지도자.

터커(Benjamin Tucker. 1854-1939) 19세기 미국의 개인주의적 아나키스트 지도자이자 작가. 개인주의의 아나키즘 잡지 『자유(Liberty)』의 발행인이었다.

튀르고(Anne Robert Jacques Turgot. 1727-1781) 프랑스의 정치가, 중농주의 경제학자. 저서로 『부의 형성과 분배에 대한 성찰(Réflextions sur la formation et la distribution des richesses)』(1766)이 있다.

티에르(Louis-Adolphe Thiers. 1797-1877) 프랑스의 정치가이자 역사가. 1871년 행정장관으로 취임하여 파리코뮌을 진압하고, 그해 대통령에 취임하였다.

티에리(Jacques N.A. Thierry. 1795-1856) 프랑스의 역사학자. 생시몽 사회주의의 영향을 받아 역사학 연구에 몰두하였다. 1827년 『프랑스 역사에 대한 공개장(Lettres sur l'histoire de France)』을 저술하여 당시 역사학계의 주류를 이루었던 문헌학파와 대립하였다. 저서로 『노르만족의 영국 정복사 (L'Histoire de la conquête de l'Angleterre par les Normands)』(1825)가 있다.

페라리(Giuseppe Ferrari. 1812-1876) 이탈리아의 철학자, 역사학자, 정치인. 연방제를 옹호하고 통일에 반대하였다. 저서로 『이탈리아 혁명사』(4권, 1858), 『정치시대의 이론』(1874) 등이 있다.

페롭스카야(Софья Львовна Перовская. 1853-1881) 러시아 인민주의자. 〈인민의 의지〉당을 이끌며 알렉산드르 2세의 암살을 주도하였다.

포렐(August Henri Forel. 1848-1931) 스위스의 정신병리학자. 개미에 관한 연구로도 유명하다.

포스트(August Herrmann von Post. 1839-1895) 독일의 법학자, 법인종학자. 저서로 『아프리카 법률연구(Afrikanische Jurisprudenz)』(1887)가 있다.

푸리에(Francois Marie Charles Fourier. 1772-1837) 프랑스의 공상적 사회주의자. 상업을 사회악의 근원이라 비판하고, 팔랑주라는 농공업조합을 중심으로 상업이 존재하지 않는 자유로운 생산과 협동사회를 실현할 것을 제안하였다. 이것은 사회주의 사상을 예고한 것으로서, 평화적 사회개조를 통해 자본주의 체제를 이상사회로 건설하려는 시도였다. 저서로 『가정적 농업적 사회론(Traité de l'association agricole domestique)』(1822), 『신산업세계(Le Nouveau Monde industriel)』(1829~1830)가 있다.

프루동(Pierre-Joseph Proudhon. 1809-1865) 프랑스의 아나키스트.'국가 없이도 질서 있는 사회'라는 이상을 나타내기 위하여 '무국가'라는 개념을 최초로 사용하였다. 그의 사상에서 아나키즘과 프랑스 생디칼리즘에 대한 기본적인 개념들을 찾아볼 수 있다. 노동자들이 자신들의 노동력을 자발적으로 조직함으로써 정치적 수단이 아니라 경제적 수단에 의하여 스스로를 해방시킬 수 있다고 주장했다. 그는 인간에 의한 인간 착취의 철폐와 국가의 폐지는 하나이며 동일한 것이라 믿었으며, 제1인터내셔널 조직, 파리코뮌에 큰 영향을 주었다. 저서로 『부란 무엇인가?(Qu'est-ce que la propriété?)』(1840)가 있다.

핀커튼(Allan Pinkerton. 1819-1884) 시카고에 사설탐정회사를 설립하였으며, 철도강도 수사를 전문으로 하였다.

헉슬리(Thomas Henry Huxley. 1825-1895) 영국의 동물학자. C.다윈의 지지자이자 동료로 진화론의 확산과 발전에 큰 영향을 끼쳤다. 저서로 『자연에서 인간의 위치(Evidence as to Man's place in nature)』(1863)가 있다.

홉스(Thomas Hobbes 1588-1679) 영국 철학자이자 정치사상가. 『리바이어던』(1651)에서 사회계약설의 입장에서 절대주의를 이론화하였다. 그는 국가를 거대한 괴물 <리바이어던>으로 비유하였으며, 인간은 절대적인 주권에 종속될 때 평화적인 공동생존이 가능하다고 주장했다. 저서로 『법의 요소(Elements of Law)』(1640), 『리바이어던(Leviathan)』(1651) 등이 있다.

회델(Max Hödel. 1857-1878) 1878년 5월 11일 독일 황제 빌헬름1세를 저격하였다.

후스(Johannes Huss, 1369-1415) 체코의 종교 개혁자. 성서를 유일한 권위로 강조하고 고위 성직자들의 세속화를 강력히 비판하였으며, 1414년 콘스탄츠 공의회에 소환되어 화형에 처해졌다. 후스 파 운동은(1415~1434) 후스의 처형을 계기로 시작되었다.

〈역자후기〉

크로포트킨의 삶과 사상

백용식 (충북대 교수·노문학)

표트르 알렉세예비치 크로포트킨(Пётр Алексеевич Кропоткин/Pjotr Aleksejevich Kropotkin)은 다양한 분야에서 탁월한 능력과 활동을 보여주었다. 그의 연구와 저술은 지리학, 지질학, 생물학, 철학, 역사, 문학 등 다양한 학문의 범주를 포함한다. 그는 동시대 가장 탁월했던 아나키즘 이론가이자 혁명가였으며, 시베리아와 빙하연구로 유명한 지리학자였고, 다윈의 진화론 해석에서 새로운 방향을 제시한 생물학자였고, 프랑스 혁명사를 집필한 역사가였고, 윤리의 역사와 이론, 자유로운 인간의 삶과 억압 없는 사회를 연구한 사회 철학자였다.

그는 부유하고 명망있는 귀족 가문 출신이었으나 가난하고 낮은 삶을 택했고, 학문적 명성을 버리고 고단한 혁명가의 길을 걸었고, 정치적이었지만 정치적 이해관계로부터 초연했으며, 자신의 행복대신 인류의 행복을 위해 헌신하였다. 크로포트킨의 삶은 스스로 제시한 아나키의 사상과 윤리 그리고 실천적 행동의 총체적 실현이라 할 수 있다. 가까운 동료들뿐만 아니라, 그를 비난했던 사람들로부터도 존경을 받았던 크로포트킨. 인간을 억압하는 모든 권력에 대한 분노와 자유로운 삶에 대한 사랑으로 충만한 인간 크로포트킨. 영국의 시인 오스카 와일드가 그를 일컬어 "러시아에서 온, 아름답고 하얀 예수의 영혼을 소유한 인간"이라 한 것은 헌신과 희생으로 점철된 그의 생애에 대한 헌사라 할 수 있을 것이다.

표트르 알렉세예비치 크로포트킨은 1842년 11월 27일(구력 12월 9일) 모스크바에서 출생했다. 러시아의 유서 깊은 귀족인 크로포트킨 가문은 러시아 땅에 최초로 국가를 건설했던 류릭의 후예였다. 모계로 그는 1812년 나폴레옹 전쟁의 영웅이었던, 까자크 출신 술리마 장군의 손자였다.

퇴역 대령이었던 크로포트킨의 아버지는 거대한 토지와, 남자만 계산하여, 1200명 이상의 농노를 소유한 대지주였다. 어머니는 크로포트킨이 네 살 때 사망했다. 그녀는 문학에 관심이 많았던 자유로운 성품을 가진 여인이었고, 하인들에게 친절하고 다정했으며, 존경을 받았다. 하인들이 어머니에게 품었던 존경은 고아로 남겨진 크로포트킨 형제에게 고스란히 전해졌다.

크로포트킨의 성격 형성에 영향을 준 것은 두 세계였다. 첫째는 노동하는 농노의 세계였고, 둘째는 지배하는 귀족의 세계였다. 아버지가 가혹한 지주였다고는 할 수 없지만, 크로포트킨이 보고 경험한 것은 그의 영혼에 평생 지울 수 없는 흔적을 남겨놓았다. 아버지의 명령에 따라 잔혹한 체벌을 받아야 했던 농노들의 비참한 상황과 이에 대한 어린 소년의 인상은 『혁명가의 수기』에 고스란히 남아있다. 이미 그때 인간성의 억압과 전횡에 대한 저항이 그의 영혼 속에 싹트기 시작했다.

1853년 크로포트킨은 모스크바 중등학교에 입학했고, 1857년부터 5년 동안 귀족자녀들을 위한 육군유년학교에서 공부했다. 학교는 폐쇄적인 성격이 강했지만, 자유의 분위기는 학교의 벽을 넘어 침투하고 있었다. 러시아 사상가인 게르첸, 도브롤류보프, 체르니솁스키의 저작들을 읽으며, 청년들은 현실에 대한 비판적 태도를 갖게 되었다. 당시 크로포트킨에게는 출세의 길이 활짝 열려있었다. 황제였던 알렉산드르 2세는 1등으로 졸업한 크로포트킨을 총애하였다. 그러나 청년 크로포트킨은 학자가 되어 사회에 봉사하려는 꿈을 키우고 있었다. 졸업 후 근위장교가 되길 바라는 아버지의 희망과는 달리, 1862년 크로포트킨은 아무르 까자크 기병부대에서의 근무를 택했다. 그는 시베리아의 개혁에 기여하고 싶었다.

크로포트킨은 군복무에는 별 관심이 없었다. 대신 젊은 크로포트킨에게는 진지한 계획과 거창한 희망이 있었다. 그는 사회에 유익한 일에 종사하는 것이 좋았다. 그는 교도소와 유형시스템의 개혁과 도시 자치운영 프로젝트에 참가했다. 그는 관리들의 권력남용에 관한 문제를 조사하기도 하였다. 그러나 '위로부터의' 개혁 가능성은 거의 없다는 것을 알게 되었다. 이것은 특히 지방에서 더 뚜렸했다. 관료시스템은 민주적 개혁을 매장시켜 버렸고, 개혁 준비를 위한 위원회의 작업은 제동에 걸리더니 완전히 중단되고 말았다. 사회문제를 개혁적 방법으로 해결할 수 있을 것이란 희망은 사라지고 말았다.

시베리아에서 크로포트킨은 여행가로, 자연과학자로 변모하게 된다. 그는 북만주 탐험대 대원으로 참가하여, 고원지대를 통과하여 아무르 강에 이르는 도로와 새로운 화산지대를 발견하였다. 1865년 여름 크로포트킨은 이르쿠츠크 탐사대를 조직하여 시베리아의 고도(高度)와 빙하기를 연구하였다. 3년 동안 지질학 연구를 수행하여 크로포트킨은 파톰스키 고원지대에서 빙하의 흔적을 발견하였고, 우랄산

맥에서 태평양에 이르는 시베리아는 평원이 아니라 거대한 고원지대임을 밝혔다. 이 연구로 22세의 크로포트킨은 러시아 지리학회로부터 금메달을 받았다.

시베리아의 발전에 기여하고 싶었던 그는 매년 흉작으로 고통 받은 우수리스크 카자크들의 농업 상태를 면밀히 연구하여, 이에 대한 대책을 마련하기도 하였다. 그러나 행정권을 장악하고 있던 관리들은 이 대책의 실현을 불가능하게 만들었다. 훗날 크로포트킨이 기록한 것처럼, "동궁에서 우수리스크 변강구와 캄차트카에 이르기까지 모든 일은 그런 식으로 진행되었다." 그 이후 크로포트킨은 행정기구의 도움으로 민중에게 유익한 일을 할 수 있다는 환상을 영원히 버리게 되었다.

크로포트킨은 시베리아 토착 유목민, 아무르로 이주한 성령부정파 신도들의 삶과 관습을 관찰했고, 여행 중에는 카자크들과 사귀게 되었다. 이 경험을 통해 그는 알려지지 않은 민중들의 창조적 활동을 알게 되었고, 이들이 민족이동, 전쟁, 사회생활 시스템의 형성과 같은 "거대한 역사적 사건"에서 중심적 역할을 수행했음을 이해하게 되었다. 특히 그는 성령부정파신도 공동체의 '반(半)공산적 삶'에 주목하였고, 이러한 삶의 양식이 다른 양식들보다 더 많은 장점이 있음을 알게 되었다. 동시에 그는 국가의 관료적 중앙집권화의 해악을 확신하게 되었다. 크로포트킨이 택한 것은 국가의 훈육, 즉 명령을 통한 훈육이 아니라, 사람들의 자유의지와 상호이해에 기초한 - 공동의 목적을 위한 - 인간의 활동이었다.

시베리아에서의 삶을 통해 크로포트킨은 육체적으로 도덕적으로 단련되었을 뿐만 아니라, 자신의 세계관을 확립하게 되었다. 그는 국가의 훈육에 대한 믿음을 완전히 지우고, 점차 아나키스트가 되는 방향으로 나아갔다.

그는 군대를 떠나기로 결심한다. 그것은 대학에서 공부하고 싶다는 오랜 소망 때문만은 아니었다. 그는 장교로서의 복무에 실망하였다. 1866년 폴란드 유형자들의 반란에 대한 가혹한 진압을 목격한 후에 실망은 더욱 커졌다. 1867년 크로포트킨은 군대를 떠나 페테르부르그로 돌아와 물리수학과에 입학하였다. 기초적 수학지식은 앞으로의 학문 활동을 위한 토대가 되었다. 대학생으로서 크로포트킨은 아버지로부터 경제적 도움을 전혀 받지 않았다. 그는 번역 등 문필활동을 통해 돈을 벌었고, 내무부 통계위원회 관리로서 일했으며, 러시아 지리학회의 연구에 참여하였다. 특히 지리학회의 북극연구 계획에 따른 업무에 많은 시간을 할애하였다. 1871년 크로포트킨은 학회로부터 서기장의 직책을 제안받았지만 거부하였다. 과학에 대한 열정이 식었기 때문은 아니었다. 그는 평생 동안 과학자였다. 그러나 과학과 함께 그의 지성과 감성을 사로잡은 것은 혁명 활동에 대한 갈망이었다.

1872년 크로포트킨은 외국여행 허가를 받는다. 스위스 체류는 짧았지만 그의 정치적 방향을 결정하는 최후의 고리가 되었다. 이곳에서 그는 제1인터내셔널에 가입하였고, 사회주의와 아나키즘에 대한 자료를 탐독했으며, 바쿠닌주의자들을 알게 되었다. 그는 쥐라 연합의 스위스 시계공들의 삶과 노동에서 큰 감명을 받았다. 그들은 '아나키'의 이상을 실천적으로 실현하고 있었다. "우두머리와 부하를 구분하지 않는 것"이 그를 놀라게 했다. '지도자'가 아니라 자유로운 발의를 가지 사람들이 실천의 중심이 되었다. 크로포트킨이 러시아로 돌아 왔을 때, 그는 아나키스트가 되어 있었다.

그해 러시아 지리학회 물리지리학 분과장을 맡으면서 크로포트킨은 초기 인민주의 운동 조직 중에서 가장 중요한 〈차이콥스키 서클〉의 회원이 되었다. 그는 페테르부르그의 노동자들을 대상으로 혁명 활동을 펼쳤다. 〈차이콥스키 서클〉에서 활동한 2년 동안 크로포트킨의 운명은 최종적으로 결정되었다.

1874년 3월 21일 크로포트킨은 빙하연구로 지리학회에 큰 반향을 일으키지만, 다음날 그는 비밀 혁명서클의 회원이라는 이유로 체포당하여 페트로파블롭스키 요새에 구금된다. 그의 뛰어난 학문적 업적 때문에 알렉산드르 2세는 감옥에서도 펜과 종이를 사용하고, 연구 활동을 계속하도록 허용하였다. 감옥에서 그는 『빙하시대 연구』를 완성했다. 빙하이론의 토대를 놓은 이 연구는 가장 중요한 지구학 이론서 중 하나가 되었다. 감옥생활과 과도한 연구 활동 때문에 크로포트킨은 건강을 상하게 되고, 괴혈병 증세로 교도소 병원으로 이송된다. 그는 1876년 친구들의 도움으로 탈출한다.

2년간의 고통스러운 수감생활 후에 자유를 찾았지만 그는 러시아에 머물 수 없었다. 40년간의 강요된 망명생활은 이렇게 시작되었다. 그는 1917년에야 러시아로 돌아 올 수 있었다. 1878년 그와 결혼한 소피야 그리고리예브나 크로포트키나(Софья Григорьевна Кропоткина)만이 오랜 세월 동안 학자로서 그리고 혁명가로서의 삶과 연구의 고통을 함께 나누었다.

외국에 체류하는 동안에도 크로포트킨의 자유정신은 사라지지 않았다. 서유럽에서 그는 많은 러시아와 국제 혁명운동가들, 특히 아나키스트들과 가깝게 지냈다. 망명 중에 그는 뛰어난 혁명가이자 이론가로 발전한다.

러시아 황제의 정부는 크로포트킨에 대한 탄압을 중단하지 않았다. 프랑스 정부도 그에 대한 사찰을 계속했다. 1882년 몇몇 아나키그룹이 리옹에서 몇 건의 폭파활동을 단행하였고, 이에 대해 프랑스와 스위스의 권력당국은 아나키스트 지도자들에 대한 탄압을 강화하였다. 이 사건과 전혀 관계가 없던 크로포트킨도 당시에는 이미 사라진 인터내셔널의 회원이란 죄목으로 체포되어 5년 형을 선고 받았다. 많은 지식인들이 석방을 요구하는 청원서에 서명하였다. 3년간의 수감생활 후에 크로포트킨은 1886년 1월 석방되어 영국으로 떠난다.

망명생활 중에 그는 중요한 저작들을 발표하였으며,1) 이로서 그는 가장 저명한 아나키즘, 특히 '아나코 공산주의' 이론가가 되었다. 그는 자연과학자로서 과학적 토대 위에 아나키즘의 이론을 수립하려고 하였다. 그에게 아나키즘은 단순히 무(無)국가적인 자유로운 사회체제 이론 이상의 것이었다. 그것은 자연철학이자 인간학이며 사회철학이었다. 이것은 인간을 유기적 세계의 한 부분으로 보는 세계관이었다. 크로포트킨의 인식방법은 '지구의 모든 생명은 동일하다.'는 원리 위에, 모두에게 적용되는 상호부조와 연대의 일반 법칙에 기초하였다. 이 법칙은 크로포트킨의 모든 사회 개념들의 핵심이 된다.

크로포트킨은 『진화의 동인으로서의 상호부조』에서, 개인적인 경험뿐만 아니라 당시의 과학 사상을 토대로, 자신의 입장과 그에 대한 근거를 피력하였다. 그는 시베리아와 북만주 여행에서 연구한 동물의 삶에서 두 가지 깊은 인상을 받았다. 첫째는, 가혹한 자연 속에서 진행되는 생존경쟁은 극도로 혹독하다는 것이고, 둘째는 동일종에 속하는 동물들 사이에는 격렬한 투쟁이 존재하지 않는다는 것이다. 동종에 대한 개별 동물의 투쟁 그리고 개인에 대한 개인의 투쟁이 '자연

1) 『어느 반항자의 이야기』(1885), 『러시아와 프랑스의 감옥에서』(1887), 『빵의 정복』(1892), 『들판, 공장, 작업장』(1899), 『어느 혁명가의 수기』(1899), 『상호부조』(1902), 『러시아 문학』(1905), 『1789~93년의 프랑스 대혁명』(1909).

법칙'이라는 이론에 대해 크로포트킨은 동의할 수 없었다. 반대로 그는 자연에는 상호투쟁 외에 상호부조의 법칙이 존재하며, 이것이 모든 생물의 발전에서 훨씬 더 큰 역할을 한다고 생각했다. 크로포트킨은 인간은 의식하지 않으면서도 상호부조의 원리에 따라 행동한다는 결론에 도달하였다. 사람들은 어떤 집에 불이나면 불을 끄기 위해 물동이를 집어 드는데, 이것은 알지도 못하는 집주인에 대한 사랑 때문이 아니라, 인류 보편적인 연대와 사회성의 본능 때문이란 것이다.

상호부조의 본능과 사회성은 가장 낮은 단계의 동물에서 시작하여(개미, 벌 등) 다양한 '사회적' 동물들 사이에 존재한다. 크로포트킨은 상호부조와 연대는 보편적 생물사회학적 법칙임을 논증하였다. 이 법칙은 인류사회 진보의 필수적 조건으로, 사회 진화의 동인으로 기능한다는 것이다. 연합 그리고 협동은 개인 그리고 전체의 안전을 위한 가장 확실한 수단이며, 신체적, 지적, 윤리적 발전을 보장하는 가장 중요한 수단이다.

이 교훈의 또 다른 중요한 측면은 바로 휴머니즘이다. 크로포트킨의 상호부조와 연대는 추상적인 개념이 아니라, 도덕적 범주이며 윤리사상의 토대다. 바로 이 때문에 크로포트킨은 미완으로 남은 마지막 저서『윤리학』에서 다시 이 법칙으로 돌아간다. 다른 동물들처럼, 인간의 사회적 본능은 모든 윤리개념과 지속적인 도덕성 발전의 원천이다. 바로 이 법칙 위에 크로포트킨은 자신의 윤리 개념을 구축했고, 이때 상호부조를 인간의 도덕성 형성의 기본원리로 삼았다. 인류의 장구한 진화과정 속에서 상호부조의 실천은 결국 "정의감의 발전 그리고 그것에 필수적으로 따르는 평등과 평등권의 발전으로 귀결된다."고 크로포트킨은 생각했다. 사회적 차원에서 평등은 아나코 공산주의의 이상이다. 이와 더불어 평등이란 자유로운 개인과 그의 다채로운 발전의 권리를 인정하는 것이고, 바로 이것이 아나키즘의 가장 중요한 기본 전제가 된다. 이렇게 크로포트킨에게서 윤리의 문제는 아나키즘 이상과 결합된다.

크로포트킨이 강조하고 있듯이, 국가, 군사·관료조직, 교육과 양육 시스템 등은 개인의 자유를 압살하고, 국가는 인간을 노예로 만드는 주요 악이다. 국가는 농노제도의 비호자이며, "타인의 토지와 노동의 착취에 기초한 사유재산제도의 수호자이다." 그러므로 국가는 파괴되고, 그 위에 새로운 삶이 창조되어야 했다. 크로포트킨이 제시한 미래의 무국가 사회는 '자치하는 단위들(공동체, 지역, 자치구 등)의 자유로운 연방'이었다. 개별 단위들은 중앙권력의 압력을 받지 않고, 자발성과 '아나키'의 원리 위에 상호부조를 구축해야 했다.

국가에 대해 대체로 부정적인 입장을 취했지만, 바쿠닌처럼 크로포트킨도 몇 가지 국가형태, 특히 - 모든 권력이 중앙에 집중되지 않고 지방과 공동체의 자치를 전제하는 - 민주적 연방 공화국의 가치는 어느 정도 인정했다.

1917년 6월 크로포트킨은 러시아로 돌아왔다. 케렌스키를 필두로 한 임시정부의 관리들, 의장대, 기자 등 수천의 인파가 상트 페테르부르그 역에서 그를 맞이하였다. 임시정부는 저명인사인 크로포트킨을 정치적으로 이용하려했다. 1917년 7월 케렌스키는 정부에 입각할 것을 제안했지만 크로포트킨은 거절했다. "국가권력에 참여하는 것보다 구두닦이의 일이 더 정직하고 유익하다."는 것이 그의 생각이었다. 그는 1917년 8월부터는 모스크바에 거주했고, 1918년 봄 가족과 함께 모스크바 근교인 드미트로프로 거처를 옮겼다.

2월 혁명후의 러시아는 크로포트킨의 이상과 거리가 멀었다. 당시의 자유는 매우 강력했던 황제권력의 붕괴에 따른 결과였고, 종종 기형적인 형태를 띠었다. 그는 아나키즘의 깃발 뒤에 숨은 사람들이 자신의 사상을 악용하는 것을 목격했다. 페테르부르그의 아나키스트들과의 만남에서 받은 인상은 불길했다. 그가 본 것은 사납고 버릇없는, 무기를 들고 설치는 젊은이들이었다. 이들이야 말로 자유를 모든 것이 가능한 상태로 오해한 사람들이었다.

크로포트킨은 시월혁명이 발발하자 매우 고무되었다. 부르주아 권력의 붕괴에서 자신의 이상이 실현될 가능성을 보았기 때문이었다. 그는 무국가 사회가 즉시 실현될 것이란 이전까지의 입장에 거리를 두고, 사실상 연방공화국을 옹호하였다. 그는 1917-1918년 연방주의와 탈 중앙집권의 이념을 홍보하기 위해 만들어진 〈연방주의자 연맹〉 활동에 참여하였다. 그가 호소문에 쓴 것처럼, "자유로운 주와 민족들의 긴밀한 연합(연방)"이 러시아의 유일한 구원책이었다. 그는 "국가 중심주의가 아니라, 지방 자치와 자발적 연방체제가 러시아 사회체제의 기초가 되어야 한다."고 강조하였다.

그는 소비에트의 이념을 매우 긍정적으로 평가하였고, 이 조직이 새로운 삶을 확립하기 위한 무기가 되어야 한다고 여겼다. 그러나 동시에 그는 일당독재와 이것의 필연적 결과인 민주적 자유의 제한 속에 중대한 위험이 숨어있음을 간파하였다. 그에 따르면, 이것은 소비에트의 의미를 말살하는 결과를 초래할 수밖에 없었다. 새로운 경제적 토대 위에 사회를 창조하는 과도기에, 낡은 체제와 싸우기 위해 독재체제가 필연적이라 주장하지만, 독재체제는 "새로운 사회 건설에 대한 사형선고가 될 것이다."라고 크로포트킨은 예언적으로 선언하였다.

여러 원고와 편지에서 그는 러시아에서 진행되고 있는 사태에 엄중한 평가를 내렸다. 미발표 논문 「동시대 러시아의 상황」에서 그는,

"오랫동안 억압된 개혁 욕구가 혁명의 형태로 표출되었다."고 썼다. 그러나 사회개혁의 시도는 민중의 자치와 주도권을 말살함으로써 자코뱅 독재와 같은 성격을 갖게 되었다. 그렇게 시작된 혁명은 "필연적으로 반동에 이르게 된다." 그는 레닌에게 보낸 편지에서 볼쉐비키가 적색테러를 자행하고 인질을 정치에 이용한 것을 단죄하고, 원인은 혁명지도부의 비도덕성 때문이라 하였다.

크로포트킨은 1919-1920년에 레닌을 세 번 만났다. 그는 러시아에서 발생한 사태에 대한 입장을 말했고, 지방에서의 무질서에 대해 언급했으며, 협동조합원들의 이해를 대변하고, 아나코 공산주의 이상을 열정적으로 옹호하였다. 그러나 레닌과의 만남도, 그에게 보낸 편지들도 혁명독재의 비도덕성을 완화시킬 수 없었다.

러시아의 경제난과 기근 때문에 크로포트킨의 삶도 어려워졌다. 나이가 들면서 건강도 좋지 않았다. 식량, 연료, 연구를 위한 조건 등 모든 것이 문제였다. 그러나 그는 모든 결핍을 담대하게 견디어냈다. 스웨덴의 추종자들이 이주를 권했을 때도 그는 거절했다. 이런 중차대한 시기에 그가 있을 자리는 마땅히 러시아라고 생각했기 때문이었다. 그는 남은 힘을 최고의 업적 중의 하나가 된 『윤리학』에 쏟아부었다. 『윤리학』은 미완성으로 남았다.

그는 1921년 사망하여, 모스크바 노보데비치 묘지에 안장되었다. 수만 명이 그의 마지막 가는 길을 애도하였다. 이것은 러시아 아나키즘 운동 최대의 사건이었으며, 이와 동시에 종말을 의미하였다. 일년 후 러시아의 아나키스트들은 감옥에 수감되거나 시베리아로 유배당하였고, 혹은 외국으로 떠나야 했다.

백 용 식

고려대학교 노어노문학과를 졸업하고, 독일의 베를린 자유대학에서 석사, 로스톡 대학에서 소련 보드빌 연구로 박사학위를 받았다. 현재 충북대학교 노어노문학과에 재직하고 있다. 러시아 연극에 대한 논문을 발표했고, 옮긴 책으로는 마르크 슬로님의 『소련의 작가와 사회』(공역), 두딘체프의 『하얀 옷』등이 있다.

아 나 키 즘

저 자 : 표트르 크로포트킨
역 자 : 백 용 식
발행처 : 충북대학교 출판부
발행인 : 고 창 섭
주 소 : (28644) 충북 청주시 서원구 충대로 1
전 화 : (043) 261-2952, 3014
팩 스 : (043) 274-1256
이메일 : presscbu@chungbuk.ac.kr
등 록 : 제1983-2001-7호
초판1쇄 : 2009. 8. 15.
초판5쇄 : 2024. 9. 30.
인쇄처 : 삼성디자인기획 042)221-3111

* 이 저서는 2006학년도 충북대학교 학술연구지원사업에 의하여 발행되었음.
(This work was supported by the research grant of the Chungbuk National University in 2006)

ISBN 978-89-7295-153-7 93110

정가 18,000원